本书

系全国教育科学规划教育部重点课题（DHA050117）
研究成果

荣获

中国书刊发行业协会优秀畅销书奖

生本教育三部曲

教育走向生本
教育激扬生命——再论教育走向生本
教育寻归自然——三论教育走向生本

教育激扬生命

JIAOYU JIYANG SHENGMING

——再论教育走向生本

ZAILUN JIAOYU ZOUXIANG SHENGBEN

郭思乐 著

人民教育出版社
·北京·

图书在版编目(CIP)数据

教育激扬生命：再论教育走向生本 / 郭思乐著. —2 版. — 北京：人民教育出版社，2018.3（2024.2 重印）

ISBN 978-7-107-32423-9

Ⅰ. ①教… Ⅱ. ①郭… Ⅲ. ①基础教育—教育研究—中国 Ⅳ. ①G639.2

中国版本图书馆 CIP 数据核字（2018）第 059430 号

教育激扬生命——再论教育走向生本

出版发行	人民教育出版社 （北京市海淀区中关村南大街 17 号院 1 号楼　邮编：100081）
网　　址	http://www.pep.com.cn
经　　销	全国新华书店
印　　刷	保定市中画美凯印刷有限公司
版　　次	2018 年 3 月第 2 版
印　　次	2024 年 2 月第 4 次印刷
开　　本	890 毫米×1 240 毫米　1/32
印　　张	12.125
字　　数	315 千字
印　　数	11 001 ~ 14 000 册
定　　价	45.00 元

第二版前言

时隔17年，《教育走向生本》带着近30次的印刷和近30万的印数，得以再版，我作为作者感到非常荣幸。

在这17年之中，促使众多读者关注这本书的原因，也许是这本书所表达的观点受到了实践的检验，而且得到了广大读者的认同。我们甚至天真地认为，所谓有的人持不同观点，只是因为他们还不完全了解什么是生本教育。比如，如果生本教育说的只是人都有胃，那就几乎不会有不同的观点：人都有胃，这是一个基本事实。进而，如果讨论的命题是在大家共同承认的基本事实上发展起来的，那就不难取得一致。

生本教育区别于其他教育的不仅是因为它重视学生，为学习者说话，更在于它接触了一个基本事实，就是人生命中有一种机能、本领或能力，使人能够言语、思维和行动。这种能力发自天然，我们可以依靠它，我们发现它原来就是像吃饭、睡觉、消化食物一样的本能，但它更高级，我们把它称为高级的本能。我们只要依靠人的言语本能、思维本能和行动本能，就能借助于大自然先天的力量把教育做好。

在这里，我们实际上是借助了一个判断：任何物类，如果有一种本领，是它世世代代赖以生存和发展的，那么，这种物类就一定有这种本领相对应的本能（换句话说，这种本领生而有之），并且，本能不需要教，也不能教，一教就带来了混乱。

这个判断并不难论证。如果幼体的高级本能不存在，它的生存本领要一点点教，这样教，是漫长而艰难的，幼体会来不及学习而缺乏生存的基本本领，无法生存，这种物类就会消失。所以任何现存的物类，不可能不存在相应于基本生存本领的本能。

采蜜是蜜蜂赖以生存的本领，所以小蜜蜂一定有采蜜的本能。对于小蜜蜂，除了提供环境，老蜜蜂不需要教它采蜜。如果偏偏要煞有介事地教，就会使它凌乱了，人们就会看到路旁许多掉下来的小蜜蜂。

进而想一想，在小蜜蜂出生之前，外界就有花朵在等着它，而它拥有与花朵共舞的一切高级准备，比如身体上就有采集花蜜的设置，脚上有刷花粉的绒毛。大自然对此秘而不宣，这是多么神奇而又美妙的事情。

根据上面的判断，由于人类发展和生存，并超出各种物类，靠的基本能力是语言和思维，于是人类幼体就肯定有语言和思维的本能。也就是说，语言和思维是附加在遗传基因里的生而有之的能力。大人不用教，只要提供一个环境，孩子们就会自己学会语言，运用思维。这符合千家万户的育儿经验。

发展语言的方法很简单，就是让他运用语言；发展思维也很简单，就是让他使用思维；甚至发展语文素养也很简单，这就是让他认了字就读书，教他写字，让他自己学写更多的字，适当的时候用笔把想说的记下来。

这就带来了教育的极简方式。我们极简，孩子们可不是极简。他们有了基本的环境，有了时间，有了空间，就像小苗在农人的帮助下长了根，自己就会长大一样，学习和成长的生活丰富而精彩。他们生命激扬，情感奔腾，智慧蓬勃，能力生长，在学习的核心之处欣然忘食，非常认真，然而浪漫。

如果这个判断是对的，那么我们的教育问题就解决了。解决方案就是相信孩子们，尊重孩子们，依靠孩子们。

这正是生本教育的宗旨，也就是生本教育的原理、核心所在，是《教育走向生本》通篇所阐述的思想和做法。

17 年来，我们一想到这样的想法，一看到这样的想法带来的“快乐、素养、成绩”的现实，就会情不自禁，乐不可支，瞬间忘记了我们是一些学者，而承认是乐天派。我们所乐的是天，是大自然，它给了我们的教育以这样的出路，这样的美好。

顺便指出，我们形成了我们的一种工作哲学，这就是“究天人之际”。这句话源自司马迁的《报任安书》：“究天人之际，通古今之变，成一家之言。”

我以为，后面两句对我们不太重要，重要的是，我们靠着“究天人之际”，了解了大自然给人类成长所准备的伟大力量。借助了大自然的力量，我们走通了一条路，靠生本，出素养，提质量。

多年来，难以解决的一个重要问题就是我们的教育径直地奔向考试，从而也奔向本本，所有语言的、思维的、行为的细节，都变为知识，充填了本本的全部空隙。这样，管理者、教师、学生花费了无穷多力量，去对付浩如烟海的细节。这样的处置方式，唯一忘却的就是人的言语、思维、行为的生命本能，也忽视了这些本能将在人的学习活动中进一步发展，形成素养，而且仅仅在包括言语的实践、思维的实践和行为的实践等学习活动中，才能形成和发展素养。

素养延伸出所有的细节。素养是所有成绩的营养。

简言之，当教育离开了作为教育对象、教育动力、教育过程的栖居地的人，就会变得波诡云谲、复杂困顿。反之，如果依靠了“人”，一切都会变得非常简单。

因此，“究天人之际”是我们解决教育问题的根本方案。而许多对教育的诟病、建言，始终处在人人之际，而不在天人之际，不能借助大自然的伟大力量来改变和提升教育。这时教育遇到的最简单的问题都会复杂化。比如，人们批评某些超级中学，却始终未能阻止这种现象蔓延，而真正要解决的，是找出“生本”的办法，超越这些超级中学。

生本教育的实践，创造了一系列成功的案例，人们说这简直预想不到。

岁月流逝，一届一届的“生本”孩子们毕业了，一个个实验学校、实验区发展了，众多的校长和教师成长了，他们成了名校长和名教师，活跃在教育改革的大地上。时间证明了教育走向生本的判断。

因此在再版之际，除了一些细微的地方需要调整之外，本书基本上不加改动。

由于《教育激扬生命》是《教育走向生本》的“再论”，所以，本再版前言，也用于《教育激扬生命》一书的再版。这两本书再版之后，我们将出版《教育寻归自然——三论教育走向生本》。

谢谢《教育走向生本》的出版者人民教育出版社，以及广大读者、校长、教师和家长们。

郭思乐
2018年3月20日
于华南师范大学

第一版前言

大约是五年前，我写了《教育走向生本》一书，由人民教育出版社出版。这些年来，我们主要的工作，是继续对生本教育体系进行理论探讨和实验。我们在内地和香港、澳门的一百多所中小学进行了为期七年多包含理念、课程、教材和教学方法，以及教育教学管理、评价等在内的全方位的实验。通过实验，我们看到了生本教育的本质、生命力及其理论和实践意义。学生在生本教育中表现出来的全身心的投入，那种积极、欢乐、高质的课堂学习，以及他们优秀的毕业考试成绩，都使我们十分振奋。无论是低年级儿童八岁就能读会写，还是他们在中小学阶段良好的精神风貌，或是学生在课堂中的语文素养和数学思维水平的精彩展现，都使许多听课者、听报告者激动不已。

有一次，我去听广州市天河区华阳小学六年级生本教育实验班的语文课《人类的语言》，听完之后，我和大家一样，意犹未尽，不忍离去，一种强烈的感情在内心久久涌动。记得以前读过的一篇文章中说：总会有一件事情让我们泪流满面。我想今天我们真的找到了这件事情。我们把咿呀学语的孩子六年后这样地交还给社会：他们积极向上，自信大方，友好合作，知识丰富，思维活跃，语言流畅，成绩优秀；他们升入中学以后受到普遍的赞誉，绝无高分低能的遗憾（这已经为他们近一年来上中学后的表现所证明）。我们从中看到了儿童，也看到了自己——儿童可以达到这样令人惊喜的状态，而我们也确实可以使他们达到这样的状态，这关键在于我们必须改变自己。只要改变自己的教育方式，坚决、彻底地依靠被教育者生命的蕴有，就可以使我们的教育理想得到全方位的实现。

我们的教育存在很多问题，但是当我们重新审视人的生命本质的时候，我们知道大自然赋予了人类丰富而精美的生命，这生命只要被激扬起来，就会成为强大的匡正和制衡的力量，成为解决诸多教育问题的根本力量。当知道了这一点时，我们的心情同触悟到“露从今夜白，月是故乡明”的返抵家园的旅人是一样的。而且，这种情思并非我所独有，南京市玄武区一位校长看了广州市天河区华阳小学生本教育的课堂录像后在来信中说：“听了这样的课，这个夏天飞扬起来了。”

依靠学生和依托生命的教育给我们带来了新的憧憬，使我们对下一代，对以人为本的和谐社会，以及创新型国家的美好未来，产生了充满希望的联想，也引发了我们对教育的本体和教育的真正主体进行更多的思考：生本教育就是以生命为本的教育，教育的宗旨不应该是控制生命，而是要激扬生命，教要归依学，让生命自己行动。犹如老燕子不必烦琐地教小燕子如何飞到南方——那样反而会让许多小燕子迷失方向，它真正需要做的，是依托小燕子飞翔的本能，教它飞向蓝天，飞得更高更远。教育之所以应当全面依靠学生，也正是因为儿童的情感和智慧结构的核心部分是人的高级的精神活动本能，儿童秉承着人类百万年生命演进的发展成果，具有与成人相去不远的丰富情感和认知能力。教育是人与自然的另类对话，不过这里所说的不是大自然，而是大自然最精彩的部分：生命自然。依托生命，激扬生命，教育就可以享受生命的神奇，使传承和发展文明的事业呈现良性发展状态，解决今天教育中多年未能解决的问题，诸如既全面发展素质又在无可回避的考试中取得良好成绩的问题、教育均衡和公平的问题、教和学的积极性的问题、有效德育的问题、师生关系的问题、教师成长的问题等。同时，这会使我们产生一种正义的情感：如果我们的教育仍然不能改变那种压抑儿童的生命自然的状况，我们就会受到良心的谴责。

这样的一种教育理论和实践，实际上已经涉及了教育的本体性变化，促使我们上下而求索。我们由此想起了鲧和禹治水的故事。鲧用“堵”法，失败了；禹用“导”法，成功了。原因在于前者违背而后者顺应了水的本性——水向低处流。那么，教育的成败是否也同违背还是顺应人性相关呢？人性是什么？人往高处走，天天向上，在自我实现中获得高峰体验，这就是人的本性。而且如同水的本性体现在水的自主行为之中一样，人的本性也是除去外加之性而呈现的本质。教育如果违背甚至不自觉地扼制人的这种本性，当然会处处受阻，步履艰难；反之，则会春光旖旎，大道如发，犹同大禹治水，必然取得成功。

为了解析和阐说这样一种实在，我们特别需要从中国古代哲学中吸纳营养——较之现代的许多在物质文明高度发展的社会中产生的哲学思考，中国古代哲学更直面自然和人生，更具有洞察力，其中对本体论方法的研究，对自然与人性关系的研究，对无名和有名关系的研究，对道数不可言传的研究等，都有助于我们认识生本教育的本质和规律。我们由此得到了新的教育教学观、课程观、教材观、教师观和评价管理观，并意识到我们正在探索着一条教育新思路。虽然并不轻松，必然会遇到许多困难，但是很有意义。

为此我整理了这部书稿，强调教育应当激扬生命而不是控制生命，作为《教育走向生本》的姊妹篇，交由人民教育出版社出版。在此，谨向该社及有关同志表示衷心的感谢。前不久，几个关心生本教育的机构共同举办海峡两岸及港澳地区生本教育体系学术研讨会，征得出版社同意，我把我的《教育激扬生命》一文，与我的其他一些短文汇编成册，在会议中交流。后来，我又有一些新的想法添加到书中，所以又经过一段时间的整理加工才得以定稿。在写作过程中，参与生本教育体系研究课题组的同事们，特别是吴全华教授、李巧萍副教授、高广方老师，给了我很大的帮助。他们在整个研究中起了很大的作用，在理论的阐析和实践方面给了我支持和帮助。他们所做的具体工作在文中未能一一列出。另外，本书中使用了若干实验学校的资料，文中均附有说明，在此谨向有关的校长、老师和同学们致谢。

由于种种原因，本书或许有许多不足之处，请读者提出宝贵意见，以便改进。

郭思乐
2006 年 8 月 16 日
于华南师范大学教育科学研究所

目　录

引子：为什么在教育中要说起生命

生命成长之享受——人类上升的动力

我们经常看到生命的狂喜。在足球场上，在球迷之中——他们呐喊和打出V字手势，并非自己创造了这场球赛的业绩，而只是为了赞美自己之所爱，或者换句话说，是赞美自己的思想和情感，甚至只是赞美自己的一个判断或选择，仅仅这么一点，就足以令人欣喜若狂。在几乎任何场合都表现出，在我们的精神活动中有着这么一种机制：享受成功，享受成长。这是生命最美好的一种品质，因为它呼唤生命前行、发展和提升。它曾经鼓舞过秦皇汉武，鼓舞过比尔·盖茨，鼓舞过囊萤映雪的读书者，也鼓舞过在烈日下观察小小黄鳝洞冒出的泡泡而不愿离去的一个小学生。它是学习中最积极的因素，让人享受学习，享受自己。它推动了人类上升的伟大进程。如同一位人类学家所说："人类以其富于想象的天赋与其他动物区别开来。人类综合运用自己的种种才能，制订计划，从事发明与创新。当人类学会以更复杂、更精巧的方式综合运用这些不同才能时，人类的创造发明也就更加复杂、更加精深了。因此，不同时代、不同文化形态在技术、科学和艺术领域的种种伟大发现，无一不表明人类才能的日益丰富和复杂的联系，表明人类智慧的常春藤的攀援上升。"①

学习者拥有如此强大的享受成长的机制，在他们面前，教育应

① ［英］雅可布·布洛诺夫斯基著，任远等译：《人之上升》，四川人民出版社1988年版，第2页。

是“伺服器”。教育者应知道儿童有这样的机能，于是等候时机，加以激扬，促使生命获得更充分的成长，然后获得更浓烈的成长享受，从而天天向上。教育者越自觉，就越能依托儿童这种享受成长的机能，学习者获得的教育就越自然，就越符合“道法自然”的法则。依托生命的教育绩效斐然，强烈地表现着生命的神奇。

这就是说，教育不仅仅是文化启蒙，更重要的，或更经常的，是要进行精神生命的启蒙。让儿童知道，在人类社会文化环境之中，他是有所作为的，而且不因为别的，只是因为生命的赋予。“人的地位不断上升，是因为人在不断地发现和认识自己天赋（他的种种禀赋与才能）的丰富内涵。人类在上升过程中的一切建树都是人对自然和人对自身的认识的各个发展阶段的纪念碑。”① 然而，要让儿童得到这样的感受或体悟，它的办法却不是说教，而是让他们在尽可能多的自主活动中取得成功，在成功中充分而完好地成长。而且，诚如斯言：“愈是自然的东西，就愈是属于我生命的本质，愈能牵动我生命的情感。”② 这样的成功越是自然的、不自觉的、经常的，才越能孕育新的成功，成为真正意义上的成长。只要我们知道儿童无论是在0～3岁还是在进入学校学习的阶段，无论是否进入了社会的具体价值圈，其成长的主体部分，都是生命的自然。人之受教育和在社会中成长，离不开社会的框架，更不可须臾离开生命的自然的、本能的发展内核。何况我们发现了社会真善美的基本要求，不过是自然法则在社会形态下的新的反映。于是，教育因为依托人之生命而变得十分简单，而绩效又非常丰富。在我们的生本教育实验学校里，正在实现着教育绮丽的梦想：第一，学习者以高度的热情忘我地投身学习，享受着童年、青少年的生命所创

---

① ［英］雅可布·布洛诺夫斯基著，任远等译：《人之上升》，四川人民出版社1988年版，第4—5页。

② 周国平著：《守望的距离》，东方出版社1996年版，第418页。

造的欢乐；第二，拥有良好的素质——情感的、思维的、身心的，证实着素质需要自然地发展，而不是外界强加的；第三，到了小学、初中或高中毕业的成熟之期，取得优异的成绩。

除了精神和文化的启蒙，我们还要如何做才能对他们的自然的成功有所帮助呢？

我们先要来看学习者的成功，比如学业上的进展和成长是怎样发生的。第一，它是在思想的创新点即智能的增长点上。第二，学习者必须拥有在这个点上的完全自主，即自由。他可以在别的地方、非核心的地方受到某种限制，但是在核心的点上却需要完全的自由。注意，从时间上来说，我们说的“点”并非只是短暂的点段，而是像朱熹说的“小立课程，大作功夫”和“宽着期限，紧着课程”。它可能是儿童自主活动的某个长期安排。

比如，我们的语文教学，可以大量地让学生进行语言文字学习活动，更多地自主阅读、自主写作，只要自主，就能形成学生自己的个性语文，学生就能说出和写出许许多多的话。语文能力就附着在他的最基本的能力——用语言来表意上，这不过是与生俱来的像吃饭睡觉那样自然的能力。对于这种能力，人类千万年的发展已经在基因中有了它的全套丰富的库存。它虽不是具体的语言材料，却是学习语言的基本的框架，是学习语言的本能。教育者得知学习者有这样的语言本能，就可以依靠其发挥作用。这是何等重大的事情啊！

下面，我们来想想我们教育者能做些什么。我们有组织的力量，我们是社会的代表，我们有成人的经验和作为教育者的学识。然而所有这些都是双刃剑。我们可以用这一切来取代学生的自主的、自由的、成长的核心活动，也可以帮助学习者形成“万物皆备于我”的状态。学习者作为主人做核心的事情，而教育者作为仆人则帮助他集中和方便于做核心的事情。我们选择后者。我们让学习者走一条容易发挥自己天赋的途径，我们为此介绍和准备阅读或研究的材料。而更多的时候，我们只是指引学生阅读和学习的方向。“道而弗牵，强而弗抑，开而弗达”，儿童知识的增长和能力的提高只能依靠他们自己，教育者只能是开启之、导引之。比如英语学习，我们想让学生自主地说出和写出“自己的家”，我们给他们基本的词汇、相关的词汇和可阅读短文，目的只有一个，就是让学生说说自己的家，说得越多越好。在英语学习中，班级、小组的合作方式和教师的管理，全在帮助学生交流表达，而这样的学习氛围鼓舞着学习者发展自己的个性英语。个性英语有着自己熟悉的、喜爱的风格，只要符合基本语法，便可以交流。个性英语有一个群体和法本的纠错机制，使之步步提升。这就是说，学习者用充满生命情感色彩的语言方式来表达自己，而不是以机械的标准化方式来训练自己。只有在这样的基础上，教师的指点才成为学习者自己发展的进一步要求。至于在终端考试中如何获得好成绩，那更是后来的事情。学习者日常所做的乃是不需要自觉的、潜在的、深刻的终端考试之准备。就像植物在它成长的月份“以非花的方式迎接未来开花”一样，它不需要在平时开给人看，别人也不必急着去看它未成熟而开出来的花，不必担心它没有积极性。而终端考试必然获得优秀成绩，是对这种长期的、真正的准备的致敬和赞美。这就是为什么生本教育实验学校普遍出现“小学五年（或中学两年）不强调比较，而最后一考就好”的秘密。

我们为什么在教育中强调生命

教育需要生命的活动，这是毫无疑义的。我们要回头来补充解决一个问题：生命是一个整体性的概念。每个学习者的生命活动不仅是在学习，还在生活、生长和成熟，他的生命在做着许许多多与学习没有直接关系的事情，所以，我们在教育中涉及生命。说到教育是生命之旅，或者说到教育要依靠生命，除了也会带来某种激情之外，还会略微有些怅惘：我们需要这样来谈及生命吗？需要对教育的改革作这样的生命层次的强调吗？

问题不在于教育依靠学习者的生命活动的机制是否存在，而在于我们什么时候要来阐述它和强调它。我们认为，今天我们正面对下面的情况，因而有必要在教育中强调“生命”。

第一，当我们真正看到了教育可以依靠儿童的生命方式，即以他们的整体生命，可主宰的、独立的、可由着自己性子的活动去取得我们前所未见的绩效时，我们认为，对于教育的生命机制应加以强调。因为它是一种教育的实在，是自然和合理的教育新思路，更通过生命的本能和内蕴的机理，使教育得到新的解释。

第二，当实际教育中生命机制受到扭曲时，我们需要提到生命。以考为纲的教育压抑儿童生命成长的这种扭曲现象已经十分普遍，而问题在于，人们认为这是不可避免的，甚至认为是“国情”，或者是中国教育的亮点。但是，当一个受体无法使用本身的最大资源——生命的自然资源的时候，我们怎么能够取得终端考试成绩的最大值？教育是人类社会不断前进的动力，教育的目的是最大限度地开发人的生命潜能。而今整个教育过程对儿童生活能量的漠视和践踏，是与教育的根本目的相悖而行的。教育不应是对生命的控制，而应是对生命的激扬，只有后者才能使教育到达自己的目的地。当我们回到教育的一些原始性问题时，我们不得不尊重生命。舍此，就没有教育。

第三，当生命得到深刻的、全面的认识时，我们需要提到生命。生命不是生不带来、死不带去，而是通过亿万年的基因传留，从出生之时，就像新的电子计算机携带了本机程序一样，拥有了语言的、思维的、学习的、创造的本能。依靠这样的本能，就可以把主要依靠教师教转变为主要依靠学生学，从而带来教育的巨大变革。生命的基因中有我们发展的所有凭借，生命的先天图式是教育得以进行的秘密。对生命认识得越深刻，教育就会越谨慎。因为生命是从远古走来的，它有着深厚的自然积淀。

第四，当教育中生命的机制、生命提升的意义得到认识时，我们需要提到生命。这里，对学习者来说，生命承载了教育的全部目的：生命是教育永恒的和基本的工作场；生命中发生了教育的最终动力；生命作为亿万年发展的成果，拥有教育最宝贵和巨大的资源。

第五，当我们需要进行以一切为了学生、高度尊重学生、全面依靠学生为特征的改革时，我们需要谈到生命。学生不仅是教育的对象，更是有着自身生命价值的存在。学生是教育的对象，也是教育的目的；对学生的尊重，在很大程度上是对人之生命的尊重；依靠学生其实就是依靠学生自身的生命能量。生命是人之存在的根本，人的一切发展都以生命为根基。学生是教育的本体，学生是有着无限潜能的人类未来，依靠儿童生命能量的教育将会高效而有所作为。

北宋思想家张载曾经说过："为天地立心，为生民立命，为往圣继绝学，为万世开太平。"他把大自然的规律和人的发展规律统一起来，描绘了一幅自然、社会和人的生命融合的教育图景。而正如我们所论证过的，在教育中以儿童的生命的成长为本体，把自然与社会相统一，是教育的本来面貌，也是今天我们改革教育的坦途。它是我们主张教育要呼唤和激扬生命的理由，也是我们批判压抑学习者生命力量的陈腐教育和评价文化的依据。①

① 本书也是广东省普通高校人文社会科学重点研究基地华南师范大学现代教育研究与开发中心项目的成果。

一、教育：人与自然的另类对话

当我们看到生命的蓬勃

十几年前我们开始了生本教育体系的实验。我们把生本教育定义为“为学生好学而设计的教育”，而不是“为教师好教而设计的教育”。在我们的实验学校中，学生健康地成长，快乐地学习。他们热爱学校，热爱学习，积极向上，自信大方，合作友爱，思维活跃，在毕业考试中成绩优秀。他们甚至有了一些小小的成就，如发表大量文章，获得各种奖项，等等。但是，我们回顾一下，最使我们激动不已的是什么？他们成长的秘密在哪里？——是他们的学习生活中涌动的生命的特质。生本教育创造了一种条件，使学生的学习动力发自自身，学生的变化主要来自自己的生命，而这又形成了一种自激励系统，他们将不断地获得自身成长的激励，从而更加广泛深入地接触外界，满怀信心地走向未来。

生命是个十分重大的话题，对于我们自己，它悄然存在着，也许只有面临极其必要的情况，我们才会说起生命。比如，燕赵之士的慷慨悲歌，民族危难之际的奋起抗争，都弹奏出生命的乐章。今天，在谈到教育的时候，因为其变革的重要性和原理的深邃性，而使我们需要关注和呼唤人的生命。

生命是神秘的。每个人都拥有生命。我们只要反观自己，就可对生命有所了解。比如我们其实极容易被感动。哪怕是一篇日记、一个数学问题、一段倾诉，如果真的来自自身的思想，就会打动自己和别人。有一次，一位朋友讲起孩子日记写什么，我说想什么就写什么，只要有真情实感。朋友谈道，有一天五岁的儿子说：“爸爸，你有两个缺点：第一，开车太快，以后不要这么快了；第二，和妈妈吵架声音太响，吵得我心都打颤了，以后小声点好吗?”说话的时候，朋友的眼睛似乎湿润起来。我说：“如果让孩子把这写下来，就是一篇很好的日记，你读了会觉得很感动，因为你知道了当你带着他坐车的时候，当你和太太争吵的时候，孩子原来是这样想的；孩子以后再读起它，就会想起父母和自己；别人看了也会感到有意思。就像听歌曲《同桌的你》一样，你未必有那样的情感历程，但你会觉得那是生活，生活就是这个样子的，所以你也同样会受到感动。”

我们在生本教育中，尽可能使学习变成发自学生内心的活动，使生命以其自然的方式产生新的学习机制，这就是生本教育使学生健康、积极、快乐、高质地学习的全部秘密。十几年来，从城市到乡村，我们每个实验学校、实验班级都有着自己的故事，叙说着在生本教育中学生生命的激扬和蓬勃。学生所呈现的学习热情、学习绩效，以及由于其全身心地投入到一种既为主流社会认可，又为自己喜爱的学习之中而发生的情感、思维等方面的变化，使我们对生本教育有了进一步的认识：生本教育在以学为本、以学生为本的含义之中，更蕴含着以生命为本的含义。

我们认为，教育的问题及其产生的根本原因，在于对待学习者的生命自然的态度或认识。在我们实行生本教育的时候，问题不在于要不要学基础知识、要不要进行德育、要不要教师、要不要对学生严格要求、要不要参加中考和高考，而只在于，我们所做的一切主要是依靠教还是依靠学，是“控制生命”还是“激扬生命”。

教育最终归结到学生生命自身的行动历程，所有教育的希冀和理想都可以依托生命而实现，而生本教育就是教育和人的生命自然的和谐结合。生本教育正在形成教育的生态学，它拒绝冗繁，保护生态，让所有的人，包括校长、老师、学生和家长，享受为生命气息所激动着的美好的教育世界。它是一种崇高的理想，虽然举步维艰，但不是幻想。

在进行了实验的两百多所中小学的课堂上，到处都洋溢着生命的欢乐。学生把学习变成自己的生活，时时都想着在学习中开辟新的领域，例如清新的文字、热烈的讨论、独特的思考、有趣的游戏、数学日记等等。

在学习乘法的时候，一个小学生在数学日记中画了4条小金鱼，每个吐出5个泡泡，下面写着式子：5×4=20；另一个小学生画的是3只小蟹，每只有8只脚，问：蟹妈妈买鞋子给小蟹，要买多少只？昌乐小学的几个小朋友，则在下课的时候齐声哼吟自己创作的“一颗荔枝3把火，两颗荔枝6把火，三颗荔枝9把火，吃得越多越上火”。他们如同哼着牧歌，洋溢着悠闲和欢喜。原来他们的语文课在上《荔乡》，而数学课则刚上乘法。有一次，我去听深圳一所实验小学的“乘法”课，课堂上每个学生都带来了4个自己举的乘法例子，一个学生写的是：“我家电脑上网费每月7元，今年我上了3个月，共用了7×3=21（元）；一页大字有36个，我写了5页，共写了180个大字；……”也就是说，在这节课上，每个4人小组有16个例子，全班就有160个例子。一个学生带的例子居然是：我的姐姐谈朋友谈了两个。另一个学生说：“你这个不是乘法。”那个学生说：“怎么不是？她一次谈一个，谈了两次，就是2×1=2。”

另一节以“长度”为题的课，更是一发而不可收。每个学生都带来了十个左右的例子，有天文的长度，如天体之间的距离、天体的周长和直径；有地理的长度，如亚马孙河、长江的长度；有生物的长度，从草履虫的长度到恐龙的身高，从小草到大树的高度；有生活物品的长度，凡是身边可以量的，课桌、文具盒、床和窗户，他们都量了。对于他们，要学的米、分米、厘米的进率，不过是工作的需要，或者只是常识——有哪位教师、哪本教材能找到这样的材料，以这样一种方式进入他们的生命之旅？儿童却能够这样，一旦放飞儿童的心灵，学习的时光对他们来说就是如歌的岁月，他们生命中蕴含的潜能就会奔涌而出。

华南理工大学附属小学二年级学生杨宇希在与家人回乡的时候，在日记中做了这样的记录：

旅游交通工具经济的对比

7月12日我和爸爸妈妈去梅州。从广州到梅州总长400千米。如果坐火车，每人每张软卧票200元，3个人要600元，一去一回总共要1 200元。

爸爸开车回去，费用是：

一箱汽油50升，10升汽油可开120千米，10升汽油30元。

我们一次用了$\frac{2}{3}$箱汽油共100元。路上11个收费站有5个7元，1个12元，2个10元，3个5元。

5×7＋1×12＋2×10＋3×5＝82（元）

一路上费用：100＋82＝182（元）

来回总费用：182＋182＝364（元）

但妈妈去梅州是坐火车，所以要再加200元。

总费用是：364＋200＝564（元）

比坐火车少用：1 200－564＝636（元）

对于学生来说，只要有自由，他们就会很快地接受知识给他们提供的欣赏世界、理解世界的方式，就会急切地睁开观察真善美的眼睛。牢牢地扎根于心灵的知识，不仅仅是知识，而是可以应对未来和周边世界的智慧。当学习数学成为一种自由的活动时，学生就会到处看到数学，数学就会成为一种新的语言，举目皆然，俯拾即是，甚至家庭的叙谈、亲友的交流，也成为数学日记的内容。

下面列举几篇学生的数学日记：

刘备和诸葛亮

深圳市福田区景龙小学二年级　李京纬

今天我和妈妈聊天，聊到三个臭皮匠顶个诸葛亮，妈妈开玩笑说三个诸葛亮顶个曹操，我又说三个曹操顶个刘备。妈妈忽然说，一个刘备能顶几个臭皮匠？

$$3\times3\times3=27\text{（个）}$$

哦，原来一个刘备能顶27个臭皮匠！

猜年龄

深圳市福田区景龙小学二年级　李京纬

我属鼠，外公也属鼠。外公比我大5轮，一轮12年，外公今年67岁。我要打个电话告诉外公，我猜到他的年龄了。

数房子

深圳市福田区景龙小学二年级　陈嘉明

我在这里已经很久了，还是不清楚：这幢楼一共住多少户呢？我今天突然发现了1～8楼每层住6户，9～10楼每层住7户，然后我就算出了这幢楼一共住多少户。小朋友，你们知道我用什么方法算出来的吗？让我算给你们看吧：

$$8\times6+2\times7=48+14=62\text{（户）}$$

答：这幢楼一共住62户。

椅子的小孔

深圳市福田区景龙小学二年级　谢凌威

今天我看到椅靠上面有一些小孔。我数了一下，横排有8

个小孔，竖排有7个小孔，它们中间还少2个。我就知道有多少个小孔了。

算式是这样写的：8×7－2＝54（个）

你们说对不对？

我们甚至猜想这位小朋友为什么数椅子的小孔，是百无聊赖呢，还是因为要数的都数过了，或者，他形成了这种见什么数什么的习惯和渴望？不管怎样，数学进入了学生的生活，学生在自己的生活中处处发现了数学。马克思不是把数学作为一种积极休息的方式吗？我们怎样才能让学生也走向这样的文化人生呢？这些例子应有所启发。

再来看一些例子：

买小娃娃

深圳市福田区景龙小学二年级　陈嘉明

我昨天买了一个小娃娃要8元钱，今天去东门的两元店看见了一个相同的小娃娃，只要2元钱。你们说8元可以在两元店买几个这样的小娃娃呢？

8÷2＝4（个）

买年糕

深圳市福田区景龙小学二年级　周天源

在超市看见了年糕，我想买，可外婆一看价钱要68元，就说："太贵了，还是自己做吧。"外婆买了糯米粉2元，买了糖1元，煤气费1元，一共4元。自己做的年糕比超市买的省了64元钱，而且还非常好吃。

气温的比较

深圳市福田区景龙小学二年级　邱锦枫

今天中午我从青岛飞到了上海，下了飞机，我感觉到了两个地方的温度差别，再想想深圳现在的气温，突然想到，这不是一篇很好的数学日记吗？早上在青岛，青岛的气温是－5～1 ℃；现在在上海，上海的气温是 1～5 ℃；妈妈的手机天天都报深圳的气温，今天深圳的气温是 13～19 ℃。同学们，你们发现了吗，哪个地方最冷？哪个地方最暖？

答：青岛最冷。深圳最暖。

学生看报纸也会引起有趣的数学畅想：

买房的想法

华南理工大学附小二年级　颜承尧

昨天晚上，妈妈在看报纸的时候忽然叫起来："呀，金御山庄的房子怎么卖那么便宜呀！"爸爸说："是啊，贵的卖不出去了，只好卖便宜的了。"我想，也许再存几年钱就可以买了吧？最好再买一辆马自达。

我看了山水经典别墅，是朝东的一套型号 110 的五室四厅的经典别墅，送花园面积 350.26 平方米。哇！比建筑面积多 118.1 平方米！你想知道建筑面积是多少吗？自己算吧。

房子的价钱是 565 573 元，我现在存有 50 000 元，打算大学毕业后每个月存 1 000 元，现在买房缺的钱数：

$$565\ 573-50\ 000=515\ 573（元）$$

每月存 1 000 元，一年 12 个月，一年的存款数：

$$12\times1\ 000=12\ 000（元）$$

几年才能买到房子：

515 573÷12 000=42.964 416 67≈43（年）

再算几年能买车（车价 150 000 元）：

150 000÷12 000=12.5≈13（年）

我大学毕业时 24 岁，能买车买房的年龄是：

24+43+13=80（岁）

哇，都 80 岁了，还买什么房子呀。唉，下回我再研究吧！

学生还会把成语故事与数学结合起来：

成语故事里的数学问题

华南理工大学附小二年级　余欣航

在“南辕北辙”里，那个人向北走了 7 天，每天走 13 里，发现走错了，又往南走了 3 天，每天走 7 里，那个人离出发点还有多少里？

7×13－3×7=70（里）

答：那个人离出发点还有 70 里。

在“滥竽充数”中，其实还有三帮人都不会吹竽，每帮有 5 个人。他们被分到不同的队里，共有 6 队，每队有 7 个人，真正会吹竽的有多少人？

6×7－3×5=28（人）

答：真正会吹竽的有 28 人。

在“对牛弹琴”里，又来了 1 个人，共有 2 个人，有 9 头牛，平均每人给几头牛弹琴？最后他们抢着给几头牛弹琴？

9÷2=4（头）……1（头）

答：平均每人给 4 头牛弹琴，最后抢着给 1 头牛弹琴。

在学生的日记里流淌着真情实感，这就是他们写作和热爱写作的不竭源泉。

我的秘密

中山市坦洲镇林东小学一年级（1）班　叶航

我要告诉大家一个秘密，我最喜欢玩玩具。

有一天，妈妈骗我说："玩具总公司的老板下午三点半来接你，让你去给他做儿子。"当时我很害怕，以为她说的话是真的。我想了一想，平时妈妈最疼我，肯定不会把我卖出去的，再说，我也舍不得离开爸爸妈妈呀！这样，我就不怕了。

在英语学习中也是如此。佛山市南海区平洲中心小学二年级的学生，学习英语才一年零两个月，在生本的课堂上，他们同样涌动着自主学习的热情。每个单元的学习，从第一次课的模仿，到第二、第三次课的表演，学生都很投入，但当课本小剧表演得比较熟练的时候，他们就急切地想学下一课。针对学生的这一特点，崔老师尝试让学生延伸课本剧，并且要求每个小组都要对小剧进行改编，然后再演给全班同学和老师看。

《丑小鸭》这一课的故事情节是：一直受到别人嘲笑的"丑小鸭"（ugly duck），在春天来临的时候变成了一只"美丽的天鹅"（beautiful swan）。对这样的课文应该怎么改编呢？崔老师说："'儿童是天才'这句话一点不假，只要你给学生展示的机会，学生就会给你带来无限的惊喜。"

学生们踊跃思考，集思广益，提出各种设想，很快就决定了改编的内容："毛毛虫变蝴蝶"、"蝌蚪变青蛙"、"小狗变大狗"、"黑猩猩变人"。为了让学生有更大的场地表演，老师把课堂拉到了操场上。有机会出来表演自己创作的剧本，学生们都很兴奋。在外人看来，这些学生就是在玩，根本不像学习的样子。但是如果深入去看，就会发现其中有许多的惊喜。其中一个小组不会用英语说"蝌蚪"这个词，就改成"鸡蛋（egg）变小鸡（chick）"来表演，

“黑猩猩变人（man）”的小组也把“人”换成了“漂亮的女人（beautiful woman）”。有了创造，本来就活跃的课堂，就有了长盛不衰的生命力。

小学里的故事

开展生本教育实验的两百多所学校，都有着自己的故事。在深圳市南山实验学校，新生入学十个月后就出现了电脑写作的热潮，而且是连续五年届届如此。2000 年入学的实验（3）班学生的网上作文，汇集成了一本书，被命名为《当儿童喜爱时》，共 26 万字。次年入学的实验（3）班和实验（6）班的学生，其作品同样结集出版，名为《生长的声音》，共 49 万字。《想起了他们咿呀学语》是第三届学生的作品集，共 35 万字。第四、第五届实验班学生在同样的时间里写了 80 万字。其他学校也有类似的情况，令人感到不可思议，十分惊喜。这些学校的实验表明，采用生本教育的理念、教材和方法，可以使我国的八岁儿童能读会写，其意义是十分重大的。南山实验学校李先启校长在一篇文章中说道：“2000 年 9 月开始，我参加‘生本教育体系实验’，在专家的指导下，取得了令人瞩目的成就，实验已经开展有六年之久”，“生本教育的思想、观念、教材，以及具体的指导，是这一切（八岁儿童能读会写实验报告）的基础”。①

在 2004 年 12 月 19 日举行的近六百人参加的海峡两岸及港澳地区生本教育体系学术研讨会上，由与会代表命题，深圳市南山实验学校二年级学生即席用电脑作文。短短 40 分钟，学生都完成了作文，篇幅较长的居然有一千多字，在会上诵读，朗朗其声，虚堂习静，一文读罢，掌声雷鸣。在会场中还出现了这样的一幕：澳门

① 李先启：《关于我校“八岁儿童能读会写实验”的说明》。

一所中学的校长看了之后连声说“真是神话”，这时有几位大人却答道“过奖过奖”——原来是几位家长。一位家长说，她的孩子去年9月从美国回来时，只认识4个汉字，其中一个“上”字还写反了，到这所生本实验学校才一年多，他不仅认识了2 000多个汉字，还成了班里用电脑写作文写得最好的一个。类似这样的情况，在该校的实验班中并非少数。

2005年5月15日，刘鹰老师带着她的二年级实验班学生，到广州给澳门全部公办学校校长和教师参加的生本教育研修班上课，在课上由澳门老师当场命题，同学们用40分钟进行电脑写作，并当众汇报。其中有不少写得很精彩的文章，在这里仅列举两篇：

难忘的日子

——万圣节快乐

深圳市南山实验学校二年级　何坤亮

中国正秋高气爽的时候，加拿大这个冰雪之国已经刮起了刺骨的寒风。因偶然的机会，我度过了一个令人回味无穷的“万圣节”。

令人等待已久的万圣节终于到了。有着美丽脸谱的南瓜灯摆放在家家户户门前的台阶上，静静地透出柔和、金黄的亮光，就像是在召唤着人们到大街上载歌载舞。相识的、不相识的人们相互热情地打着招呼：“万圣节快乐！”虽然人们戴着丑陋的面具，但每个人的内心充满着善意。

在万圣节的晚上，人们把自己装扮成恐怖的“鬼”，带上大大的空糖果袋出发了，因为凡是前面放着南瓜灯的房子，我们都可以向主人讨糖果。妈妈生怕我着凉，只让我呆在家里，等着别人来讨糖果吃，可我想感受万圣节的气氛，非要妈妈带我到大街上。穿着一件黄色的长袍，头戴一顶有狗耳朵的帽子，拿着大大的空糖果袋，我似乎变成了一个可爱的小“鬼”了。我挨家挨户地讨糖果，每次都可以得到很多的糖果和人们的笑脸。记得有一次，我敲开了一户人家的门，一个可爱的小女孩接待了我。她热情地拉着我的手，不停地把糖果塞进我的糖果袋里，直到塞满为止，我吃惊地望着她，她却露出了一副舍不得我离开的样子。她天真可爱的模样至今还留在我的记忆里。

万圣节真快乐！人们在这天晚上表达着自己的善意，传递着甜蜜、友好的信息，不分种族，不分国籍。万圣节令人回味无穷，它是我难忘的节日。

下课了

深圳市南山实验学校小学二年级　佚名

下课是小朋友们最喜欢的时候。一下课，我们就像被关在笼子里的小鸟飞出笼子一样，争先恐后地跑出教室，跑到我们最最心爱的操场上，和朋友们一起做游戏。有些时候，我们还边散步边聊天呢。

我也是一只从笼子里飞出来的小鸟，做什么事情都不会忘记“玩”这个字。每次我跑到操场上，整个校园的小朋友们都在快活地玩耍，有跳橡皮筋的，有玩老鹰抓小鸡的……

我每天都在玩捉迷藏的游戏。这个游戏跟大家玩的可不一样，我们不只是要发现对方，还要抓到对方才算赢呢。所以，我们天天都满学校地跑，一路上我们看见的除了花草树木，就是一个个做游戏的小朋友，他们每个人都玩得满头大汗，开心极了。

前几天，刘老师给我们介绍了一个非常好玩的游戏——丢沙包。以前我一直不知道丢沙包这么好玩，现在我下课都在玩这个游戏。丢沙包可以考验你的反应能力，就是一个攻方和一个守方，把攻方的那些人分成两边，面对面站着，中间要隔很大的距离，守方就站在中间，两边的攻方用一个小沙包丢掷守方，守方要躲，如果被打到了，那没有办法，就只能下场喽。如果沙包被守方的人接到了，守方就可以救一个以前被打下场的小朋友上来继续进行游戏。这个游戏被我们投票选为最好玩的游戏，也是应该的呢！

除了丢沙包我们还玩过许多“一级”游戏，下课真是我们最快乐的时光啊！

真可惜，下课的时间太短了，每次我们听到上课铃都依依不舍，半天才离开操场。我真的太喜欢下课的十分钟了！

进行实验多年的学校——广州市天河区华阳小学和黄埔区荔园小学、佛山市南海区桂城中心小学、江门市外海镇中心小学、梅州市梅江区人民小学等，它们的故事更多了。下面讲的华阳小学六年级实验班的情况，可以说是上述各个学校六年级的缩影。

华阳小学由何建芬老师执教的六年级实验班40名学生，在三年级的时候对当年的中考作文题进行了现场写作，基本上都在50分钟内完成了600字以上的作文。其中6篇交由中学语文教育专家李坝新老师阅看，这位专家说，根据他多年的经验，80％的初中毕业生都还不能达到这样的水平。其中9篇，未经改动就刊入了香港一家出版社出版的刊物中（部分文章将列于本小节后）。据统计，四年级期末时这个班学生的人均阅读量达到了1 390万字，是课标规定的高中阅读量的两倍多。对于这些学生来说，阅读和写作完全是一种自主的行为，所以他们并没有感到这是一种负担。

下面是他们在三年级的时候对当年中考作文题进行现场作文的一部分（原文照刊，有些错别字，用括号在其后订正；作文上的时间记录等说明，均是学生在卷面上自己书写的，照刊）：

阅读人生

时　　间：2002 年 6 月 24 日

学　　校：华阳小学

姓　　名：胡天缘

班　　别：三年级实验（1）班

完成时间：(15：25—16：14)

我总觉得，人生就是一本大书，每一页都记载着童年、老年、青年、中年发生的事。我总是喜欢打开这本“大书”，回想以前发生的种种事。这些事，有的酸，有的甜，有的比辣椒还要辣，有的就像黄连一样苦。

我有许多值得回忆的事，不过，有一件事一直让我刻骨铭心，永远忘不了。

记得那是一个星期日，我由于贪玩还没有完成作业。本来爸爸让我学完绘画就马上回家写作业，可是我一回到家就开始玩起来，一直拖到中午吃饭。

午饭过后，我开始做作业，不过刚刚把作业拿出来，爸爸就把我叫去了客厅。爸爸教育我不要再贪玩了，可是，由于爸爸说话太重了，泪水一直在我的眼眶里打转。爸爸教育了我很久，可我再也忍受不下去了，跑出了客厅，躺在爸爸的床上哭了起来。然后，我就慢吞吞地走出了爸爸的房间，来到自己的小屋里，我“砰”的一声关上了房门，又哭了起来。接着，我又慢吞吞地做作业。做完作业，我走出客厅，才发现爸爸出去了。于是，我又走进爸爸妈妈的房间，找出了一张爸爸一个人的照片，把它揉成一团，用红笔在上面又涂又画。在一个上午，爸爸发现了这张照片，问是不是我弄的。我看着爸爸，他脸上压根儿没有愤怒的表情。我没有说话，只是笑了一下，然后跑到爸爸的房间，“偷”了那张照片，放到自己的房间里。

现在，我看到这张照片，心里总是有一种说不出的滋味，有点儿酸，也有点儿苦。这张照片，每当我看到它，眼泪总忍不住在眼里直打转儿。这一件事，也许爸爸已经忘了，可我却忘不了。

通过这件事，我懂得了一个非常非常大的道理：自己做了不光彩的事，不要迁怒到别人身上，不要让别人和自己一样感到痛苦。

啊！老婆婆您真行！

时　　间：2002 年 6 月 24 日

学　　校：华阳小学

姓　　名：覃志玲

班　　别：三年级实验（1）班

完成时间：(15：25—16：04)

昨天，我看了一下报纸，读着读着，看到了一个老婆婆可以活到 116 岁的话题。我开始津津有味地看，边看边想，这位老婆婆可以活到 116 岁的秘密是什么呢？题目上还写着：“116 岁的寿命打破世界纪录”。

我读第三篇（遍）的时候读到了长寿的秘密：“开开心心过生活。”我明白了，原来生活的快乐是那么的多，那么的好。其实，富人也有一些是不开心的，而穷人的生活虽然很辛苦，可是他们觉得生活是那么精彩，那普通人呢就不用说了，是世界上最幸福的人。老婆婆是一位普通人，她每天都很开心，很快乐，所以能活到 116 岁，同时也因为她很注意健康，110 岁才开始吃肉。我要说一声：“老婆婆您真行！我也要活到 116 岁，而且要比您更长寿！”

其实，我现在刚刚做完手术，身体也有一些不舒服。哎！这个身体可以令我开心吗？可是，只要我生活开心不就可以了吗？回到这个学习的教室不也是很开心的吗？

告诉我，我什么时候才能有一个健康的身体呢？哎！生活有那么多的快乐，我再也不会不开心了，因为我要活到116岁。

这位老婆婆活到116岁是我感到最惊讶的新闻。这些日子，是我感到快乐的一部分。啊！快乐的感觉真好，除了去检查伤口和换药，我以后也不要去医院了！一到医院我就知道没有什么好事，老婆婆因为从来没有去过医院才不知道医院是什么东西呀！告诉你吧，一个人至少也要去一次医院。可能就是身体健康才会有这么长的寿命，这位老婆婆，我要跟您说一句话："啊！老婆婆您真行！"

阅读自然

——生生相连的自然景观

时　　间：2002年6月24日

学　　校：华阳小学

姓　　名：黄　哲

班　　别：三年级实验（1）班

完成时间：(15：25—16：20)

自然是一个生物们的大家庭，不光有花草树木，就连活泼可爱的小动物也是自然界的成员。小鸟自由地飞翔，小兔快乐地奔跑……这都是大自然的景观。一个充满奥密（秘）与生机的自然真值得我们去探奇。

记得一次，我在海南岛旅游时，看着那碧蓝的大海，我的心情真像奔腾的浪花，多么高兴，多有气派。这时我真想下海去，看看海底的世界。后来我终于下到了海的深处，另（令）我不敢相信的是，我好像来到另一个世界。海底的水就像天空一样蓝，我观察着海水，突然一群五彩斑斓的小鱼挡住了我的视线，它们一个跟着一个，慢慢地游来游去，可爱极了。旁边还有块岩石，可岩石上长满了各种各样的珊瑚，有的像白色的飘带，有的像红色的小花，它们依靠在岩石上，把岩石做（作）为生长的地方。可再仔细一看，还有几条小鱼藏在珊瑚里面，眼睛还在不停地看，好像怕大鱼吃它们，真是太有趣了。在海里，到处都是可爱的鱼，看到这些鱼，我感受到自然的多彩。

啊！大自然真是一个动物的家园，这些可爱的小生命在大自然里无拘无束，生生相连，互相依靠。这真是一个鸟语花香的世界。

不管在城市，还是在大山里，都有动物的踪迹，小鸟靠捕食虫子为生，猫头鹰靠捕捉老鼠为生，虫子以破坏农作物为生。可不管怎样，自然创造了这些小动物，不论是好是坏，它们都有作用，比如说没有了虫子，小鸟和猫头鹰就没有食物，总之大自然真是丰富多彩。

阅读不限于书本，我们更应该阅读自然，更真实地体验自然，探索自然，自然并不止这些，还有更多值得研究的。

阅读人物之趣

时　　间：2002年6月24日

学　　校：华阳小学

姓　　名：吴裔泓

班　　别：三年级实验（1）班

完成时间：（15：25—16：14）

现在，我所看的书写的是古代人物的故事。岳飞、康熙，都是我崇拜的人。

比如，岳飞，“一代忠臣，被奸所害”。岳飞是一个精忠报国的人，不幸被奸臣所害。有几次他本来可以把金兀术除掉，因为有了奸臣，使他失去了大好机会。

康熙帝一生的表现使我佩服不已！平三藩、收台湾、平噶尔丹、灭奸臣……是他使人惊？（诧）的事。小小年纪的康熙帝，居然能够智擒熬（鳌）拜，在这件事里，可以明显地看出康熙已经开始了他精彩的一生。

项羽和刘邦是不能和平相处的两个人，在抢夺皇位的时候，项羽自刎乌江。宁愿自刎，也不让敌人杀自己，他是多么的英勇！

人，只要把自己的事做好了，就会让人佩服。在做事的同时不要害人，就是要做对国家、对社会有益的事。

岳飞之所以能够让我佩服，只因为他死也不向坏人低头。“生当做（作）人杰，死亦为鬼雄。”这句话可以体现出岳飞的人品。

用自己的智慧战胜困难，这是康熙帝征服困难的“绝招”。他能做出这些大事，全是因为“善听别人劝告”和“合时使用自己的‘能力’”，使我收获不少！

能够使人佩服、使人崇拜，我想，这已经非常不错了。作为一个小学生，取长补短，动静相怡（宜），合时利用长处，这说起来非常容易，可是做起来却是非常难的。

多读写人的书，使你能够更深地知道做人道理，能够从别人的身上得到告诫。从别人的身上提取自己要追求的东西，已是人生最高境界。

赏读花朵之趣

时　　间：2002年6月24日

学　　校：华阳小学

姓　　名：王晓露

班　　别：三年级实验（1）班

完成时间：(15：25—16：04)

我是一个爱花爱草之人，最喜欢到花园、花店里赏花。

来到花园中，第一个吸引我注意力的是红彤彤的一串红。它那花朵红红的像是火烧了一样，整串看起来更像是一串快爆炸的花炮，所以谁都不敢接近这串“花炮”。

然后是人见人爱的牡丹，粉红的花瓣好像是一张通红又发粉的脸，分外妖娆，立在那里像是一个小仙女。

千姿百态的菊花，佼佼者数不胜数，别看那花瓣乱蓬蓬地挤成一堆，可它展现了鲜美、艳丽的色彩，所以更美丽。

玫瑰似一个个穿着红色晚礼服的姑娘，一盛开，鲜嫩的绿叶配着红花，那种美让谁也说不尽。

莲，花中君子。不妖娆，是清雅的，朴实的。莲花体现了美好、廉正的人格，亭亭玉立，洁白无瑕。

茉莉花洁净，优雅。朵朵芬芳，谁见谁不爱？芳香充满整个美丽的花园，久久不能散开，无处闻不到。

啊，你瞧，花园里怎么还有这种漂亮的红星星呀。哦，原来是小星星花，看起来就像小红星星。

哇，好大的向日葵呀！好像一把大伞，可美了！跟着金灿灿的太阳转，太阳在哪它在哪，真有趣。

“当当、当当”，钟声响了，我该走了，吊挂钟摆来摆去，像钟一样，用芬芳送我归去，真舍不得呀！

赏花之趣说不尽，花的美丽讲不完，今日难得赏一回，才感到赏花的情趣说不尽！

我与小鸟情深深

时　　间：2002 年 6 月 24 日

学　　校：华阳小学

姓　　名：陈萱

班　　别：三年级实验（1）班

完成时间：(15：25—16：01)

前些时候，我到中山市的紫马岭公园游玩。

一进门，看见一大群鸽子在那儿，我奔了过去。呀，太美丽了，一群群的鸽子白如雪。我慢慢地在鸽群中行走，那些鸽子也不飞，而是站在那儿望着我，好像我们多年前就认识了。

妈妈帮我买了饲料，我把饲料倒在手上，一只白鸽飞到空中，落在我手上，红红的嘴儿啄着饲料，尖嘴儿啄得我真不是滋味。我抚摸着它，它也不飞走，好像我是它的朋友。饲料吃完了，我把它轻轻放下，准备倒饲料再喂它。

这时候看见几只鸽子围着我，像要讨食物，于是我撒下了一部分饲料。那些鸽子见了，抢了起来。过了一会儿，我见饲料抢光了，就倒完了袋子里的饲料。其他的鸽子见了，立即拍拍翅膀，“扑、扑、扑”地赶来吃这美食。

鸽子太多了，一下子就抢光了。我拆开了第二包饲料，喂给刚才没有抢到的鸽子。它们吃完之后，用感激的眼神看着我。我摸着它们雪白雪白的羽毛，心中感慨万分：鸽子与人之间建立了友情，把人类当成自己的知心朋友，与人类共同生活，人类成了它们生命中的一部分。

啊！古老朴素的公园，竟有如此美妙又感人的一部分。

鸽子呀，你知道我在想什么吗？你还记得那个曾经喂过你的小女孩吗？你们与多少游人交了朋友，世界各地都有你们的朋友。我想，你一定记得每一个游人吧。

我们之间建立的伟大的友情，我将永远记住。

“赏花之趣”

——美丽的野菊花

时　　间：2002年6月24日

学　　校：华阳小学

姓　　名：姚思钰

班　　别：三年级实验（1）班

完成时间：（15：00—16：20）

野菊花没有牡丹华贵，没有月季芳香，却给人带来了欢乐。

野菊花到了秋天，开得那么灿烂。野菊花那么坚强、那么美丽、那么朴素，给人一种不能形容的感觉。

每到“教师节”那天，老师说不要金钱买的礼物。这个时候，野菊花总是开满整个田野，总是开得非常灿烂，让同学们知道该送什么礼物给老师。就是野菊花！

每当同学们把红、黄、蓝、紫……的野菊花奉献给老师的时候，野菊花总是代表同学们向老师祝福，向老师问好，向老师表示感谢。

野菊花不单坚强，还很诚实。为什么说野菊花诚实呢？这是因为野菊花很受人欢迎。每到春节，家家户户都有野菊花，院子里的地下摆满了一盆盆的野菊花，窗台上也放上了一盆盆坚强、美丽、朴素、灿烂的野菊花。有些人家太喜欢野菊花了，舍不得丢，一定要等到野菊花完全凋谢了才依依不舍地丢掉。

野菊花是多么受人欢迎啊！不管是买的，还是在田野里长的，人们都会看得目不转睛。

啊！野菊花，你是人们爱的一种花。虽然常常被人们踩在脚下，受人们的气，可是你们还是那么坚强地生长着，还是那么朴素，还是开得那么灿烂，开得那么美丽。

我想野菊花一定可以得到每一个人喜爱的。

野菊花你一定要胜利啊！一定要成功啊！

野菊花，我非常佩服你，也非常欣赏你的坚强的精神！

我在这里一口气列了这么多的作文，说真的，我为之感动了。

这个班级入学时曾在智商测验中被认为是全年级五个班中“智商较低”的一个，在一年级结束时仍然有人对其中一些“差生”感到担忧，而如今班上已经没有了传统意义的“差生”。一年级的时候，有一位小覃同学认字很慢，何老师对课题组的一位指导老师说：“怎么办呀，小覃什么也不懂！”但是，何老师坚持生本的做法，两年以后，人们对这位同学刮目相看。如果手头有她的作品，你就会看到，她写的字是最美观的，她的那篇即席文章写得也饶有深意。到了六年级，这个班参加了广州市和天河区的抽考，平均分分别是93分和95.8分，这意味着全班学生的成绩都在优良以上，而且在全区和全市名列前茅。许多人曾经担心，实验班的学生口头和书面表达那么出色，但字、词、句的基础知识行不行呀？事实证明，这种担心完全是不必要的。最后，人们都说，实验班学生的基础知识是最扎实的。这就意味着，依靠学生自主学习的教育，依靠大阅读为中心的教育，完全可以取得成功。

当然，写多少文章，取得如何优秀的成绩，都不能全面反映一个无限丰富的人。正是在学习生活的无数次挑战中，学生依靠自己、依靠他们的集体成长起来了。他们热爱学习，积极向上，自信自爱，团结互助，自主地、积极欢乐地、高质高效地学习。他们还去学习书法，参加“奥数”，考钢琴等级证书，就像该班一位同学在演说词中写到的一样：

新学期的问候（演说词）

广州市天河区华阳小学五年级实验班　宫小艳

我是实验一班的宫小艳，很高兴在这里向同学们送去新学期的第一声问候！

漫长而炎热的暑假终于结束了，新的学期又开始了。回到学校，见到校园那熟悉的花草，贴满我们作业的教室，还有那寂寞了一个夏天的课桌……我在心里问：“老朋友，你们都好吗？”

许久不见的同学们在热烈地交谈假期里的见闻，班主任老师也比以往显得容光焕发、青春靓丽。

我想，大家的暑假肯定过得和我一样的丰富而精彩：

我们去观天文，见证了六万年一次的“火星大冲”，同时产生了其他星球上是否也有生命的疑问。

我们去看地貌，欣赏了世界上稀有的石花、石笋，我又思考：为什么柔柔的水能雕刻坚硬的石头呢？

我们游山玩水，体验历险的艰辛，在大自然中嬉戏，发现世界上还有太多的未知，而这一切正等待着我们不断去探求答案。

当然，在暑假里我们也没有忘记学习，我们参加了各种各样的兴趣班。我和其他几位考上市奥校的同学，也正式入校参加了培训。在市奥校，我清醒地发现：人外有人，天外有天。这促使我在新学期中要加倍努力，这样才不会辜负老师的心血和期望，才能为我们的学校争荣誉、添光彩！

现在，暑假已经结束。成绩只能说明过去。我们要全身心地投入到新的学习中来，专心听讲，积极发言，珍惜学校和老师们为我们创造的良好学习环境。

现在的世界很不安宁，战争和冲突每天都在发生，世界上有许许多多的儿童吃不上饭，上不了学。而我们的国家没有战争，没有硝烟，安静的教室里只有我们每个人的课桌。

华阳，是我们的母校。我们在这里勤奋地学习，幸福地成长，她的成绩值得我们骄傲。自立自强，合作学习，注重素质，全面发展，是我们华阳的特点。

今天，我们又和母校站在了新的起跑线上。我们应该更加努力，尊师爱校，为华阳美好的明天，献出我们的智慧和力量！

学生成长着，发展着，健康，快乐，自信。比如，实验班的马斯特，学习成绩优秀，爱好舞蹈、钢琴、书法、绘画、阅读，特别爱好写作。他有 4 篇文章选入人民教育出版社出版的生本教育体系语文实验教材，有 8 篇日记选入生本实验教材的《课外阅读》，有 6 篇文章发表在《现代小学生报》、《岭南少年报》上。他参加“相约上海 2003 年冬令营”活动并获一等奖，在全国的书法、美术比赛中三次获得银奖，被评为“《岭南少年报》优秀小记者”和“广州市十佳少先队员”。

下面这篇文章选入生本教育体系实验教材第十一册，从中我们可以约略看到马斯特的成长。文章用词考究，原文如下：

中信大楼礼赞

广州市天河区华阳小学五年级生本教育实验（1）班　马斯特

记得三岁的时候，爸爸抱着我来到中信大楼前，我使劲地仰起头来看，怎么也看不到它的顶。它是那么高，那么陡直、庞大，简直就是一个巨人。

如今我已经长大了，经常自己散步来到它的身旁。可能是经常和它见面的缘故，我不再像小时候那样去仰望它，猜想它有多高，因为我已经知道它是我们广州最高的建筑，有八十三层。每次从它的身旁经过，我都从心底涌起甜甜的自豪。

早晨的中信大楼，让我直接闻到一股现代化的气息，它高高耸立在薄雾当中，与群楼组成了一道现代风景。

对比那些矮小的楼房来说，它是高高在上的，对比那些灰暗的写字楼来说，它是神气十足的。阳光直射入它那一块块的玻璃上，反射的光芒直刺得人睁不开眼睛，偶尔大胆一些从指缝中瞧一瞧，你会发现蓝色的玻璃上罩着七彩的光环。中信大楼的前方是绿化广场，修剪得整齐划一的树木也呈现出鲜亮的嫩绿色。它们仿佛在中信大楼的感召下，你追我赶地生长着，焕发出勃勃生机。

夜幕降临，一轮皎洁的月亮挂在天空中，中信大楼里射出无数的光芒，它摇身一变，变成了一个正要冲向太空的火箭。夜晚，我漫步绿化广场，看着沐浴在月光下的中信大楼，它的身子一会儿是蓝的，一会儿是紫的，一会儿是粉红的，一会儿是青绿的……此时你会觉得眼前的这个建筑物不是凡物，而是天上的仙阁。

中信大楼，你是雄伟而迷人的，更是时代的象征。

学生写多少文章，也许并不是最重要的，重要的是他们都是那样地热爱学习，热爱生活，都读了那么多书，而且他们的思维十分活跃，进入了一种美好的境界。来自全国各地的数以千计的人听了他们的课，人们听完之后说，这些孩子的语文表达和知识掌握，比得上初中生、高中生。但是，他们都只是平常的孩子，保持着积极向上的平常心，而且他们在积极参加各种活动的同时，还有一个共同的特点：爱书。想想看，在孩子们面前原本有众多可能性，有各种各样的向往，可能爱书，也可能不喜欢书，然而，他们在老师的指引下走进了翰林书海，去沐浴书香，去领略书的珍贵，他们幸福而又幸运地踏上了读书的道路。

2005 年秋天，这个班的学生毕业了，他们进入了不同的中学。在中学里，他们在各个方面都特别出色，无论小学时候成绩是最优还是次优的学生（因为就成绩而言他们几乎没有“良好”这个等级的），都成为学校的骨干。家长们特别满意的是学生的自信和独立学习、独立解决问题的能力。学生邹淳然的家长给我讲了个故事：孩子刚上中学时遇到一件烦人的事，全班有好几位同学都姓邹，老师总叫错名字。怎么办呢？妈妈说：“刚刚入学，跟老师说说调一个班吧。”邹淳然说：“不用，我自己会处理。”然后她为班报写了一篇文章：

我的名字

——爱的精华

每一个人都有自己的名字，而每一个名字也都具有它的独特性。每一个名字都蕴含了父母的希望与那一份永恒的爱，就算再简单，它都是爱的结晶，是爱凝结成的果实。

我的名字叫：邹淳然。我很喜欢我的名字，觉得挺特别的，寓意深刻，至少跟我重名的人很少。许多人觉得我的名字挺别扭，其实“淳然”就是“淳朴自然”的意思。我的爸爸妈妈希望我在学习、生活上都顺其自然，如小溪潺潺流动，亦如花草舒展着自己的身躯……“淳朴自然”也是指我的性格。我很感谢爸爸妈妈赐予我这样一个名字，并培养了我活泼、开朗、坦然的性格。我快乐地生活着，心如明镜，所以能够更多、更易地感受到世界上的真善美。

我爱美丽的大自然，因为它有着毫无雕琢的美、质朴的美，它永远都是以自身的能力去展示着自己与众不同的美。而我也像那美丽的大自然一样，不需要任何外在的雕琢与点缀，永远以自己的内涵，用内在的美去体现外在的美，所以说我没有辜负我的名字，淳朴自然……

此时，当我再去揣摩我的名字，我又发现，其实这个名字蕴含的爱是难以言传的，没有世俗，不带功利，因为爱是永恒的。而我的名字也是一首诗：清水出芙蓉，天然去雕饰。这就是我——邹淳然！

老师们都很欣赏这篇文章，叫错名字的事情再也不会发生了。事情很小，但文章却打动了她的爸爸妈妈。她爸爸说：“我给她起名字的时候，还没有想到这么深呢！”我也被这篇文章打动了。它的动人之处，不仅仅在于文辞优美，也不仅仅在于意境，而在于小作者如此深刻的体悟，这表现了她邃密澄明的思想。

其他小学六年级的实验班，也都有着类似于华阳小学的情况。例如黄浦区荔园小学由林穗莉老师执教的实验班，多次在全国性的大会上（有时听众达一千多人）上示范课。佛山市南海区桂城中心小学是最早进行生本教育实验的学校之一。十几年来，他们严格地按照生本的理念上课，实验班的学生表现十分出色。有一次我们在事先没有通知的情况下去听陈帼儿老师的“汉字的研究”课。四年级的学生们带来了他们收集的各种各样的资料和自己写的作文，在短短的35分钟里进行了很有学术意味的交流。课堂的内容十分丰富：象形、形声、隶书、楷书、甲骨文，旅游时从云南带回来的少数民族的文字竹雕，自己的日记、文章，等等，几乎可以说这堂课的内容就可以写成一本关于汉字的书。到了五年级，这个班应邀到香港去上课，由香港的老师当堂命题作文，他们写出来的文章，得到老师们的交口称赞。下面是他们即席作文中的一篇：

假如我是一片树叶

佛山市南海区桂城中心小学五年级生本教育实验班　陈敏玲

树叶虽然平凡，但是它们的品质是可敬的。我多么想变成一片平凡的树叶，为人们作贡献。

假如我是一片树叶，在美丽的春天，我会舒展着我的身体，尽情接受阳光和雨露，让世界增添生机和欢笑。

在炎热的夏天，我要释放更多的氧气，让空气更加清新，我要和我的兄弟姐妹形成一把天然大伞，为人们挡住炎炎夏日。

在秋风习习的日子里，我要飘落在水里给小鱼做一把雨伞，让小鱼在伞下吐出一个个美丽的泡泡；我要落在地上给蚂蚁做运动场，让它们在上面快乐地赛跑；我要落在小朋友的手中，让他们做成书签或标本；我要飞到医院病房的窗口，为生病的小朋友跳优美的舞蹈，让他们忘记病痛。

寒风刺骨的冬天，我要投入大地妈妈的怀抱中，奉献出自己的全部营养。我知道一片树叶是很渺小的，但成千上万的树叶联合起来力量就是无限的，我要同其他的树叶一起，无怨无悔地为人们和社会奉献自己的一切。

这篇即席作文，被选为香港生本教育实验课本的课文，作为2004年11月香港学生和华南理工大学附小学生（共80人）联合上的一堂大课的课文。

对于小学生来说，语文能力不只是关系到语文一个学科，更是人通向知识海洋的舟楫，是人的精神生活的基础工程，它的提高会带来各科学习的进步、全部思维的活跃和发展。在我们采用了生本教育的理念和方法之后，除了语文学习之外，数学、英语和其他学科的学习也都发生了极其显著的变化。许多实验学校在生本理念的指导下，对这些学科的教学进行了彻底的改革，成效显著。

我们来看看数学课的情况。通过“大感受、小认识”的改革，到了四年级，学生的数学认识能力已经非常强，他们对新课的感受，对知识的整理，对问题的讨论，都是自主进行的。如果说生本的语文是文化的盛宴，那么，数学的课堂就是小小的科学殿堂。学生在这里交流他们思考的成果，他们清楚地表达，热烈优雅地讨论，而且会出现这样的良性循环：讨论的问题越深刻，讨论的质量越高，就越使得全班同学沉浸到科学活动中去。比如，2004年12月10日，华阳小学四年级师生应香港生本教育学术研讨会的邀请，到香港上语文和数学公开课。在上数学课之前，发生了有趣的一幕，十多位学生涌向他们的数学老师邹涛，要求让他们在课上发言。这次上的是小数除法的复习课，对三百多位听课者来说，听他们上课简直是一种享受。在讨论中，每个小组都把自己的知识整理写成观点和例子，进行陈述。比如，一位学生说，他们发现被除数、除数和商有“对立”和“朋友”这两种关系，然后举出例子，说明当除数不变时，被除数大商也大，而当被除数不变时，除数大商反而小。小组的另一成员则补充说，可以把除式看成分数，分子是被除数，分母是除数，整个分数就是商，这样“对立”和“朋友”的关系就一目了然。在这里，“对立”、“朋友”、“整个分数就是商”等，都是他们自己的创造。在一个连日常学习都充满创造机会的课堂、小组里，差生消失了，每个人都是思考者，是“自己的数学”的建构者，同时也是自己的提升者。我问邹涛老师，你们这样学，不担心考试吗？邹老师说，还行。原来，他们除了用生本教育的评研题目之外，还用普通班的试卷对学生进行测试（结果由教师自己把握），结果是平均 96 分。

考广州市“奥数”班的时候，华阳小学四年级 7 个班共考上 16 人，据说是区里最多的，而其中 3 个生本教育实验班就考上 10 人，并且考的分数都特别高。这又使我联想到深圳景龙小学张伶俐老师的话。她说采用生本教育的方法以后，二年级的一次考试中，93 人中只有 3 个人有小错误，其他的都是 100 分，这在她二十多年的教育生涯中从未遇到过。

这其实并不奇怪。当学生全身心投入的时候，当他们的积极性被调动起来的时候，他们就会十分敏感于自己喜爱的思考对象，就像童话里的“豌豆姑娘”那样，躺在七层褥子上面，还能感受到褥子下放的一粒小小的豌豆。学生提出自己感到的一点点的不和谐，然后在小组、班里展开讨论，如果有必要也可以请教老师，通过讨论去解决问题，当然会使他们对所有的方面了如指掌。通过下面的华阳小学四年级《质数和合数》的课例就可以看出这一点。

小组 1 介绍：

生 1：分解乘积关系到质数和约数，我简单介绍一下质数和约数，如：18＝2×3×3，我想问大家，这样写对吗？

师：有谁能判断？

生2：每个数最小的约数是1，这里没写出1，所以我认为是错的。

生1（疑惑）：因为1不是质数，也不是合数，但邹老师又说写的约数越多越好，这里要不要写1呢？

生3：老师说所有能写的约数都要写进去，每个数的最小的约数是1，1是18的约数，所以1也要写上去。

全体学生：1要写。

继续介绍：

生1：（找出例子：16＝1×2×2×4）这是对的，因为写了1。我们一开始可以写16＝1×4×4，因为4乘4等于16，而4又可以分解成2乘2，所以16＝1×2×2×4。

生2：我有疑问，要求分解尽，还有一个4没分解，还可以分成2乘2，所以应该是16＝1×2×2×2×2。

生4：16也是16的约数，为什么在这里16不写呢？

师：能写的都要写，不能写的不写。

小组2介绍：

生5：我们找的是正确的例子：16＝1×2×2×2×2，因为16能分成1×2×2×2×2，2×2＝4，2×2＝4，4×4＝16，因为1是最小的约数，所以一定要写上，所以16＝1×2×2×2×2。

小组3介绍：

生6：我讲的是17＝1×17，也许同学们觉得17远远没有分解尽，但在乘法口诀里没有17这个数，所以17只有分解成1×17。

生7（还在思考前一个例子）：老师说写的约数越多越好，那么16＝1×2×2×2×2可不可以写成16＝1×2×1×2×1×2×1×2呢？

生8：1乘一个数等于它本身，连续乘1永远写不完。

生9：16的约数有1和2，1很多，写多了无聊。

部分学生：不同意。

生10：我们知道，$16\div16=1$，$16\div2=8$，$16\div3$不行，$16\div4=4$，所以16的约数有1，2，4，8，16。

师：你们认为那么多重复的1可以省去，那么多重复的2可以省去吗？

众生：不能！

师：为什么1可以省，那么多的2不能省呢？

生11：2不能省去，1不管乘多少都等于本身，而乘2就会增加数值，所以2不能省去。

生12（补充）：如果省去2，只剩下一个2，就是1×2等于2就不等于16了。

从华阳小学五年级刘韵老师的班级里，课题指导组的梅馨老师带回了一叠学生自己整理的分数除法应用题的小研究。这些文字的确令人开心。每一道题目，学生都用了三种方法去解决。例如，贺心玉同学的小研究：

刘老师买了1支圆珠笔和1支钢笔，共用去12元，圆珠笔的单价是钢笔的$\frac{1}{5}$，圆珠笔和钢笔的单价各是多少元？

她除了用通常的方法之外，还用了二元一次方程，以及“单位1”的方法。

想：钢笔的单价是圆珠笔的5倍，钢笔加圆珠笔共有6个1倍数，由于圆珠笔是1倍数，求它的单价就用$12\div6=2$

（元），钢笔是它的5倍，就是：5×2=10（元）。

我的发现是，我认为找“1”和写数量关系是最重要的。我有一些巧妙的办法：

一、画线段图；

二、列方程；

三、从问题出发，列树形分析式；

四、把复杂的句子明了化。

自我评价：满意。

以上列举了这么多成功的例子，但是我们的实验也不是一帆风顺的。在实验的中期，许多地方开始进行逐级的抽考，类似于统一考试，这对我们三年级以下班级的实验，当然会有影响。应当感谢的是，在这种抽考中，相关教育部门也给了我们的实验以特别的关照，特别是有的领导出面，要求各级对生本教育的非出口班级不抽考，让他们自己处理评测问题。然而，周边的抽考风难免对一些实验学校的学生造成负面的影响，他们仍然学习得好，但有的却比不上实行抽考制度前的那一批了。我们花了很大的力量去校正，情况有了很大的改善。其实这也未必完全是坏事。正反的对比，使生本教育的道路更鲜明了，使实验学校校长们的思想更清楚了。一位校长听了华阳小学六年级的课以后，恍然大悟，回去立即组织教师看录像，改变了过去偏重于做练习应付抽考的做法，更加突出学生的大阅读和大感受，很快就产生了效果。在香港和澳门，我们的一批实验学校也取得了突出进展，香港有关学校还写出了阶段性报告，由于篇幅较长，我们把这些报告列在本书的附录中。

一个高中班的故事

东莞市厚街中学选取了高一10个班中入学成绩最差的一个班

级进行生本教育实验。这个班的特点之一就是学生厌学。据统计，有 26 人经常睡觉，4 人常睡不醒。然而，经过两年的生本教育实验，班主任郑虹晖老师使这个班变成了全校语文成绩最好的班级之一。郑老师描述的差班和差生的情况，可谓入木三分：

> 在教育工作中，一个最不容忽视的事实就是人是有个性的，我们的教育对象是有个性的。学习阶段的学生不仅在长着身体、丰富着知识，也在发展着个性。而班级授课制的最大弊端就是忽视学生的个性发展，它客观上很难顾及每个学生的个性心理和个体状态，主观上导致了教师在评价学生时省时省力"一刀切"的现象。老师心中的优生就是"成绩好"，这一好可遮百丑。若是体育好，那是"四肢发达，头脑简单"；会电脑，那是"不务正业"；劳动积极肯干，那是"没出息"。教育在我们许多老师的心目中就是培养会读书会考试的学生，他们把这些学生称为"人才"，而导致了一大批不是这种"人才"的"人才"，他们在班级找不到自己的位置，从而否定自己的能力（包括潜能），随便应付难以提高成绩的学习（当然，有的为了"安慰"父母，不惜舞弊），变得毫无理想（成绩差的人哪敢谈"理想"），缺少激情（在班上没有地位的人，有激情也不敢表露），放弃努力（在无数次失败面前，你越努力就越证明自己无能），自由散漫（他们在老师和同学眼里毫无分量，那么老师同学们制定出的班规在他们眼里也就毫无神圣可言），对抗顽劣（此时，他们只有以极端恶劣的手段来维护他们日渐脆弱的自尊心）。无怪乎有人慨叹：当今教育，"培养"了"差生"，制造了"弱势人群"。

如何使学生的个性在班级教学制中得到发展，使每个学生学得自信，感到快乐，活得幸福？郑老师用她的实践做了回答：

我们中学是一所普通农村中学，生源差，属四类学校。上课时，课堂教学气氛沉闷，一是因为学生基础差，听不懂课；二是因为教师教学观念陈旧，喜欢以方便自己教为原则来设计课堂，使许多即使听得懂课的学生也得强行按捺住睡意。学习成绩越差的学生就越不想学，越不能学；越不想学，越不能学，成绩就越差，恶性循环，更为严重的是使一些学生产生了学习的心理障碍。十七八岁，正是一个人自我意识强而是非观念相对淡薄的时候，在一个主要以成绩优劣来评判学生优劣的环境中，他们求不了“上进”，便求“下进”。这些“下进”生给班级工作带来了巨大的困难，他们制造的种种麻烦（如违纪、早恋等），叫班主任忙得焦头烂额，甚至陷入困境和迷惘，以致对自己的教育作用也产生了怀疑。

如何从根本上改变厌学现象，使每个学生都喜爱学习、愉快地学习，让他们的身心都能得到真正的健全发展呢？

去年，我们阅读了郭思乐教授的著作——《教育走向生本》，聆听了郭教授许多场报告会，一次又一次地被小学、初中生动活泼、散发着无穷魅力的生本课堂吸引。因为生本课堂是一座知识宝殿，同学们欢天喜地地在里面奔跑跳跃；生本课堂是一座充满智慧的花圃，同学们兴高采烈地在里面自由采撷；生本课堂是一座精神的伊甸园，同学们思维的触觉无拘无束地向着阳光灿烂的天空发散。这里没有打手板的戒尺，没有特为惊醒“梦中人”而发出的厉喝，没有“安静！看黑板！”之类的“劝导”，没有聒噪，没有责备，没有对下课铃的渴望，甚至连东张西望都没有。学生是如此关注学习，教师是如此认同学生的个性，欣赏他们每一个“独到”的发现。

“一切为了学生”、“高度尊重学生”、“全面依靠学生”，多么朴实而又发人深思的教育理念！“高度尊重学生”，使得教师对学生的爱不再是一种师本理念下的“长辈施舍”，而是让学生作为一个大写的“人”与老师并肩站立。老师对学生的尊重，是对人类基本道德的尊重，就自尊心而言，学生不再是“师道尊严”的殉葬品，就人格而言，学生真正感到了平等，感到了平等的学生，在被“尊重”的激励下，懂得用进取来维护这种尊严。“完全相信学生”、“全面依靠学生”是把学生当成了一个真正的求学者，相信他们想学、能学、会学，相信他们既是受教育者，同时也是教育的资源。这种观点使我们的教学工作有了很高的“科技含量”，它在启示我们教师必须从“教书匠”向科研者进行角色转换的同时，也提升了教师这个职业的价值，为我们的班级管理工作带来了新思路。

于是，我们选择了生本模式作为我们的课堂教学模式，选择生本理念作为我们制定班级管理策略的理论依据。

在第一年，这个班通过生本的管理发生了很大的变化，郑老师记录道：

一年过去了，从整体效果看，实验班达到了预期的目标。6 月底，省一级学校评估组来我校评估，实验班推出两节评估课，得到了评估专家的高度赞扬，特别表扬了该班学生所表现出来的精神面貌和学习热情。为了分班，级部把每一个学生一年来的学习成绩（大小 7 次）算成了学力分，实验班有 12 人进入了重点班名次（入校时，一个都没有），其他平行班最多的也只有 8 人。通过问卷调查，90％的老师认为我们实验班是成功的，表现在他们认为 100％的后进生至少对一个学科产生了兴趣，69.2％的后进生转变了学习态度，76.9％的后进生在不同程度上提高了学习成绩；100％的老师都表示有信心把生本实验搞下去，80％的老师对全班大部分学生的学习成绩感到满意，其中 60％的老师认为自己学科的生本课堂很有效果，

90%的老师认为班上的几个“双差生”（借用以前的评语）如果不是在生本班，肯定会变成与老师对抗的“刁生”。而从学生的问卷调查中得知，88.7%的学生在选×科分班时不愿离开这个生本班的最主要的原因，就是“最舍不得这一班好老师”。所以生本教育不仅发展了学生的个性，其实也发挥了教师的教学特长，改善了师生关系；生本教育不仅提升了全体学生的人格，也提升了教师本人的人格及职业价值。它促使教师的教学更贴近学生、贴近社会需要、贴近教育的本质，促使教师由“教书匠”型向科研型的角色转变。在生本班里，我们深刻地认识到教育是一种师生共同的精神生活，教师和学生是合作伙伴，学生始终都是作为一个“人”的形象与老师并肩站在一起，教室里弥漫着尊重、民主、愉悦和信任。

在一年的实验之后，郑老师记录道：

现在，我们的学生仍然存在着许多这样或那样的问题，特别是期末，随着天气的日渐炎热，上课睡觉的现象又开始抬头，在考试中有违纪行为，纪律上出现了较大的反复。当然，我们也能像往常一样用不惜撕裂学生自尊心的一些手段来严厉制止，但我们没有这样做，而是牢记生本理论中的“高度尊重学生”、“高度相信学生”等教育观念，把学生当成自我教育的资源，以启发为主，从关爱入手，让调皮学生感到惭愧，从内心激发他们改正缺点、积极向上的愿望。“道路是曲折的，前途是光明的”，我们相信，在生本教育的天空下，每一个学生都能像我们所希望的那样，得到最好的发展。

这个班的故事还没有结束。高二分班，读×科，郑老师记录说：

12位后进层次的学生都表示愿意留在实验班，不愿意分出去（这出乎我们意料，但又在情理之中）。入校成绩全级倒数第一的方志斌说："方少舫都进步了，作文常常成了范文，我为什么不行？我也一定要进步。"的确，这些学生中有四五人曾被评为"德育优生"，有一人被选为班干部，还有一人加入了共青团。

大部分的学生留在了新组建的"历史班"，其他9个班的所谓"差生"也加入了"历史班"。在新的班级里，郑老师加强了课堂教学的生本化，让学生更加自主地学习，不到一年，奇迹出现了，这个一开始还是写作病句连连的班级成为全校语文学得最好的班级。厚街镇全镇包括学校和各行各业的公开作文比赛，从500篇文章中评选出20篇获奖文章，这个班占了5篇，而且包揽2名一等奖。获得一等奖的张锦兰，原来是倒数第二的所谓"差生"。班里成立了诗词社，学生十分喜欢古典诗词，全班分为写实派、豪放派、鸳鸯蝴蝶派。班里还制作了"生本文萃"网站，在全国同类网站评选中居于第二。语文高考模拟中，学生成绩迅速上升，连东莞重点中学的高中教师，也对这个班的学生大加赞许……

有一位同学叫袁宇明，是市里一位局级领导干部的孩子。他初中时在市里一所有名的中学就读，成绩很差，数科不及格，高中只好转入厚街中学。郑老师回忆说，有一次读他写的作文，在一团乱麻中发现有一点诗意，老师硬是把它改出来，让他自己在班里诵读，这一来，大大鼓舞了他阅读和写作的兴趣。在一年的时间里，他写了许多诗文。现把他的一篇文章连同其他同学的一些诗文刊在这里，可以看出这批所谓"弱势群体"变化得如何。说真的，这个班的许多现象甚至令我产生这样的猜测：这些所谓的"差生"是不是最早对旧教育模式产生反感的"灵生"！

心中的太阳永不落

袁宇明

太阳在遥远的天际无私地释放出光和热，使我们的世界充满了光明与温暖。在太阳的照耀下，人类的文明开始了：我们创造了语言和文字，我们学会了制造工具，我们建起了高楼大厦……人类能繁衍至今，能够创造今天这样的辉煌，全有赖于无私的太阳。

这个发光发热的太阳，不只是遥挂在宇宙，很多时候，她出现在离我们很近的地方。当曹先生家境衰落、生活贫困之际，别人都以为“举家食粥酒常赊”的生活会让他的生命永远失去阳光，但是，他没有忘记太阳的指纹，他感受到了灵魂深处的阳光。于是他呕心沥血，披星戴月，终于把阳光藏进了他的巨著之中，使《红楼梦》在历史上放射出万丈光芒。俄国的一位先生，不幸双目失明，虽然他的生活中只有黑暗，但他记住了阳光的色彩，于是他执笔把太阳的无穷热力融进了纸张，让人们知道光明只属于生活中的英雄——《钢铁是怎样炼成的》记载了他怎样获得了永恒的阳光。

黑暗总会过去，光明终要到来。纵使世界沉没于一片洪荒，我们还有诺亚的一叶小舟；纵使天空出现了巨大的裂缝，我们还有可以补天的五色彩石；纵使前面是一片汪洋，我们还有那支可以分开海水开辟道路的神杖。上帝从未让人类失去希望，希望的力量甚至可以创造出太阳！

所以，当我们处在黑暗寒冷的夜晚，何须畏惧，东方很快会射出一缕亮光；当乌云遮蔽天空，何须害怕，阳光终将冲破愁云的深锁；当太阳坠落西山，何须恐慌，明天必将在东方洒下万道霞光。

请不要忘记，阳光从不放弃任何一个角落。如果你长久看不到阳光，唯一的可能就是你忘记了希望。早在我们出生之时，太阳的指纹已深深地烙在我们心中，使我们的生命充满了阳光。不必拼命追寻天上的太阳，请用手抚摸一下胸口，感受那个在你身体内跳动的太阳。只要她在跳动，那么你就能感受到希望和美好，她永远照耀你的生命，为你留下一路如歌的阳光！

本文选入人民教育出版社出版的生本教育体系实验教材小学语文第十一册。请注意文中最后一段，我们从中或许可以感觉到一个有“差生”史的孩子别有一番滋味在心头。

下面也列一些这个班其他同学的文章。

梦　里

梁雪敏

滴滴嗒嗒的雨打在世间的万物上，共同奏出大自然最纯美的乐章。万物都响应了这场喜雨，欢乐地舞动着、歌唱着……

我仿佛成了插着翅膀依在窗前的天使，可怜的是被关在一个小屋里，小屋里什么也没有，就只有那么一个小窗口。玻璃上蒙着一层雾，我只能透过一块玻璃，隔着那么一层朦胧的雾去欣赏、去感受这场喜雨。

我觉得只有朦胧的、破碎的美才是最真实的美！我不在乎翅膀已经遗忘了飞翔的美和幸福。透过这个小窗口，我更能看清这个世界。因为我在用心灵去感受大自然的一切，包括喜怒哀乐。

我喜欢夜里突来的急雨无情地肆虐万物，喜欢看到不远处一个孤独的人在深巷中徘徊的身影，喜欢一位满脸皱纹的老人坐在一棵老树下乘凉的那种沧桑，喜欢冬天的那种萧条、秋天的落叶、夏天的润露、春天的喜雨。一切一切都给我带来了无限的遐想，我无法想象它们曾经有多美，又曾历尽了多少艰辛。它们是勇敢的、富有生命力的。我也无法想象这种大自然的力量有多大，但我可以用我的心灵去感受、去响应它的力量，从中找到心灵的自由。我彷佛已经越过那一扇窗，再次展开雪白的翅膀，自由地在这个世间遨游，快乐地欣赏着这一切的美丽——大自然。

小屋里的我并不孤独，至少我自己是这样认为的，因为我的心已经和大自然融为一体了。还有这扇小窗，是它让我读懂了大自然——朦胧的美才是最真实的美。

不过，我心里突然充满了想亲吻大自然的情感，于是鼓起了最大的勇气，冲破了小窗……

也许，今后我再也不需要小窗给我解释自然，教我读懂自然。

因为我有了自己的一种看法，一种激情，以及一种享受自然美的意识！

夜

张锦兰

夜幕窗前挂，明月云后隐。
不见蝉身处，唯闻蝉声鸣。

作　　文

张锦兰

横眉冷对方格子，俯首咬烂钢笔头。
咬烂笔头望穿瓦，枯肠搜断未成文。

《作文》这首诗，想来是张锦兰的“早期”之作，能写出这样的诗，也就可以“脱贫”了！

限于篇幅，我们还有许多故事没有在这里讲。但有一点是肯定的，这里列出来的东西，不是直接教的结果，而是学生自己主动的思维活动的成果。没有自由的思考，就不可能产生这样的灵气。

暑假，甜蜜的时光

无论哪位研究教育的人，都不应忘记高考和中考。一个了解分数、不回避分数话题的人，才能解决学校中片面追求分数的问题。在本节中，我们会较多地涉及分数，但目的是说清必须否定和舍弃盲目追求分数的道理。暑假，当实验学校的老师们向我报告高考或者中考佳绩的时候，我们会由衷地欣喜，这就像只施用农家肥而不是化肥的农作物丰收了一样——人们原以为这是很难获得丰收的。

多年来，我们认为，要取得高分数，就要拼时间，拼精力，加班加点，题海战术。这种思维弥漫在整个基础教育阶段，所以，甚至从幼儿园就开始模拟考试了。教学能够向高考靠拢，似乎毫无疑义地成为基础教育阶段教育机构的闪亮卖点。整个教育不自觉地走向了控制生命的轨道。我们长时间地习惯于限制、控制、压抑蓬勃的生命，使学生夜以继日地束缚于模拟考试的习题之中。我们没有机会去实验，如果我们不是这样去进行教育和教学，而是依靠学生自己，依靠他们发挥其生命的力量，去正常地学习、提升自己，会产生怎样的效果？我们甚至没有这样想过，我们输不起。我们没有这样的勇气去改变原有的日常评价方式、教育教学方式，唯恐一旦改变，原来总可以得到的绩效也会丢失，我们真的输不起。

但是，我们在为时十几年的生本教育实验研究中，却真的这样做了。我们实验学校的学生，在平时“生本地学习”和高年级“生本地备考”中，考试成绩却异常优秀。我们培养着素质良好的、面对任何考试都游刃有余的“必胜客”，而不是捉襟见肘的“偶胜客”。例如，我们在《教育走向生本》那本书里提到的生本教育的改革者、广东实验中学的罗易老师，他在两个高中班中进行“百位名人是我师”语文自主活动教学实验，其中有一个项目是由97位同学访问百位名人，并把他们自己的文章和与名人的往来文字结集出书。罗易老师要我写序，我读了那些文章之后，把这个事例写进了《教育走向生本》，还对校长说，这些学生高考肯定行，如果不行，那就没有道理。校长呵呵地笑着说，那也不一定。第二年暑假，罗易老师打来电话说，这两个班出了三个高考“状元”（语文、化学、综合），而且有8个800分以上、33个700分以上的学生，比往年增加了一倍。

2001年7月，我们召开了第一次中学语文生本教育研讨会。到会的有茂名市实验中学和广州南武中学的领导和教师，回去后他们都分别编写了一套自己的生本教育语文实验教材，共六册，在初中和高中使用。两年过后，原来是普通学校的茂名实验中学报告，由于全面开展生本教育，他们学校在高考中语文科出现了3名800分以上的学生，其中一人为全省状元，而第二年的中考，他们的语文科高分段（600分以上）占了整个茂名市的一半。南武中学的张华老师从初一开始实施生本的语文教学，到初二学生就出版了一本很有质量的诗文集，我为之写了一篇序，节录如下：

> 南武中学初中二年级生本教育实验班的学生作品出版了。在实行生本教育改革的短短一年中，这个班级的学生进步是这样大，居然可以有那么多的学生写出这样有灵性的文章，特别是写出篇篇诗作，令人啧啧称奇。须知，写诗对一般的人来说，几乎是一种奢侈，而实验班的学生普遍都可以写，而且写得这样感人和深邃，使人不忍释卷。

请看，仅仅是以“生命”为题，就有一批学生用不同的语言，从不同的角度去理解和赞美它，这里略举数例：

生命是一首诗/朦胧中又是清晰/没有永远的休止/是永恒的主题

上帝授予的生命/我们应该好好珍惜/没有后悔的泪水/是不朽的启迪　　（钟梓乔）

生命，是一片黑暗中冒出的一点星火/生命，是一潭死水轻轻跃动的脉搏/生命，是一棵枯木悄悄长出的一枚青果/生命，是黑白图片上猛然发现的一笔

生命，虽然平平无奇/但它的生生不息/却顽强得令人倍生敬意

在大自然里/生命无所不在/让我们静下心/去慢慢倾听生命的点点滴滴　　（彭莹）

生命——一缕阳光/它是永恒不熄的

生命——一道彩虹/它是七彩缤纷的

生命——一湖春水/它是平静幽清的

生命——一则新闻/它是新鲜特别的　　（郑旭莹）

生命犹如地上的一颗石头/平凡得出奇/生命犹如地底下的何首乌/珍贵无比

在地球上/到处都是生命/但在宇宙中/又有多少能诞生出生命的星体

生命属于大自然/在自然中循环/虽然有死亡的一刻/但是每个生命都为自己的一天而忙碌

生命为自然带出奇迹/尽管有限/只要我们有高尚的精神/生命也会在心中得到永恒

歌颂生命吧/它是平凡的/而又是珍贵的　　（冯晓君）

生命/一朵含苞待放的昙花/纯洁、妩媚/在晚风中展现娇容/短暂、悲哀

生命/一颗自然付给人类的宝石/平凡、普通/在工人手中雕琢/光亮、灿烂

生命/一幅著名的油画/精美、富有艺术/在墙壁上无人观赏/孤独、脱色

生命/一条清澈的小溪/渗入世界每一粒尘土/穿过千万种小草/滋润着数不清的枝叶和花朵/快活、伟大　（邓曜）

生命是一个过程/赤身而来/赤身而去/所谓生不带来/死不带去

十岁/来路那么长/未来充满神秘和不可知/这么久的岁月/怎样去消磨

七十岁/去路这样短/清晰的尽头/飘扬着死神的黑旗

每一分钟/都该庆幸/都珍贵无比/有了忧郁的少年/同时，有了快乐的老人　（陈晓旭）

在世界的开端和末日之间出现了人/人在喧闹和未雕琢的状态下诞生/生命也由此起

生命像一部厚厚的历史/记载你的悲喜/生命像一条长长的丝带/连接你的生死/生命像一根根琴弦/弹奏你的心灵

所以，人一旦醒悟生命的意义，便会/生超越生/死超越死/生死融合/又超越生死　（麦斯健）

在整个初中阶段，张华老师带的这个生本实验班虽然“放”了两年半，直到最后半年才进行“生本式”的备考，但他平时所组织的这些活动并没有使学生中考的各科分数下降。到了中考，这个班超过排名第二的班级 20 多分，超过最后一名的班级 50 多分。全校

五科“状元”都在这个班。

特别值得一提的是深圳市罗湖区的罗芳中学，该校原来各科排位在全区十多所学校中倒数第二，但经过两年的生本教育实验，学校完全变了样，出现了中考800分的好成绩（据说极为难得）和成绩大面积提高的状况，学生和教师的精神面貌大大改观，他们真切体会到了“生本兴校”的作用。

佛山市南海区桂城中心小学的实验班采用普通班试题进行测试，语文最高分超过普通班15分之多，英语和数学成绩也大幅度超过普通班。

佛山市荣山中学，从高三才开始进行重点放在提高自主阅读量的所谓“两增两减”的改革，仅仅一年，就大大促进了学生语文水平的提高，2003年高考语文成绩比2002年提高30多分。

此外还有惠州市惠城区水口中学、佛山市南海区许海中学、深圳市宝安区松岗中学。几乎所有的中小学实验学校都有若干喜报，或者是教师在上课比赛中得了一等奖，或者是学生在作文比赛或其他比赛中获得各种奖励，等等，这里不一一列出。我们并不认为分数就是一切，列出这些是要说明只要把注意力放在提高人的素质上，而不是放在应对考试的短期行为上，最终，高素质的人就会在考试中取得卓越的成绩。一位香港同行说，师本框架下的改革，就像投资1元，回报1元，而生本的改革，则像投资1元，回报3元、4元甚至更多。这多余的部分是哪里来的？是学生生命的参与、生命的投入所赋予的。

大家也许记得上一节提到的东莞市厚街中学郑虹晖老师的那个班，该班在高考中考得怎样？结果像是老生常谈：考得很好，语文成绩是10个班中最好的，全校700分以上的4个人全都在这个班。

这种在三年中把成绩最差的班变成成绩最好的班的情况，几乎是广州市洛溪新城中学初中的一个翻版。该校开始时只有初一两个生本教育实验班，仅仅半年，以前排在最后一名的班级就排到了第一名，当时的老校长陈其佑先生决定把实验推广到全年级。结果，又是老生常谈：这个学校 2004 年的中考成绩是全镇第二名，只比第一名低了 1 分多，而 2005 年就成了全镇第一，全校总平均分 521 分，比第二名的学校 486 分高出 35 分。

广州市第四中学，原是一所“三类生源”学校，该校的周伟锋老师采用生本的方法，少教多学，让学生“内部的事情内部解决”，结果连续三届高考都比广州市六所最好的一类学校的平均分高。特别是 2003 届，周老师因工作需要在高二、高三期间离开共三个半月的时间，但是由于学生已经具有了良好的学习习惯和能力，基本上可以自主学习，反而在高考中取得超过六所重点学校平均分 23.5 分的好成绩。周老师的第四届学生上到高三时，他运用生本的方法更加自如了，学习到一年零三十二周（高二下学期）的时候，学生参加高三的高考模拟考试，考试成绩已经超过六所重点学校中五所的平均分。

我们说了很多关于分数的消息，还有更多类似的情况。这些情况貌似平常，但意义重大。它们说明，可以有另外的方法去取得高考的好成绩。这个“另外”，过去我们很少想过。人们有一种顽固的思维习惯：我们只想着用老办法，如果老办法不行，就变本加厉地用老办法。最常见的例子是我们的日常教学醉心于题海，而忽视基本的、和人的生活与思考密切联系的部分。学生做题目一旦出错，我们就不断地加题目，“永远把做对的希望寄托在下一道题目上”，结果，一个错误产生一串题目，这样就产生了更多的错误或更多的题目。我们很少反思学生对基本部分的理解有什么问题，然而只要我们稍微转变一下思路，就会有不一样的结果。

教育这扇“门”同样面临是“推”还是“拉”、要不要变“推”为“拉”的问题。我们以“推门”比喻全面依靠学生。那么多年来我们一直在“拉门”，而且就像本书第一节说到的童话里那位王子一样，越来越多地靠教师自己。今天所需要的却是转变思路，把全面依靠“教”转变为全面依靠“学”。生本教育在这些年来的实验，就仿佛是那位宫女的轻轻一碰，原来全面依靠学生的办法可以使教育变得如此轻松，而取得的成果如此丰硕，这正是我们梦寐以求的新的思路。

来自香港的实验信息

一、香港蓝天循道卫理小学生本语文教学成效

1. 学生的识字量大大提高

进行生本教育教学后，学生的识字量得到很大的提高。100％的一年级学生识字数量达到香港课程纲要一、二年级总识字量 960 字，其中 85％以上的学生能认懂 1 200 字，大大超出预期的目标人数，20％的学生能认懂全部的 1 400 个生字，这为学生的阅读奠定了良好的基础。有了这良好的阅读基础，学生就能阅读 90％以上的儿童读物。

2. 学生的语文水平得到提升

采用生本教育中文课程后，学生的识字量得到提高，在语文方面的整体水平也有相应的提升，特别是在全港的学科测验方面，学生有了明显的进步。

3. 教室充满欢乐气氛

自从采用生本教育的理念后，教室里到处都洋溢着快乐的学习气氛。“老师，我来读！”“老师！我来！我来！”这些以前在课堂中极少听见的声音，再次回到一、二年级的教室中，使教室充满着生机，学生学习的兴趣大大提高。

4. 学生的普通话能力得到提升

学生普通话的能力得到很大的提升。学生能铿锵悦耳地朗读课文，是我们所预料不到的。中文科里的很多课文，老师还没教，学生就利用辅助学习光盘在家里自学，读得朗朗上口。香港中文大学

普通话教育研究及发展中心主任何伟杰教授在一次观课后禁不住对老师们说："才一年级的学生，学习普通话才9个月的时间，已能用普通话读出这么长的课文，真了不起，还以为自己身在内地呢!"

香港中文大学普通话教育研究及发展中心的调查报告中指出："学生对驾驭普通话的能力，表现得颇有自信，相信老师教导有方并不断鼓励学生使用普通话是主要的原因，学生在这方面有不错的表现，确实是一可喜的现象。"

5. 学生的作文兴趣、能力相应增长

除了普通话能力得到很大的提升外，学生的作文兴趣、能力也在进步中。有些班别试行"每日一句"或"我爱写写写"的记录生活事件的写作计划，在这个过程中学生的表达欲望十分强烈，每天都要求老师给他们写作的机会。另外，从学生的文章中，我们可以看出他们的文字表达能力超越了以往一年级的学生，他们不只一句一句地写，而且一段一段地写。在四年的实践中，学生以方言入文的现象减少，写作越来越符合现代汉语的规范。以前在学生的作文中经常有"饮水"、"我走先"、"我高过你"等方言句式出现，四年后这种情况大大减少。学生逐渐掌握了如何写一些符合现代汉语规范的文章。

6. 课程得到社会的认同

以普通话学中文课程不但得到家长、学生、老师的认同，也得到外界的肯定。此课程在香港商业电台举办的"寻找好好校园"活动中获得"以普通话教中文"、"最有助语文学习"、"优异学校"奖，在语常会及香港电台举办的"普通话节2003"活动中获得"最积极推广普通话学校金奖"。老师们的努力及付出也得到回报，荣获"普通话节"颁发的"最积极推广普通话"金奖和银奖，2004年9月荣获首届"行政长官语文卓越教学奖"。

以下是生本教育一年级实验班学生的作品：

小星星和女孩子

香港蓝田循道卫理小学一年级 D 班　张嘉殷

有一个小女孩和婆婆在床上说话，小女孩指着天上的星星说：“她们叫什么名字呢？”婆婆指着那些星星说：“这颗是勇敢星，这颗是至叻（最棒）星，那颗是勤力星，还有那颗是 BB 星。”小女孩长大了才知道那是婆婆和她说的故事，但小女孩却非常难忘婆婆说的话。

一个愉快的星期天

香港蓝田循道卫理小学一年级 A 班　胡悦程

二月二十三日（星期日）下午二时，我和妈妈一起从蓝田住所出发去地沙田第二冷仓。我们乘地下铁往九龙塘转乘火车，到达火炭火车站后再步行二至三分钟就到了目的地。我不知道妈妈带我到这里做什么。妈妈的朋友在大门口等候我们，她带我和妈妈来到天台上，啊！原来是 BBQ 嘉年华会！这里很多人正在烧烤，桌上有十多种烧烤的食物，我吃了很多。这里还有表演，演出非常精彩。最后我还带了很多礼物回家。今天我觉得很开心呢！

灯塔游记

香港蓝田循道卫理小学一年级 E 班　郑皓澄

星期天，爸爸妈妈带我和哥哥去鲤鱼门灯塔游览。这是妈妈第一次去灯塔。妈妈说：“鲤鱼门灯塔的风景多美丽啊！”过了一会儿，哥哥在附近捡到两枚小贝壳，而且还是活的呢！最后哥哥又捡到了一枚小贝壳，我捡到两枚，共有五枚。

爸爸说：“这些东西是在潮石生长的。”

然后，我和哥哥在公共洗手间帮那些小贝壳加水。

临走之前，我仍然依依不舍，最后还是放下了所有的小贝壳，坐车子离开了。

看烟花的晚上

香港蓝田循道卫理小学一年级 E 班　麦杰为

大年初二晚上，我们一家人在尖沙咀维多利亚港海边看烟花。八时整，烟花开始了，天空中有很多颜色的烟花，有红色、金色、蓝色、紫色，还有不同的形状，有猪鼻、椰树、微笑、蛇和花朵。烟花很美丽，大家都很快乐。我们都高兴地叫着，拍着手掌。妹妹很幼稚，要用手接烟花。我们一起玩耍，过了一个开心的晚上。

一件可怕的事

香港蓝田循道卫理小学一年级 E 班　陆颖

爸爸今天去看病，遇到一件很可怕的事。他在诊所等候看病的时候，被邻座小孩子的呕吐物弄脏了衣服、鞋子、公文包和眼镜。那时候爸爸非常狼狈，护士立刻拿纸巾给爸爸擦眼镜、衣服和鞋子。小孩子的母亲连忙说：“先生，对不起！”爸爸看完病立刻打电话告诉妈妈这件可怕的事。回到家后，我看到爸爸很不开心，他一面清洗弄脏的衣服，一面把发生的事情说给我听。我看见爸爸疲倦的样子，心里十分难过。假如这件事发生在我身上，我会怎么办呢？

恶有恶报、善有善报的故事

香港蓝田循道卫理小学三年级 E 班　廖创嘉

从前，一个老富翁有一个妻子，还有两个儿子。大儿子叫创平，他长得很好，可是心肠不好，贪心，喜欢欺负别人，所以很多人不愿跟他做朋友。老二叫创仁，老富翁害怕老二像他的哥哥一样心肠不好，所以起了这个名字。老二果然不像创平，他长得比哥哥更英俊，又孝顺父母，不贪心。老富翁和他们的妈妈都爱创仁。

有一天，老富翁对孩子们说："唉！我已经老了，你们去外面买一块地，建一所房子吧。"老富翁说完就从保险箱拿出钱来，分为三份，一份给大儿子，一份给小儿子，最后一份留给自己。创平和创仁就各自出门去。创平买了一块地，建了一所房子，然后到一家名叫和平酒吧的地方去了，他在那儿吃喝玩乐，不到一个星期钱全花光了。创仁就不同了，他在路上遇到很多小动物，它们都长得很可爱，可是有很多困难，创仁经常停下脚步来助它们一臂之力。由于他乐于助人和孝顺父母，天上的玉皇大帝和神仙受到感动，就送了只吠天狗给他。最后他建造了一所又大又美丽的房子，他爸妈和他一起住，而吠天狗也有一个很疼爱它的主人！

二、蓝田循道卫理小学生本数学教学成效

1. 学生学习数学的兴趣提高

为了调动学生学习的积极性，在教学的过程中，老师以小游戏、小活动等形式让学生亲身经历，而且活动具有多样性、竞争性的特点。根据调查统计，99％的学生喜爱上数学科。可见学生学习数学的兴趣都很高。

2. 学生的合作性因小组活动得到提高

学生在学习的过程中参与大量感受活动，而其中小组活动占了大多数。在活动的过程中，每个组员都有机会参与，而且竞争性的比赛活动多以小组为参赛单位，因此提高了组员之间的合作性。

3. 学生的表达能力及创作力有所提高

学生在感受的过程中，有机会表达个人意见，甚至自我发挥创造题目。学生的个人见解、无限创意让老师惊叹。生本形式的教学模式令我们的学生从根本上成为学习的主导者。

4. 学生的学习内容更广泛、更深入

由于生本数学是内地的课程，课本内的数学概念及内容均较香港的学习内容深入广泛。例如学习米与厘米时，生本数学会加入公里、分米及毫米的概念，以及它们之间的转换，这些内容都不能在香港同年级的数学课程中学到。

5. 推行生本课程后，学生的学习成绩有所提升（全港学科测验）

一年级全港学科测验成绩：

全港学科测验	全港平均分	本校平均分	备注
2001—2002 年度	62.27	73.67	未采用生本教育课程
2002—2003 年度	62.27	87.16	采用生本教育课程
2003—2004 年度	62.27	86.11	采用生本教育课程

说明：今年本校成绩较全港平均分高 23.84 分。

二年级全港学科测验成绩：

全港学科测验	全港平均分	本校平均分	备注
2002—2003 年度	56.1	69.77	未采用生本教育课程
2003—2004 年度	56.1	75.4	采用生本教育课程

说明：今年本校成绩较全港平均分高 19.3 分。①

来自香港顺德联谊会胡少渠纪念小学的报告

一年多以前，本校教师参加了一项名为“生本教育”的教学实验计划。在陈建业校长和邝耀宗校长的领导下，他们得到校内同人及家长的认同和支持，踏出课改事业上勇敢的一步。一年级的语文科和数学科进行的试点式的教学实验，是以学生取向、学生为本的精神作为教材教法上的指导原则，继而在实

① 本文摘自蓝田循道卫理小学网。

验中实施有方向性的学与教模式和评估策略。计划实施了三个学期，教师不断研究、探索和实践，对生本教育有了深刻的体会和认识。内地专家、香港课程学者及教育统筹局学校发展主任等到校观课，都一致给予好评，认为生本教育实验班的课程实施方向正确。

生本教育始创于华南师范大学郭思乐教授。郭教授提出：生本教育体系下，“学生不仅是教育对象，更是教育过程中的重要资源；依靠学生的内部自然发展学生的学习天性，释放学生的能量”①。可见生本教育的理念是高度尊重学生，认为每一个学生皆有学习天性和学习潜能；生本教育促进学生主动学习、主动体验，为学生提供了有意义的学习、自发阅读的语文学习环境，同时提供了自发思考的机会。

生本教育在语文科来说，极其重视识字教学。识字是通向阅读的桥梁。学生掌握了 2 000 字以后，便可以大量阅读获取知识。所谓识字是指“意义识字”，就是引导学生在具有内容意义的语言环境中主动认字。其中可分为两个过程：小意义识字和大意义识字。小意义识字是让学生在感受课文意义的同时，也能形象地记忆该意义文块，从而使他们记忆该汉字的形、音。“推进阅读”是带领、引导学生自觉地大量阅读，从而使学习主动化，全面提高他们的语文能力。当学生进入阅读境界后，他们便会积极、主动地学习，各方面的知识都获得提高。

本校教师就学校的课程发展作前瞻及构想，认定生本课程配合香港课程改革的精神。在学与教的层面上，教师掌握了生本语文教学的精神，促进学生识字量、阅读能力及写作能力的提高。而在专业发展的层面上，教师从实践中掌握了生本教育的理念和教学模式，通过行动研习，巩固个人的教学专业能力

① 郭思乐著：《教育走向生本》，人民教育出版社 2001 年版，第 4 页。

和信念。

大半年来，我们对推行的生本教育做了行动研究，并做了一些测试，获得了初步的结果。

1. 各个测试项目简介

（1）汉字认知网络测试（于2004年1月及6月进行）；

（2）说话能力测试（于2004年6月进行）；

（3）阅读能力测试（于2004年6月进行）。

2. 汉字认知网络测试

2.1　测试目的和选字原则

本测试的目的是为了比较生本班和非生本班二年级学生在识字方面的差异。生本教育语文科和非生本语文科的识字教学要求不同。生本教育语文科的目标是：一、二年级能认识2 000字，进而可以全面阅读日常图书报刊。而非生本的识字教学的目标是：一年级能认识460字，二年级能认识500字，两年合起来共认识960字。

为了进行公平比较，选测试字时从生本字汇和非生本字汇中各选一半。

为了测量出学生较高的识字能力，本测试的要求比一般程度高，测试字有些选自生本语文科一、二年级的课本用字，有些选自非生本字汇的香港小学分级字表，其中包括二年级和三年级的字。

为了全面比较生本班和非生本班二年级学生的识字差异，本测试所拟制的试题类型包括：（1）认字；（2）写字；（3）读字；（4）运用字词。

生本与非生本识字教学的方法不同。生本教育所用的近似集中识字的方法，强调“意义识字、推进阅读、全面提高”①。

① 郭思乐著：《生本教育之路》，香港伟达教育出版社2002年版。

非生本班的识字教学采用的是随课文识字法，识字教学安排在阅读教学之中，同时并进。阅读教学包括主旨分析、内容讨论、字词解释、深究课文、句式修辞及语文练习等。学生学习的过程和要求与生本教育不同。

2.2　比较项目

(1) 生本班与非生本班学生聆听认字能力的比较；

(2) 生本班与非生本班学生配词认字能力的比较；

(3) 生本班与非生本班学生配词写字能力的比较；

(4) 生本班与非生本班学生认字发音能力的比较；

(5) 生本班与非生本班学生词语运用能力的比较。

2.3　测试设计

测验共分5个部分，每部分含测验项目25个，每题从一个汉字认知范畴出发（分别是聆听认字、配词认字、配词写字、认字发音及词语运用等5个范畴），而每题的25个测试项目按下表原则设定：

题号	取字
1—10	生本教育二年级课本
11—20	香港小学字表（二年级部分）

* 全卷的生本及非生本取字含量各占50%。

2.4　测试成果

2.4.1　两班学生聆听认字能力比较

通过20个聆听认字的测试项目比较，生本班与非生本班学生的平均得分分别为17.25分和16.9分（总分为20分），成绩的中位数则分别为18分和17分，两班的成绩大致相似。而在得分分布方面，两班的情况也大致相同。

2.4.2　两班学生配词认字能力比较

此部分的测试成绩也出现相近的情况。首先，生本班学生的平均得分是14.22分，而非生本班学生的平均得分达14.29分（总分为20分）。此外，生本班学生的测试成绩中位数为15分，非生本班学生则达15.5分。两班的得分分布情况也大致接近。

2.4.3　两班学生配词写字能力比较

此测试部分要求学生写出正确的配词，生本班学生在这部分的表现远远超过非生本班学生（生本班学生的平均分达13.19分，而非生本班学生的平均分只有8.55分）。以两班的成绩中位数比较，生本班学生得13.5分，而非生本班学生只有9分。

2.4.4　两班学生认字发音能力比较

此部分要求学生正确认读指定的词语。两班学生的整体表现则以生本班学生略佳，他们得分平均数达到15.5分，而中位数也达到16.75分。非生本班学生的平均得分为14.34分，而得分中位数则为15.5分。

2.4.5　两班学生词语运用能力比较

此测试项目要求学生正确地选词填空。两班学生的表现也有显著差异。生本班学生在这部分的得分平均数是17.21分，中位数达18.5分（20分为满分）。非生本班学生的得分却只有13.22分，中位数成绩为14.75分。

2.4.6　两班学生的整体表现比较

两班学生除了配词写字及词语运用能力这两方面有较显著的成绩差异外，生本班学生的得分平均数也比非生本班学生高出10.1分（总分为100分）。根据各部分的测试成绩计算，生本班学生的平均得分为77.4分，中位数为83分；而非生本班学生的平均得分为67.3分，中位数为72～75分。从分数分布观察，生本班获偏高分数的人远比非生本班多，而获偏低分数的生本班学生相对较少。

2.4.7　两班学生对二年级生字的掌握程度比较

本研究尝试从五个方面的识字能力比较两班学生对二年级生字的掌握程度。结果显示，生本班学生在25个测试项目中得到19分的平均数，得分的中位数达20～25分。非生本班学生的得分平均数为16.5分，中位数为18分。

2.5　后期测试成果

2.5.1　两班学生聆听认字能力比较

从20个聆听认字的测试项目比较，生本班与非生本班学生的平均得分分别为17.33分和16.35分（总分为20分），成绩的中位数则分别为18分和17分，两班的成绩大致相似，并与1月份的测试结果吻合。而在得分分布方面，两班的情况也大致相同。

2.5.2　两班学生配词认字能力比较

此部分的测试成绩出现明显差异。首先，生本班学生的平均得分是10.86分，而非生本班学生的平均得分为6.97分（总分为20分）。此外，生本班学生的测试成绩中位数为11分，非生本班学生只为8分。从以上数据看来，生本班学生的表现较好。

2.5.3　两班学生配词写字能力比较

此测试部分要求学生写出正确的配词，生本班学生在这部分的表现远远超过非生本班学生（生本班学生的平均分达9.47分，而非生本班学生的平均分数只有3.59分）。以两班的成绩中位数比较，生本班学生得9.5分，而非生本班学生只有4分。

2.5.4　两班学生认字发音能力比较

此部分要求学生正确认读指定的词语。两班学生的整体表现则以生本班学生略佳，他们得分平均数达到15.94分，而中位数也达到16.5分。非生本班学生的平均得分为14.99分，而得分中位数则为15.5分。从两班学生的分数分布比较，没有太显著的差异。

2.5.5　两班学生词语运用能力比较

此测试项目要求学生正确地选词填空。两班学生的表现也有显著差异。生本班学生在这部分的得分平均数是14.57分，中位数达14.75分（20分为满分）。非生本班学生的得分却只有9.49分，中位数成绩为10分。

2.5.6　两班学生的整体表现比较

两班学生在配词认字、配词写字及词语运用能力这三方面有较显著的成绩差异，生本班学生的得分平均数也比非生本班学生高出16.79分（总分为100分）。根据各部分的测试成绩计算，生本班学生的平均得分为68.18分，中位数为70分；而非生本班学生的平均得分为51.39分，中位数只是52.5分。从分数分布观察，生本班获偏高分数的人远比非生本班多，而获偏低分数的生本班学生相对较少。

2.5.7　两班学生对三年级生字的掌握程度比较

本研究尝试从五方面的识字能力比较两班学生对较高程度（三年级）生字的掌握情况。结果显示，生本班学生在25个测试项目中得到16.49分的平均数，得分的中位数达17分。非生本班学生的得分平均数为10.58分，中位数为11分。

3. 生本教育说话能力评估

评分包括四项：

（1）内容适合及丰富（给0～4分）；

（2）能运用日常生活的词语表情达意（给0～4分）；

（3）发音清晰、洪亮（给0～1分）；

（4）说话活跃、有信心（给0～1分）。

总分：10分。

从教师评分所见，很明显，生本班学生所得总分比非生本班学生高，尤其是说话“内容”及“用词”方面。至于“发音清晰洪亮”及“说话活跃、有信心”方面，相差不大。

4. 两班学生的阅读能力比较

此部分主要测试生本班和非生本班学生的阅读理解能力。测试时间为 20 分钟。题目共 15 题，包括是非题和简答题。全卷满分为 20 分。

生本班学生在此测试中平均得分为 13.35 分，而非生本班学生的平均得分则为 10.05 分。此外，生本班学生的测试成绩中位数为 13.5 分，非生本班学生则为 10.5 分。由此看来，生本班学生的表现较好。

5. 总结

生本班学生的整体识字能力、说话能力及阅读理解能力较好，可见生本教育是有成效的。生本班虽然较少配词写字练习以及不做选词填空方面的训练，仍能得到较好的识字能力测试成绩。

二年级生本班学生对香港小学三年级生字的认识能力较强。

生本班使用普通话作为教学媒介语，学生并没有因此而影响学习效果，给用普通话教中文带来了正面的信息。

人与自然的另类对话

生本的教学激扬着生命，使之积极、欢乐、高质。十几年前我在《教育走向生本》一书中提到“说生本教育是有教无类并培养大批高才生的教育，并不为过”①，而今天，在完整地进行生本教育实验的学校，这些判断已成为现实。生本教育的特征，是尽可能地

① 郭思乐著：《教育走向生本》，人民教育出版社 2001 年版，第 12 页。

依托人的思维、学习、创造和言语的本能。教育要把自然的人转变为社会的人，实践证明，即使是这样的过程，也离不开“人的自然”（即“生命自然”）的作用。人的自然同样是大自然的一部分，如同人类与大自然对话一样，我们的教育事实上是教育者与“人的自然”对话，相比之下这种对话很容易受到忽视，但它更深刻、更强烈，而且同样具有重要意义。

多少年来，人类为了更舒适地生存不断地改变着大自然，创造了许许多多的事物，甚至提出了征服自然的口号。然而，大自然的报复却使我们终于明白，人类对大自然的任何改造都必须遵循大自然的规律。自然规律在人类改造自然的过程中起支配作用，所有人为事物和人的创造都不能离开大自然的怀抱，就像孙悟空飞不出如来佛祖的掌心一样。这启发我们重新思索教育。教育的确在改造着儿童，使他们从少知到多知，从自然人到带有社会性，然而，这完全不表明，教育就可以脱离人的生命自然及其规律。

教育涉及教育者和学习者。学习者的精神活动有两部分，一部分是自觉的，另一部分是不自觉的，不自觉的部分在活动着，却在意识的阈限之下。这里出现了几个问题：第一，教育者能够完全支配学习者吗？第二，学习者的自觉部分的精神活动能够支配他自己吗？第三，学习者的不自觉部分的精神活动，在整个教育和他自身的生命活动中，处于何种地位？我们试图来探讨这些问题。

人类是大自然的宠儿，是大自然发展的成果，人类神奇的生命和无穷的智慧都是大自然赋予的，是大自然的一部分。人类的智慧不完全是可以名状的自觉智慧，自觉智慧只占了全部智慧的一部分，更多的则是不觉知的智慧因素——人的本能。人是在言语、学习、思维的本能的支持下进行活动的。也就是说，人类智慧中自己觉知的，甚至可以用“名”来显示的部分，同大自然赋予的部分相形见绌。教育的问题，首先在于认为依靠教师传达的信息可以控制学生的思维，然而实际的机制是，所有传达的信息都由学生转入他的无名世界，再借助人的思维的、感悟的本能进行处理。思维和感悟的本能不仅不需要外界问津，而且往往不能被自觉智慧所把握。例如，我们进入睡眠的瞬间不是意识起作用，而是本能起作用。那么，作为外界的教育力量，怎么能够控制住学生的思维呢？

同人类从征服大自然的狂热回到平和一样，作为教育者，也必须对自己的改造人的自然能力有一个合情合理的判断。诚然，我们运用自觉智慧可以制造和创造许多人类所希望的东西，但是，人类未能觉知和创造的东西更多得多。我们必须承认，有这么一些人的或者大自然活动的领域我们是不知道的，就像席慕蓉在诗歌里写的：

一定有些什么
是我所不能了解的
不然草木怎么都会循序生长
而候鸟都能飞回故乡

一定有些什么
是我所无能为力的
不然日与夜怎么交替得那样快
所有的时刻都已错过
忧伤蚀我心怀

再举一个具有象征意义的例子。在一厘米长的线段上，我们可数的点（即可以排序的点）——有理数，似乎已经是非常非常多了，但是它的测度为零，即这些点集中起来得到的集合“长度”只能算作零。也就是说，整个一厘米的点集，几乎都是我们称为无理数的、不可数的点。这是否反映了人类自觉智慧的局限性呢？其实，正如严春友说的：“无论是令人厌恶的苍蝇蚊子，还是美丽可人的鲜花绿草，无论是高深莫测的星空，还是不值一提的灰尘，都是大自然精巧绝伦的艺术品，展示出大自然深邃、高超的‘智慧’。大自然用‘死’的物质创造了丰富多彩的生命，而人类却不能制造出一个哪怕是最简单的生物。”同样地，人通过完全的自觉来发展的概念是不多的，更多的是人通过不自觉的本能和天性去获得的新的概念，这几乎是无穷的。

当然，这里说大自然的“智慧”，完全是一种形象的说法。它的“智慧”表现，实际上来自进化或演进。至于这种演进是自然的选择（达尔文），还是也有用进废退和直接转入生殖体系（拉马克），可以由遗传学家和生物学家去讨论，我们看到的则是适者生存的事实，并且知道这都是自然的规定性。自然使我们的眼睛可以看事物，使长颈鹿的长颈、长腿和强大的心脏同食物——树冠高端的嫩叶，形成如此的和谐。而我们却不能做大自然做的许多事。以火龙果为例，它里面像嵌着一粒粒小芝麻似的，假如我们拒绝天然，想要人工做火龙果，试着把小芝麻一粒一粒地放进去，一天也不能做出一枚。

其实，中国古代的哲学家早就对此有所论述。由于当时人为的事物还未远离原始自然，古人对人与自然关系的本质看得很清楚，于是提出了“道法自然”的见解。近代人由于光怪陆离的物质迷雾，反而难以知晓自然，以致对自然的报复莫明其妙。这就是我们更需要聆听中国古代智者声音的原因。比如，今人可能在自然科学和大千世界产生矛盾的时候才认识事物的“复杂性”，然而老子、庄子时代就提出了“地法天，天法道，道法自然”，“道不可道”，“道数不可言传”，“世之所贵道者书也，书不过语，语有贵也。语之所贵者意也，意有所随。意之所随者，不可以言传也，而世因贵言传书。世虽贵之，我犹不足贵也，为其贵非其贵也”（《庄子·天道》）。后者是说符号化并不能回答自然和生命的全部问题，这实际上指出了科学方法的局限性。《庄子》中有一则寓言“浑沌之死”①，对破坏事物的整体性大加批评，大意是，南海之帝和北海之帝想要报答名叫浑沌的中央之帝，他们对浑沌说：“人都有七窍而可以视听食息，你没有，我们给你凿开吧。”他们每天凿一窍，七天以后浑沌就死了。这个故事暗喻生命的浑沌状态是不能完全清晰化的。完全、清晰地表述的，不是生命自身，而是死了的生命。这就展现了令人震撼的智慧，它跨越千载而至今没有过时。

“道无古今惟其时”，今天人类终于在新的高度上认识自然甚至敬畏自然了。人类和大自然犹如在下棋，“河界三分阔，计谋万丈深”，人类必须不断地认识大自然潜藏的规律。例如，有研究者提出，人类固然从电灯的发明获得许多方便，然而人类的许多怪病，却归咎于改变日出而作日落而息的自然习惯，深宵不寐，日夜颠倒。如果真的是这样，那真是爱迪生始料不及的。当然，人类将与疾病进行不懈的斗争，但是更根本的，不是就病论病，而是回归自然，依托自然。放虎归山，退耕还林，治理污染，净化空气，让工业微尘弥漫的雾都重新日丽风和。

教育也同样，我们不能代替学生做一件哪怕是非常简单的事，或者代替他们思考。我们对学生的改造也许有过许多似乎成功的记录，然而，详加考察之后便会发现，如果我们有所进展，那也是因为人的自然——生命，允许我们这样做。反之，如果我们小有所得就自我满足，认识不到人的自然的强大力量，我们同样要遭受人的自然的报复。

从现实来看，在所有领域的人与自然的关系中，教育领域的关系是最紧张的。产生这种紧张的误区是：在流俗的认识中，人的生命自然仅仅具有生理领域的含义，而不具有高级精神活动领域的含

① 曹础基、涂以楠编著：《“第一才子书”——〈庄子〉》，中国文联出版社 1997 年版，第 74 页。

义；学生是一张白纸，具有完全可塑性，正好适合外力塑造；文化决定论把学生的能动性视作是外力生成的，是人的非自然性的表现，从而认为这种能动性取之不尽，并把它作为学生可以无限制地参加考试竞争的依据，等等。值得注意的是，生命自然和征服性外力的强烈对立，隐蔽、间接而又滞后，很难引起我们的警惕。教育者和受教育者的倦怠、教育的低效、高分低能、厌学等等，这些不仅是对于人的自然不能无限制地开采和控制的警告，而且警示我们，代替和压抑自然的教育之法，必须让位于依靠或顺应自然的教育之法。很多年前，我听到一位当教研员的朋友说起，他儿子所在学校的老师要求少做题目的学生补做题目，少做了 n 道题，就要补做 n^3 道题，这位朋友的孩子少做了 10 题，就要补做 1 000 题，当天晚上朋友陪儿子做到深夜，才做了 200 多道，第二天，他只好带着孩子上学，向老师说情。我前不久到一个中学去，一位中学老师向我诉苦，说镇里的中心小学作业太重，有一天他的孩子居然要在夜里一点半起床做作业。另一位老师则说，有一次发现自己的孩子在学校午休时用胶纸条把嘴巴封起来，老师还说是他为了防止自己说话影响其他同学，自愿贴的。这些案例可能是个别的，但是，认为人有耐性而无限制地驱使他去学习，则是普遍的。我们的整个教育的理念和体制，没有从学习者出发，从人的生命自然的性质、活动规律和限度去思考和设计，只是被越来越密集的地方统考所造成的压力层层下压，而学生是最下层的承担者。当我们看到他们弱小的肩头承受着沉重的压力的时候，我们作何感想？然而，这些努力最终却起了相反的作用。比如，最终钝化了人的悟性，学生的学习效果不理想，高分低能几乎成为规律。例如，一所初中因其毕业生成绩优秀而得到人们的肯定，若干年之后人们却发现，这所学校的学生虽然分数高，但是能力差，因而该校的毕业生开始遭到重点高中的拒绝。

所以，今天我们特别需要的是消除教育领域中人与自然——生命的对立。过去在师本教育框架下，我们确实也曾努力改变学生被动的局面，但一个基本的失误是，我们只是从一般生理水平浅层次地去看待人的自然，而没有从人的自我主宰性和能动性，以及人的思维、言语、学习的本能去看待学生，所以不能产生让学生自己提升自己的境界，无法摆脱“我改造你”的格局。我们没有认识到整个教育过程是学生自己的事，应当交回给学生自己做。而生本教育实验表明，我们对于人的自然——大自然的一部分，而且是最精美的一部分的新的认识和行动，其意义远不止于去除与人之自然的对立，更在于使我们把目光投向生命，启示我们可以依托生命去完成教育的使命。这是一个十分激动人心的想法。

行到水穷处，坐看云起时

事实告诉我们，只要明确了教育的本体是学生生命的发展，教育实现的主体是学生自身，我们就可以通过促使学生全身心地投入学习使教育获得生命。这时候，教育就会诉诸生命，依靠生命，回归到生命的机制。

在教育中，我们需要干预，需要传授，更需要有种种的规章制度和维持秩序的方式，然而这一切为了什么？为了把受教育者调动起来。事实上，只有他们自己才能对景生情，才能触悟事理，才能最终塑造人格和形成智慧。我们所有可以传达的思维，可以交流的言语，都存在着逻辑缺环，都需要人的生命的感悟或情感的活动来填补，否则我们连最简单的意思也难以理解或交流。而出自我们的先祖百万年积淀的这种会意和通感的框架，又是存在于我们每个人身上的。

看看《西游记》对石猴获得生命的热烈描写吧：“盖自开辟以来，每受天真地秀，日精月华，感之既久，遂有灵通之意。内育仙胞，一日迸裂，产一石卵，似圆球样大。因见风，化作一个石猴，五官俱备，四肢皆全。便就学爬学走，拜了四方。目运两道金光，射冲斗府。”人又何尝不是这样，数十万年的生命延续使儿童所具有的发展天性、学习框架存在于生命种子内部结构之中。我们学会尊重、依靠生命体去进行教育，就会得风得雨，就会使古老的教育得以变革，产生强大的“生命力”。

教育是学生生命的提升，它以生命自身为最根本的动力，依托生命去实现其理想，在生命的发展中体现其价值，这都是教育本身应有之义。这一意义其实反映在教育的发生和发展的历史真实以及先哲教诲之中。我们认为，教育不言而喻就应当是生本的。要强调地提出生本教育，是一种不得已，是因为生本的真谛被扭曲了，必须进行匡正。近百年来，教育出现了这样的现象，一方面是知识的无限增加，人们担忧知识是学生难以承受之重；另一方面是工业社会对于自然变革的力量的极大增长，人们希冀用工业式的灌输去解决学生知识和能力获得的难题，这些都导致师道尊严和工业方法相结合的教育方式，即所谓师本教育方式。这种教育方式重视教师的教而忽视学生的学，其要害是忽视学生的生命活力的存在，忽视学生的生命活动的尊严，使教育变得被动、艰难而低效。于是，教育面临这样的问题，一方面是“货物激增”，另一方面是采取陈旧的（或者说，是新兴的，但是错误的）运载方式，而且，教育的日常评价又不断地加强这种方式，不容任何其他方式存在。

问题还在于我们的这种具有否定其他教育形式的强大功能的日常评价，竟又同法定的、具有社会公平性诉求背景的高考和中考极易混同。所以，人们在听到了教育改革如何美妙的时候就说道，好是好，但是高考不改革，就永没有办法进行这种改革。或者说，我们可以改革，但还没有等到我们看到学生素质发展如何使他们的终结性的考试取得成就，在习惯的评价框架下，改革就已经“在黎明前死去了”。我们的思维极难摆脱高考如何出题，我们的日常教学就如何开展的框架。我们其实忘记了一个事实，人的思维是教学和高考的中介。没有人的思维，不要说高考考不好，而且表面联系得十分紧密的“应试教学”和高考，也都联系不起来。而怎样才能有人的思维呢？要有人的灵动的思维，恰好要丢弃日常教学、日常考试与高考直接联系的教学思路和方式。但持这种认识的人并不普遍。

于是我们看到了整个教育基本上把学生看成是被动受体。我们控制桀骜不驯的生命，让它就范于人类规约的圈子里。但是，教育只能采取这样的思路吗？我们能不能依靠生命呢？甚至，我们能不能激扬生命呢？既然生命桀骜不驯，我们就努力让生命自在和自为，它还能回到人类规约的圈子吗？对于浩如烟海的知识，学生可以直接学习吗？学生懒吗？等等。所有这些问题，其实来自教育实践中的尖锐矛盾；我们正在拼时间，拼技巧，竞争越来越激烈，而学生越来越厌学，越来越被动。我们看到的是这种状态下的学生，从而对学生的学习能力越来越怀疑。而同样毋庸置疑的事实是，师生，所有的人，都希望从中摆脱出来。可是路在何方呢？

许多教育科学工作者都为此进行探索。从 1999 年起，我们的生本教育实验，我们主持的广东省百千万人才培养对象高级研修班的学员的广泛实践，以及 2002 年起在香港进行的类似实验都表明，我们有可能实现教育的积极、欢乐和高质。特别是，我们完全有可能实现人的素质的提高，同时在学校教育的终端考试中也获得突出的成绩。我们的办法就是，最大限度地把教转化为学，把教尽可能地、尽早地转化为学生的自主学习或者体悟。基础教育的未来性、基础性、社会性和生命性，使得我们必须追求教育效果的广泛和深刻的适应性，而这种适应性的答案，就在生命深处——我们不仅要培养学生对“双基”的熟练掌握，更要发展他们的生命的内蕴，即悟感和情感。

生本教育的研究和实验，就是试图找到这种令人激动的一致性。在人的解放之中，人的学习热情充沛了，素质提高了，高考成绩卓越了，未来的可持续发展有保证了。想要这样的丰收，就要像经济的改革开放使经济人自主地进行商业活动一样，让教育——提升学生生命的事业，其核心部分真正由学生生命自身为之。当学生如同分得土地的农民那样兴奋时，当然无往而不利。

我们进而认识到，依靠学生不仅仅是思路的讨论，更是教育的本质和本体。我们正在发现大自然提供给人类的机会，借此可以依靠人的自然进行教育。而当人的生命自然的伟力在教育中起作用的时候，教育的各种追求就得以实现。

二、儿童观：起点非零

两种儿童观

我在《教育走向生本》中阐述了一切为了学生的价值观、高度尊重学生的伦理观、全面依靠学生的行为观，这是生本教育的另一种定义。这些观念本身就是对习惯思维的变革，它们直接挑战我们原有的以教师为中心的或以书本为中心的思维框架。这牵涉到一个基本问题：儿童的起点是怎样的？如果像我们过去常见的判断，儿童的起点为零，一切都要从头开始，那么，他们就是不能依靠的，要依靠的是外力，而不是儿童。反之，如果儿童的起点是人类亿万年发展的传承，他们拥有丰富的、强大的、先天的本能和框架，那么生本教育就找到了依据，儿童就天然地更值得尊重，值得依靠。

实践要求解决这个问题。比如，我们也许可以在伦理上关怀儿童，讲究民主，反对体罚，尊重其独立性和个体性等，但当事情涉及教学目标的达成时，我们就难以真正尊重他们。在教学中尽管我们强调学生的参与度和调动积极性，而实际上，我们却把握着细密的教学进程计划，自觉或不自觉地压抑了儿童真正意义上的自主成长。在我们心目中的儿童，弱小、无知、懒散、好动，如果“高度尊重”他们，他们的行动就会失控，就要超越安全的范围，完不成教育教学的任务。再有，我们顾虑的是，即使我们严加约束，学生尚且难以完成学习任务，要让他们进行真正意义上的自主学习，岂不是更不可能完成吗？我们还有这样一种直觉，教师是有知者，学生是无知者，教学理所当然地应当从有知流向无知，如果全面依靠学生，无异于依靠无知者使之有知，这会不会有悖情理呢？还有一种看法把全面依靠学生视作不负责任，认为强调依靠学生自己，高考成绩就得不到保证，这就背离了学生及家长的利益，等等。

正因为种种认识和行为的疑虑，我们充其量在一般低层次的问题上尊重儿童，但在涉及人的发展、牵动所有人心肠的教育质量问题上，却不能尊重他们，也谈不上依靠他们。于是我们常常把教育改革附加化、边缘化、机械化，始终规避牵涉到谁是教学中真正的主体的改革，如果有什么稍微正规的改革，也免不了“有标无本”，因为人们很难摆脱师本教育的框架，一如“戴着镣铐跳舞”。

即使在生本教育实践中，也会产生这样那样的问题。例如，一位刚开始了解生本教育的老师问，让学生先做后学，先学后教，甚至先会后学，他不做怎么办？做不好怎么办？

开展了两年实验的南海区许海中学的老师回答说：“你没有做过‘生本’？做过的话，你就知道学生不会这样‘皮’。”

生本教育的实验老师们认为，当把十分复杂的“由我们一点一点教”的问题转化到如何使“学生自己学”的问题时，就把事情大大简化了。只要把目光聚集在这里，我们就会有许多方法和措施去成功地加以解决，比如事先做好组织工作，调节难度，发挥小组作用，培训学生、家长和小组长等。更重要的是，我们所做的和学生的自主学习的本性完全一致，形成一种和谐激扬的态势。

种种思想碰撞，都指向一系列基本问题：儿童的起点是怎样的？儿童有学习动力吗？儿童有知识学习的先天的框架吗？儿童的潜能的形态是怎样的？他们的自主学习安全吗？他们能形成价值吗？这些问题反映了两种不同的儿童观。

一种是儿童“起点为零”观或“零起点”观。众所周知，人之初缺少关于现实世界的知识和认识世界的能力，也没有自觉的善恶判断，由此很容易形成儿童“起点为零”的观点。这种观念认为儿童在涉世之初脑中只是一片空白，没有任何东西存在着，因而需要外界力量进行塑造，需要教育者们来从头设计，或者依靠外界，或者至少是儿童本身的自觉“建构”，然后才有知、有能、有德。这就是说，儿童的发展基本上是在外力的作用下，或者“后现代”一些，是在自身意识的作用下发生的，不存在先前就有的导致他们提升的作用或能量。

这种判断的优点是没有悬念，一切过程都可以明确地解释，一切都可以清晰地记录在案。然而，在人的精神活动中一切都是自觉的吗？都能清晰地阐述吗？回答是否定的。比如，当我们进入梦乡（睡着）的那一刻，“意识的我”还在起作用吗？是我们的意识指挥着那一刹那吗？实际上，我们越是有意识地干预自己，我们就越是不能入眠，只好听着“夜半钟声到客船”。再有，当我们侃侃而谈，并不断地注意听者的表情变化而调节我们的言语的时候，是什么触动着我们？这是一种自觉的判断吗？是依据着明晰的、可描述的规则或条文吗？我们是怎样“读懂”全部情境的复杂性并作出反应的？

我们只能说，这是人的先天机能在后天环境中的作用方式，也就是人的某种本能。这种机能或机制是生命深处的，我们不能对它进行全面详尽的描述，但不等于它不存在。它不仅存在于成人身上，而且对于儿童来说，由于其所处环境的简单性，其本能的存在表现得更为强烈和活跃。人类幼儿时期的未成熟性，与成人能力的巨大差距，以及人类社会、文化的复杂性这些事实都预示着人类必将是天生的学习者，否则将不适应大自然的生存规律。正如马斯洛所说，人类对认知和理解的需要与对食物的需要一样，都是人类的本能。“对知识的需要，对理解的需要，对哲学沉思生活的需要，对理论参照系统的需要，对价值系统的需要，这些都是意动的，是我们原始的动物本性的一部分。”① 这正是儿童的“生命自己”所

① ［美］马斯洛著，许金声、程朝翔译：《动机与人格》，华夏出版社1987年版，第117页。

包含的最重要的内容，而且，其基本特征是它处在意识的控制之外，也就更难于为外界所干预。儿童“起点为零”的观点则否定这一部分内容，也最终否定了儿童的提升主要靠他们的生命自己，进而导致在所有的实际工作（包括改革）中，始终未能摆脱师本教育（以教师为中心的，为教师好教而设计的教育）的框架。师本教育太重视“教育”的力量，太忽视生命本身蕴藏的巨大的能力——学习潜能。师本教育以压制生命的活力来进行教育，是对人的“天赐”的宝贵力量的极大浪费。社会的“科技化”、“理性化”使人越来越迷信“文化”、“管理”这些外部的力量，越来越遗忘了人自身是大自然最精妙的杰作，承载着自然给予的最为高级的生命机制。于是，在教育中，“自然”越来越被淡忘，“外力”被无限拔高。儿童好动恰好是他们生命力旺盛的表现，是大自然赋予的活力，是人类不断生存繁衍的进化需要。这种本能在现实教育中却被视为应被打压、禁锢的东西。一个是“创造者”所需要的品质，一个是“服从者”所需要的品质，师本教育一直在做着摧毁前者、塑造后者的工作。

另一种观点则强调儿童并非零起点。这也是我们通过多年的生本教育实验提出并得到证明的观点：人之初没有具体的知识，但不等于没有知识的框架性的结构或内蕴；没有成型的能力，但不等于没有为相关能力打下基础的种种本能，包括人的思维、学习、情感的本能；没有具体的自觉的善恶观念，但不等于没有趋于善的指向。人的思维、学习的框架性的结构、内蕴或指向，以本能的方式附着在我们的生命之中。它是生命自身的功能，伴随着我们，在我们的一切活动中起作用，并为人的各种可能的发展提供了前提和条件，而且，一旦受到启蒙，它就会同儿童的日益增加的活动迅速结合，形成奔腾之势。

老子说：“含德之厚，比于赤子。毒虫不螫，猛兽不据，攫鸟不搏。骨弱筋柔而握固，未知牝牡之合而朘作，精之至也。”① 这一叙述，无论是否精确，都在一定程度上说明了儿童确实背负着远古延续至今的某种特质，而上述的思维与学习的本能、框架、内蕴等，不过是这种特质的涉及精神活动的一个最重要的部分。这种特质同时表现为儿童在充分自主的活动中所呈现的动力机制、安全机制和价值机制。

所谓动力机制，是说儿童有学习的动力，拥有自主活动的动力体系。“健康人拥有自发追求潜能实现的内在倾向，并有以此为依据的自我评价能力。这使人在困境面前能够保持主动和自由，丧失自我评价能力导致病态。”② 动力机制不是来源于对学习效果的体悟，而是来源于人类对周围世界有所了解，以躲避危难、发展自我的本质需求。老子的“自然无为”的思想中就隐含着“事物本身就含有潜在性和可能性，不必由外部附加”③。对于自身活动的价值的感知，以及人的从潜能转化为价值的欢快感，构成人的自我激励机制。就像我们发现使用杠杆能够撬起重物的能力与价值的转化体验会引起我们的愉悦一样，儿童在学习中自我主宰的状态，是他们保持实时自我评价的状态，他们随时在属于自己的学习中体察到自己的成长，从而感受到潜能向价值的转变，于是产生了自我激励，直到“高峰体验”。反之，被控制的、间接的传授方式，则难以产生这样的体验。

里德利曾说：“但我逐渐认识到，一切社会科学的进展都好像1859年——《物种起源》的出版年代——尚未来临一样。这些学科坚持人类文化是自由意志和发明的产物，所以这种现象并非无意

---

①《道德经》第五十五章。

②［美］马斯洛等著，林方主编：《人的潜能和价值》，华夏出版社1987年版，第246页。

③ 陈鼓应注译：《老子今注今译》，商务印书馆2003年版，第48页。

造成的……遗憾的是，这种说法并不正确。在道德范围之内，人性可以无限地塑造、再塑造；但事实上，人类从未做过这种尝试。我们墨守组织事务的单调模式，不曾试图改变。如果人类胆子稍大，冒险精神稍多，人类社会可能没有爱、没有抱负、没有性欲、没有婚姻、没有艺术、没有文法、没有音乐、没有微笑；总之，社会将充斥着无法想象的新奇事物。"①

安全机制，同样不是来自现世的不安全的教训，而是人类长期追求安全和谐的基因特征的表现，如同麦杰里所说，"人性天生会考虑行为的后果"。例如我们天然地会对斑斓的色彩有所警戒，而老虎、蛇和毒菌都有斑斓的颜色，甚至在河豚朴素的底色上，居然也有一小块灿烂的斑，这两者之间可能并不是偶然的巧合。植物的自主运动也可给我们启示，它会向阳而生，于是呈现天天向上的美姿，同时也消除了我们的担心，在正常的条件下，它必然向上而不会向下，不会长得歪歪斜斜。就教育而言，且不说我们是在以儒家学说为文化基础的东方国度，就算是在西方，儿童的充分发展也"乱不到哪里去"。反之，带来许多混乱的教育，不是因为儿童的充分发展，而是不让儿童充分发展，由此也从另一侧面看到了儿童自主生活的安全机制的作用。

这种机制同样来源于大自然赋予的人的活动的和谐。这在里德利的书中称为"演化压力"，即人的思想尽管是自由的，但是默默地、不自觉地遵守着一定的规定性，这是大自然长期的选择带来的人的活动特性之一。自然界存在着"过犹不及"的规律，谁超过了限度，大自然就会惩罚他，甚至用中止遗传的方式让他"停牌"，因而所有的人的活动，一般都在一定的相对和谐的范围内。

正因为人有这样的顾及后果的机制，有天然的为群体的繁衍和

---

①［英］马特·里德利著，范昱峰译：《红色皇后——性与人性的演化》，四川人民出版社2002年版，第5—6页。

发展的趋向，所以，“三人行，必有我师”。在儿童的学校“小社会”中，在教师指导下的充分的自主活动，会自动地保证其天天向上的性质或性态。儿童会热爱祖国，热爱社会，热爱集体，在正常、健康的环境中，人总是向往着集体的，个人和集体有内在的和谐性。在这里，我们不是说不要干预和指导，而是说，我们认识了儿童的本能中含有的安全机制，可以更自如、更有效地因势利导。如果认识不到这一点，我们的干预不是给予方便和推动他们自己的思想，而是想要代替他们的思想，反而会破坏他们的思想机制，这样干预的结果，不仅可能造成逆反心理，而且即使儿童接受了我们的说教，也很难进入本性的层次。

价值机制保证了人的源源不断的创造提升：

一是人的高级本能参与到所有的活动之中，从而保证了我们的举一反三式的学习和思考。例如，一个建立广东人的语言、地理、历史函数体系的设想，可能仅仅是一种思维游戏，然而可以让我们体会到悟性如何推动知识。广东有三大语系，即福佬语、粤语和客家话，持这三种语系的人分别分布在珠江三角洲平原、潮汕平原和山区。那么，我们立即会产生一种联想，哪一种语系的人最先抵达，谁次之，谁最后？由此联想，先到的，必然找到最好的地方，而离开中原早的，语言中必定保留更多的古代中原语言，并且独立发展的时期更长，所以与现代普通话的差距更大。于是，我们就有了三种因素（量）：居住地区的“山地程度”，从北到南的迁徙的迟早程度，方言和普通话的贴近程度。只要我们以三个相关量中的某一个为参照，如山地程度的量，就可以对其他两个量进行描写，它就成为描述其他的量的工具。我们还得到了趋向的启示：来得越早，居住地必然靠近平原，而其方言距离普通话（俗称官话）更远。这符合我们对三个语系的人的判断：福佬语系的人来得早，住在更靠北方的平原，方言同现代普通话相去最远；粤语系的人来得稍迟，居于较南的平原，方言距离现代普通话稍远；客家人来得最迟，居于山地，方言较接近现代普通话。这样，我们通过思维把历史的、地理的、语言学的三个因素联系起来了。我们这样做还可以超越对三种语系的粗糙考察，对更细密的民俗考察和判断有所帮助。例如，同是梅州，山地程度最大的大埔县的方言最接近普通话。我们进行如此巨大跨度的思考的时候，正是我们所追求事物的和谐、连续、规律的本能在参与、支持我们的创造。我们的许许多多科学发现、文学艺术、语言交往和各种精神活动，都可以追溯到人的高级本能的非凡作用，人的学习的进程也不例外。

二是价值机制表现为高级本能中含有肯定性的成功因素，从而保证儿童有认识和理解这个世界的可能性。在日常生活中，我们对百年老店、老品牌的产品肃然起敬，是因为它们经受了百年历史的考验。三岁儿童同样是具有历史的，但他的历史超过百年，是秉承了人类百万年的发展，所以，他所具有的高级本能是一种经过无数锻炼和淘汰而留下的精品。正因为如此，一个正常儿童所拥有的高级本能，必然足以认识和理解这个世界，而认识和理解这个世界，或者学习相关的学科，不需要有特别的语言天赋、数学天赋之类，只要正常即可。问题是我们有没有因势利导，让儿童得到正常的发挥。正常发挥的途径，就是尽可能让儿童自主发挥，让他的高级本能可以自如行动、不受阻碍，因为只有生命自身才知道自己的需要与状态。成人世界只能给他提供条件，而无法代替他的生命，好比一棵小苗，你可以施肥，但不能拔苗助长，是它在生长，你无法代替。

三是价值机制还表现为，只要潜能转化为价值，生命就会产生巨大的愉悦。如同马斯洛讲的“生产性的爱”、“自我实现”、“高峰体验”。他说：“另一个观察结论是，自我实现者的创造性在许多方面很像完全快乐的、无忧无虑的、儿童般的创造性。它是自发的、不费力的、天真的、自如的，是一种摆脱了陈规和陋习的自由”，“几乎所有儿童都能自由地感知……几乎所有的儿童，在受到鼓舞的时候，在没有规划和预先意图的情况下，都能创作一支歌、一首诗、一个舞蹈、一幅画、一种游戏或比赛”。① 在这里，马斯洛似乎离开了儿童的起点来谈论儿童的自由思考，实际上，在这一切的背后有着儿童的、赤子的生命活动的自然和历史的规定性。

那么，我们为什么总是忽视人的高级的本能呢？原因就像奥修的名言说的：“当鞋合脚时，脚就被忘记了。”——何止如此，鞋也被忘记了，人的思维和学习的本能太自然了，来去无痕，所以一直不能引起我们的关注。我们有一种也许是不太好的惯性，凡是自然的事物，我们就不怎么关注它，我们只注意造成麻烦的事物。比如单位的主管常常关注的是问题下属，听话的下属往往不能引起注意，“会哭的孩子有奶吃”；又如在作家们的笔下，一帆风顺的爱情不引人注目，得不到的爱情才被视作伟大的爱情，于是有梁山伯与祝英台、罗密欧与朱丽叶，有《长恨歌》里的那些缠绵故事。类似地，我们一般不爱护视力，因为这个本能尽管精妙——眼睛生来就是为了完成“看”这样的生物物理过程，那是多么值得赞叹呀——对我们却不过如同取之不尽、用之不竭的江上清风、山中明月。至于思维和学习的高级本能，我们更不需要特意去调动它。所谓“眉头一皱，计上心来”，当我们讲第一句话时，第二句或更多的话已经在脑子里酝酿好了，像这样的唾手可得的本能，我们就更不关注它，甚至以为它不存在了（下面我们要说到的存在主义哲学就是吃了这个亏）。

人的高级本能难以直接检验，它只在交流、沟通、创造和学习等精神活动中起着支配的作用，并借此来显示它的存在。这种高级本能的潜在性和真正机理的不可描述性，使得关于它的存在的判断有时被讥讽为神秘主义。这种讥讽缺少根据，因为我们几乎在任何

---

① ［美］马斯洛等著，林方主编：《人的潜能和价值》，华夏出版社 1987 年版，第 246 页。

一件事情上都可以感知人类思维背后相关本能的存在。假定一位朋友此刻正在阅读本文，并产生要给人扣个“神秘主义”帽子的念头，这种动机本身，恰好就包含了他的非凡的悟感①，它并非仅仅来源于外界的规定或相关知识，而更多地依赖本能的参与并同经验相互作用。如果对普遍的人类高级本能现象不能觉察，又把对该现象原理的阐析视作现象存在的前提，来否定人们认识这种现象，这不仅是研究结果的缺憾，也反映了某种研究方式和态度的不妥。

其实，对于我们来说，高级本能的作用机制总体来说还是“黑箱”，但其相关现象则处处可见，这个时候，承认存在的事实，而暂时保存机理黑箱（的现象学方法），能使认识发展到新的高度，这符合研究伦理。我们在研究事物的机理之前，首先是要知道某事物的存在，否则，“皮之不存，毛将安附?”有时候，我们的研究，不自觉地像小学里把上面发来的算术试卷和答案藏起来的教导主任那样，只有等到他自己会算了才把试卷公之于众，因为这才能体现研究的稳妥（或者也才表现了他的聪敏）。然而，在他公布试卷之前，试卷是好端端地存在着的。

上述种种研究戒忌或思考习惯的共同后果是：长期以来我们对高级本能知之甚少。当然，作为成年人，我们对自己的本能知多知少不要紧，我们照样很好地生活着（本能太自然了，太容易被忽视了），但如果我们要来制定教育的策略，要把这种对于自身本能的漫不经心也用以对待儿童，就会产生极大的盲目性。我们会因此低估儿童，不相信儿童的能力。我们会“师本地”教育教学，会一味地教、教、教，如同下面要反复提到的，我们甚至在“教本能”!令人不安的是，当我们在教本来不用教、不能教的东西的时候，却像人们说的，“你不说我倒明白，你越说我越糊涂”了，就会大大扰乱儿童的智慧和情感世界。就像某种昆虫叮咬时会放出一种物质

---

① 见本书“基础观：发展悟感和情感”。

让你麻木，使你不知道它的叮咬一样，一些不能教、不必教的东西，又总有可以转化为可教的表象，并会有若干可以教的部分，形成“可教”的格局，从而麻痹了我们的眼睛，于是我们看不到它不必教、不能教的本质，却认为一点一点地教、系统地教是负责任的表现。这是十分可悲的现象，我们却让它合法地、光荣地，尽管是十分无奈地存在。

正因为如此，我们要进一步研究人之初。

人之初的相关哲学

如同上面反复强调的，在为期十几年的两百多所学校的生本教育实验中，我们看到了一个精彩的事实，就是儿童远比我们想象的要强大得多。例如，我们过去要很长的时间才能教会学生写作文，但在充分自主的学习中，小学一年级的学生在短短 4 个月中就可以读书，10 个月就普遍可以用电脑写文章；六年级学生口头和书面表达达到较高的水平。然而，在我们的惯习性哲学中却难以找到一种解释，可以阐说儿童这种奇迹般的改变。相反，儿童“零起点”的观点却可以得到现成的哲学支撑。不难发现，儿童“零起点”的观点与机械的反映论和存在主义的哲学实际上异曲同工，究其原因，这种观点或是直接来源于其影响，或是与它们有着共同的产生土壤。

在历史上，我们的教育受到过机械的反映论或者存在主义的影响，而且在我们的教育实践中也很容易滋生类似于存在主义的观点。存在主义极为强调的是，人就是自己的起点，人的存在先于本质，人与人之间的思维不能进行沟通。如同萨特说的：“人除了自己认为的那样之外，什么也不是。这是存在主义的第一原则。而且这也就是人们称作它的‘主观性’所在……人确实是一个拥有主观生命的规划，而不是一种苔藓或一种真菌，或者是一棵花椰菜。在把自己投向未来之前，什么都不存在；连理性的天堂里也没有他。人只有在企图成为什么时才取得存在。”①

这就带来下列认识：

人最初是一张“白纸”；

人与历史没有什么联系；

人与其他人没有任何本质的联系；

人没有学习与善的天性，没有思维与学习的本能，只有低级的本能；

人的智慧结构是单纯现实经验构成的，人就是完整的自我塑造的产物，所以教育就是人的经验的改变；

人可以完全地自我（有意识地）建构，不存在无意识的精神生命现象，特别是，在人进入睡眠、作出决定的关键的地方，没有无意识的本能的参与；

人的思维的基础完全是符号化的，没有前符号的思维，因而“无名”不是“天地之始”。

这些都牵涉到教育设计的师本化、外施化。表面看来存在主义是说儿童完全可以自主，没有神仙皇帝，没有任何预先存在的成分，但它在否定人类先天的在精神基础方面的一致性的时候，同时也就滑入纯经验主义。其逻辑的结论是，作为一张白纸的儿童，他只是在无物存在之上产生经验，因而教育是人的经验的改变。按照这样的逻辑，儿童成长为成人，经历的仅仅是经验的积累，而儿童缺少的恰恰是经验，因此，必须亦步亦趋，跟着成人学。这样，整个教育就是持续不断的全启蒙，儿童的智慧与人格结构完全处于需要全启蒙的状态。

这是一个极不公平的结算方式。本来儿童的智慧结构中，思维

① [法] 萨特著，周煦良、汤永宽译：《存在主义是一种人道主义》，上海译文出版社 2005 年版，第 6 页。

与学习的高级本能占有重要的地位，它出现在所有的思维活动中，并与外来的信息和后天的经验发生作用而构成智慧，在这一点上，儿童与成人并无区别。如果就经验来看，儿童的少许经验，会在高级本能的作用下，在形成智慧结构中拥有比成人后的经验更大的权重。例如，儿童放烟花火箭的经验，是学习宇宙飞船、喷气飞机原理的基础；儿童滑倒的经验，是学习牛顿第一定律的基础。这比实验更有体悟性。但在上述“存在主义方式”的结算中，儿童的学习潜能和创造天性——与成人一致并更为突出的品格，以及与此相关的自主学习的先天动力体系、安全体系和成就机制，全被“零起点”观所抹杀，而儿童的经验在他成人后的经验体系中的权重被忽视。在这样的结算中，儿童像被剥夺了重要资产的富翁，只以其弱项——后天经验与成人（的强项）相比较，从而显得十分羸弱（然而这是不符合事实的）。在这样的判断下进行的教育设计，当然不可能顾及儿童的生命力量。这就是教育的师本设计的根本原因。

我们来追溯存在主义。包含了儿童起点、人的起点为零的判断，其生活实践的起因，大抵是变革的需要。它直接否定了上智下愚，从而剥夺了少数人的先天优越性，这显然有过积极的进步的意义。譬如，陈涉看到秦始皇威风凛凛地出行时说：“王侯将相，宁有种乎?”这成为陈涉的革命行动的纲领，犹如萨特的主张引起了当年法国的五月风暴一样。然而我们仔细审视又可以看到，陈涉在否定先天优越的同时，并未像萨特那样否定人的全部先天的潜能和本能。而后者的“零起点”观点，却像泼洗脚水时把孩子也泼出去了，在反对人的先天优越性的同时，把人先天具有的高级本能也否定和抛弃了，这就是它的致命伤。事实上，如同新购置的一台电脑，必然先有了必要的程序才能展开其写文件的工作一样，人在生命的起始，由于演化拥有了后天活动所必需的潜能和本能。这种潜能和本能不是先验的具体内容，而是为具体内容的展开而设的“应用程序”——当然它要比电脑预设的程序要复杂得多。

在我的电脑中，有一个文件夹叫 IBM-PRELOAD，上面写道：“此文件夹包含使您的系统能正常工作的文件，您不应更改它的内容。”这或许就相当于支配我们学习和工作的本能吧。关于非凡的学习本能，平克说：“据我的保守的估计，英文中对于名词短语大约允许八种不同的主要语形式，所以在句子中名词短语可以放置的地方就有八个，在名词后面添加词尾变化的方式有三种。等到一个小孩读到高中，他大约已有 2 万个名词在脑海中了。假如他必须去学习每一种组合方式的话，他大约得去学（听到）1.4 亿个不同句子才行。即使他每 10 秒学一个句子，一天学 10 小时，也得 100 年才能学得完。但假如这个小孩潜意识里把所有的名词都看作 N，把所有的名词短语都当作 NP 的话，他只要听到 25 个不同的名词短语，把名词一个一个地学会，这 1.4 亿万种组合就自动地为他所有，随便他应用了。只要这个小孩学一点短语形态，他自动就有这种能力制造出无数的句子出来，这是令人惊异的一个特性。”①

“零起点”的观点把人置于仅仅现世的孤立的存在境地，这样的人的确了无羁绊，但也不能给别人以依靠。他缺少可以与其他人沟通的相同基础——对事物作出相类似反应的本能，因而与历史割裂，与其他人离散地存在着。对于成人社会来说，持这种观点也许并不带关键性，“陶令不知何处去，桃花源里可耕田？”一个孤寂的人可以缥缈于“碧海青天夜夜心”，过他的日子去，然而对儿童的教育来说，这却是一个迫切的问题。首先是它违背了事实，而且导致这样的现象，一个意在反对先天不平等的存在主义，由于它否定了正常儿童的先天的高级本能，在教育中反而和中国传统的上智下愚的观点汇合——人们由此不怀疑儿童的零起点，教育以面对零起点的对象为基础，并造成恶性循环，即使不是零起点的人，也只好

① ［美］平克著，洪兰译：《语言本能——探索人类语言进化的奥秘》，汕头大学出版社 2004 年版，第 309 页。

把他的奔腾的生命压抑在旧的教育模式中，从而似乎更强烈地提供了儿童起点为零的佐证，这就为从师道尊严直到今天的控制性的教育框架奠立了顽固的基石。

生本教育实验，遗传学进化论研究的成果，还有我们的观察都表明，人类依靠基因所含本能因素的类同，在纵的方面，联系着亿万年发展的历史，而在横的方面，联系着人类社会。任何人都是人类历史存在和社会存在的交会点，而不是仅仅现世的孤立的个体。对于儿童，我们要更强调其历史的和社会的人的本质，才能给以充分的全面的依靠，使之在教育中有机会发挥生命自身的巨大能量。这是今天教育生产力解放的关键。

演进和基因——人的历史性存在的依据

我们所说的人的历史存在，指的是人秉承了先祖百万年发展的成果。那么，秉承的过程是怎样的呢？这里我们以“善”为例来作一思考。

上面我们提到了儿童先天的善的指向，这很容易引起一个讨论，就是“善”在不同的社会、不同的时期是有不同的内容的，这是拒绝“人之初，性本善”的最常见的理由。但是，这里谈到的是存在并超越具体的社会时期的一般儿童的基础，就像我们所有的人对待0～3岁儿童的那样一种处理方式。借用《大学》的一句话“止于至善”，我们在此所说的“善”，是“至善”的“善”，是人类的繁衍和发展的规定下的特质。下面的“天鹅之死”的故事或者有助于我们对“善”的理解。

报上登载某人养了几只天鹅，有一次，他让母天鹅孵一批天鹅蛋，三只母天鹅轮流着孵，过了两个月（一般孵化期是45天），还是孵不出小天鹅，他只好把蛋撤走了。这时，三只母天鹅悲痛至极，绝食而死，接着，四只公天鹅也又相继殉情。这个悲剧除了令人神伤，还反映了一个悖论：孤立来看，这几只天鹅的行为充满亲情，似乎是善的，但放到天鹅的繁衍与发展的框架上去审视，这又不是善的了。

可以肯定，大自然中的天鹅必定具有亲情的本能，这种本能使它们孵化和养育自己的宝宝，而且雄雌的眷恋也直接有助于其繁衍及保护幼小。但是，大自然绝不会出现成批的天鹅如同上述故事中那样的痴情，否则，孵化中稍不如意，它们就一起赴死，怎么可能有天鹅能活到现在呢？也就是说，即使如天鹅，它们也有一种与其发展与繁衍相适应的行为方式或“思维方式”，这就是它们的“善”。今天天鹅仍然存在，就是这种“善”的最雄辩的证明。在大自然中，它们保留这种“善”，而故事中的天鹅却改变了这种“善”，原因在于人类把它们从大自然移居到了饲养环境中，它们的生活被扭曲了，也就改变了它们的“善”，所以产生了怪异的行为。

因此，在“人之初，性本恶”、“人之初，性本善”、“人之初，本无性”这三种观点中，我们选择“人之初，性本善”。

“人之初，性本善”的含义当然是广泛的，我们只从经常接触的方面来作一点思考。比如说，人的和谐感和学习欲。它从何而来？人类及万物的神奇的生命极易被认为是某个主体的大制作，要么被一个上帝建构，要么被自己建构，前者是有神论，后者是建构主义。但实际上发生的是“适者生存”的进化过程。这是一个极其活跃的淘汰过程。物种所要适应的环境是动态的、斗争的。为了适应，必须优秀，因而适应者就是优秀者，它必须具有同变化无穷的环境相砥砺、相配合的特质，否则就要被淘汰。当然，物种不是简单地、被动地接受淘汰，它们也在不断地变异。向着适应外界的方向变异，可以避免淘汰。这就是达尔文、孟德尔、拉马克等人的理论带给我们的知识。尽管他们的理论之间存在冲突，但其结果是一致的：进化和遗传带给我们神奇、优秀、强大的生命，“人之初，性本善”——像自然界的天鹅，有亲情而不痴情那样，和谐地存在和发展着。我们秉承着人类远祖以来的亿万年发展的结果。一个最简单而具有说服力的事实是，我们自身就是这种繁衍和发展的成果。我们的基因中包含了人类亿万年利于繁衍和发展的种种信息，我们自己的存在，就是这些信息的存在和成功的确凿证据。

一个胖人，你不必问他的食欲如何，因为他的胖就是他胃口好的结果和证据。存在就是合理的证据，今天的存在就是事物先前发展的证据和理由。这样的论证方式，在遗传和进化的研究体系中似乎特别好用。比如有一种观点认为，人类之所以有较长的寿命，是因为人类的孩子比其他物类的幼子成长期长，父母需要尽他们的责任。乍听之下，感觉难以置信，如果事情真是这样，那可真是“可怜天下父母心”，也使人敬畏于大自然的神奇。而事实上，只要稍加思考便不难获知，今天的人类自身就是这种关系的证据，同时也记载着它发展的理由：如果史前某小孩属于父母短寿（短到比他的成长期还短）的一族，其成活的概率极低，就不能成为今天的人类，只有一代代父母都有较长的寿命，这一种族才有可能延续至今。所以，人类寿命确与父母子女间的这种联结攸关，这是大自然优选的必然。这是科学思考所认识到的事实，又是一个美丽的故事，揭示了我们曾经是父母祖先存在的依据，也给我们难以上报亲恩一点补偿和安慰。自然之美，果不其然。

就以学习的本能而言，也是如此。几年前的一天，我在梅州火车站，两手提着行李的时候被一只蚊子叮了，我没有办法打它，只好思考（但愿哲学家不是这样产生的）：如果有一只善于学习的蚊子，那么它会知道两手提着行李的人才能叮咬，它会活得很好；如果有一只分辨力不强、不善于学习的蚊子，那么它可能会贸然去咬一只手提着行李的人，结果就会被打死。于是，善于学习的蚊子就多了一代，而不善于学习的蚊子就少了一代。大自然有的是时间，可以慢慢地一代一代地琢磨，千万代以后，就逐渐地磨成了一个个精美的生命。

我们还可以举出一个物种竞争的复杂例子。古代有一种猿人称为尼安德特人。美国布朗大学语言学家利伯曼认为，大约在十万年以前，现代人类的祖先和尼安德特人一起生存在地球上，当时人类祖先与尼安德特人的脑容量相差无几，却没有尼安德特人强壮。根据当时的条件，被淘汰的应该是人类的祖先。但是，到了距离现在14 000年左右，人类学会了训练狼狗来发现外患的入侵，这样，人类的嗅觉逐渐退化，但同时人类在发音方面得到进化。人类具有比尼安德特人更加完备的发音系统，这使人类产生丰富的语言和思维。尼安德特人即使有语言，也是口齿不清，从而影响了语言的发展和交流的进行，影响了群体的生存能力。这就是尼安德特人最终被淘汰的根本原因。

如果我们每个人都仅仅从父母那里获得所有的种质，那么，所有的基因种质只能是一代，父母优则优，父母劣则劣，铁匠的儿子拥有很强的臂力，而师爷的儿子能言善辩。这种观点可能就是所谓的拉马克主义。这样的话，人身上的种质不就没有什么历史性了吗？但主流的研究认为，人的种质原则上是和身体分离的，这是大自然的又一神奇之处。也就是说，尽管每一代的人的活动也许都影响了种质，但是这种影响是微乎其微的，于是，人类亿万年通过淘汰和变异的大量信息就记录在DNA里，并一代一代地绕过身体，同万古相连。这样，与“优秀”联系在一起的种质，也就成为人类的共同特征。在生活没有被扭曲的儿童时代，这些优秀的种质，更自然地在每一个儿童身上反映出来。

我们存在，但起点不仅仅是自己，我们默默地承接了百万年人类发展形成的本能。它不仅类似于一般动物具有低级的部分，更具有人类的特质，即学习天性、思维与符号、情感等高级的部分。同时，它还形成了优势机制，例如上面说到的，在学习、创造的同时得到愉悦和幸福感。这样，在我们面前的似乎弱小的儿童，后面有着百万年发展的历史，我们要对他们刮目相看。这就是认识人的历史的存在在教育学上的意义。

人之间高级本能的相似性
——儿童的社会性存在的依据

儿童具备从自然人转变为社会人的基本条件，即基因所荷载的人的高级本能，这种本能有一个重要的性质，就是它在人与人之间相类似。

这是萨特所批判过的思想。萨特说："这种思想到处都碰得见，在狄德罗的著作里，在伏尔泰的著作里，甚至在康德的著作里，都可以找到这种思想的存在。人具有一种人性；这种'人性'也即是人的概念，是人身上都有的，它意味着每一个人都是这个普遍概念——人的概念的特殊例子。在康德的哲学里，这种普遍性被推向极端，以至森林中的野人，处于原始状态中的人和资产阶级全部被包括到同一个定义里，而且具有同样的基本特征。在这里，人的本质又一次先于我们在经验中看见的人在历史上的出现。"①

其实，康德的问题是尽管阐述了人类中存在的共同的本性，但没有揭示其演化方式，因而形成先验的或有神的悬念。然而这种说法的合理之处，就在于它肯定了人的先天信息具有相当大的一致性，强调了人的精神生命的基础的共性——高级情感、思维和学习的本能的高度相关性。这种共同本性在人类的智慧结构中起着极其核心的作用，使人类的沟通、理解、顿悟、彻悟成为可能，经验是它参与并接受和调制外部刺激的产物。在这种生产过程中，人的思想不是对外部刺激的机械反映，也不仅仅依靠意识的建构的方式去同化和顺应，而是在本能的强大支配下结合着大量无意识活动的核

① ［法］萨特著，周煦良、汤永宽译：《存在主义是一种人道主义》，上海译文出版社 2005 年版，第 5 页。

心过程，使外部刺激与之结合，成为生长智慧和德行的因素。也就是说，人在百万年形成的基因所带有的共同品质，是人性的共同基础。

这种共同性的原理，是人类漫长演进过程中的大数量活动，会使人所遭逢的类似事件（譬如事件 A）的概率稳定。这就像一枚硬币在抛出 10 次的情况下，可能出现正面 3 次而负面 7 次，然而在抛出 2 万次的情况下，出现正面的次数和总次数的比——正面出现的概率，便非常接近二分之一，即符合了事物性质（硬币正面和反面是均匀的）的规定性。这样，将如人类学者泰格（Lionel Tiger）所说："从某种角度而言，天择过程作成的决定，经过数千世代的累积，必然限制、刺激或影响到人类。"①

关于人性的存在并且有相似部分的研究，可以得到许多现象或事实的证明。例如，人们研究过单卵性孪生儿为什么如此相似。一个记录表明，单卵性孪生儿就算在不同的家庭里长大，也往往十分相似，有时可能是由于巧合或由于两人在相似的家庭中长大，但大多数是遗传的力量。有些单卵性孪生儿的举止相似得惊人。他们也可能有相同的心理障碍，甚至相同的艺术和运动爱好。有一对单卵性孪生儿出生后就分开了，长大后都成了拳击冠军。还有一对都是歌手，而且曾在舞台上扮演同类的角色。

再一个例子是人们对基本概念的认识。所有的基本概念原则上都是不可言说的，或者说出来就是片面的或错误的。例如，数学的"点"、"直线"、"平面"、"空间"，物理的"时间"、"力"、"质点"等，使用任何符号都不能完整地描述它们，但这完全不意味着人与人之间不能沟通，也不意味着不能以此为基础进行论证。沟通和论证的成功进行，恰好是由于这些基本概念在人的头脑中都是共同地

① ［英］马特·里德利著，范昱峰译：《红色皇后——性与人性的演化》，四川人民出版社 2002 年版，第 15 页。

存在的，也就是说，尽管把它们“说出来是错的”，但在心里都“一样地是对的”，例如，你说出来的“时间”定义和我说的不一样，但在我们心里的“时间”的概念是一样的。这可以证明人与人的悟感①或感悟的高度相关，以及人的基因、本能的基本共性的存在。在历史上完全相隔的国度，尽管人们所使用语言的形、音完全不同，但是绝大部分的概念（甚至很多形容词）却是相通的，这才使得不同的语言可以互相翻译。

关于这一点，平克在他的《语言本能——探索人类语言进化的奥秘》一书中强调：“对于孩子而言，未知的语言是英文（或者是日文、因瑟坎列普语或阿拉伯文），而已知的语言是思想语言。”这种已知的心理语言，其实就是人的学习、思维的本能所带来的对现实情景进行解释的内在的能力，在这一点上，人们是相似的。

人就是在这样的基础上进行沟通，进行丰富多彩、“和而不同”的活动的。存在主义强调人与人之间不能在思维上相通，这只是在个别的人的活动的表面意义上说的，而没有从人的历史—基因—社会的生命联系上去看“心有灵犀一点通”的现象。其实，我们从一到三岁婴幼儿的语言学习，从我们共同欣赏的名画名篇，以及体察人的美德等之中，无不可以看到这种一致性。

一天，听两位老师在说她们喜欢的影星。一位说，她喜欢某影星，因为如何如何，另一位说，她喜欢的是某某，因为他眼睛里有一丝狡谲的神态。我对两个影星都了解不多，但我觉得她们所说的长处都是有的，特别是“狡谲的神态”，只那么一丝，我也看到了，说得真是传神！那么，为什么我们会有共同的观感，会作出相同的判断？

在许多次报告会上，我都要做一个测验。我问听者，如果在安全的范围内，你喜欢老虎还是喜欢蛇？在任何场合，绝大多数人都

---

① 见本书“基础观：发展悟感和情感”。

说喜欢老虎，几乎无一例外。我们没有看过要喜欢老虎的电影，没有上过这样的课，没有听过这样的说教，然而，在这一瞬间，我们都作出了相同的选择。你看过《三国演义》吧？当你看到“五丈原诸葛殡天”，是什么样的心情？我是小时候看的，当时是十分的不快，甚至感到后面就没什么好看了。你呢？我们大致都会相同。这就是我们，不同的人，智慧结构中却有巨大共性的表现。

麦杰里说过，研究人性和研究历史、社会学、心理学、人类学和政治学，必有深刻、密切的关系。这些学科都在尝试了解人类的行为。如果人类行为的共同性质的基础是演化的产物，那么了解演化的压力就十分重要。但“一切社会科学的进展都好像 1859 年——《物种起源》的出版年代——尚未来临一样。这些学科坚持人类文化是自由意志和发明的产物，所以这种现象并非无意造成的”①。这实际上是不承认人性存在并在潜在状态中的规约。如果这样，就意味着“在道德范围之内，人性可以无限地塑造、再塑造；但事实上，人类从未做过这种尝试。我们墨守组织事务的单调模式，不曾试图改变。如果人类的胆子稍大，冒险精神稍多，人类社会可能没有爱、没有抱负……没有艺术、没有文法、没有音乐、没有微笑；总之，社会将充斥着无法想象的新奇事物”②。他认为，人性的来源可以这样分析，就解剖生理来说，种质确实和身体的其他部分隔离。“如果基因规范身体进行让基因不朽的工作，例如进食、生存、性活动和协助抚养子女，基因就能永远存在。只有能使基因永续不朽的生物体才能生存，其他的都会消失。”③

司马光的《资治通鉴》第一卷讲了一个故事。当智伯、韩、魏一起征讨赵的时候，绨疵对智伯说了韩、魏必反的话。第二天，智伯和韩、魏二子会晤，他们刚一离开，绨疵立即问智伯：“主上

①②③［英］马特·里德利著，范昱峰译：《红色皇后——性与人性的演化》，四川人民出版社 2002 年版，第 5—6、5—6、7 页。

为何将我的话告诉他们啊!”智伯说：“你怎么知道?”绨疵说：“臣见其视臣端而趋疾，知臣得其情故也。”在这样的情景下，韩、魏二子出来看见绨疵“端而趋疾”——满脸严肃而且走得特别快，就引起了绨疵的警觉。如果在今天出现了这样的情景，是不是也可以看见这样的镜头呢？我们是不是很容易理解绨疵和韩、魏二子的反应呢？就这样，因为千年后的理解，我们会感到司马光写得真是真实传神。

不论时空如何变换，古今人的高级本能、人性都相同。张九龄的“海上生明月，天涯共此时”至今仍然引发我们同样的情感。感动过古人的，也同样感动着我们，不仅仅因为诗句，更因为诗句中蕴含的诗人的情愫，使我们怦然心动，使我们体会到情感领域的“他乡遇故知”。中外的人性也类似。“莎士比亚的戏剧探讨的是动机、挫折、感受和个性，举世相同。”①

正因为这种基因或本能的一致性，我们才能建立社会。某些生物具有群体性或者是严格的群体性。人不像蚂蚁或蜜蜂，没有群体的必然性，但具有社会性。通常，我们会从一般的人的互相依存的层次上去阐析社会性，例如，我一个人不能做蛋糕，一块蛋糕是许许多多的人共同劳动的成果，所以人与人必须合作，等等。但这并不能指出社会性的必然性，只有在揭示人的基因中的包含高级本能在内的高度一致和相关性的时候，才能最终解释人的社会性本质上的必然性，同时确定人的社会性生物的地位。譬如，如果人们自说自话，说的话不能沟通，或者一种话有完全不同的理解，那么，做蛋糕的合作也是完全不可能的。

人之所以是历史的继承与超越，人之所以构成社会的人，都是因为人的这种以本能方式的继承，或者说，本能以基因的方式传递

① [英] 马特·里德利著，范昱峰译：《红色皇后——性与人性的演化》，四川人民出版社 2002 年版，第 9 页。

远古以来人类演进的信息，并以不自觉的但极为强烈的方式进入我们的全部生活。如同一位作家所写的："我们的头颅就是一部历史，无数祖先进步的痕迹储存于脑海深处。我们是一株亿万年苍老树干上最新萌发的绿叶，不单属于自身，更属于土地。""人类的精神之火，是连绵不断的链条，作为精致的一环，我们否认了自身的重要，就是推卸了一种神圣的承诺。"① 人类或族群的存在、发展和繁衍都是人的演化的推动力，这决定了人和社会都趋向终极的善，它们的追求之间总有通道，总能弥合。

于是，人可以存在，人的亿万年发展的历史构成了他今天战胜危难取得发展的全部条件；人可以发展，人的历史存在可以与现实世界结合，形成全新的人、发展的人；人可以沟通，在对赤壁形势相同的观察下，诸葛亮和周瑜在手掌上同样写了"火"字。于是人可以学习，人可以认同，人可以构成社会。反过来，如果坚持存在主义，我们就很难解释人的学习性、认同性、社会性和历史性。人只成为现世的离散的人，遗世而独立。

我们正在教本能知道的事物吗？

"弱水三千，吾只取一瓢饮。"上面说到了人与人之间沟通的基础是基因特质的相关性，现在，我们要从广袤的整个人类的领域回到教育。儿童和成人之间尽管有一定的"我生君未生，君生我已老"的时间差，但就百万年发展的高级本能来说，两者是一样的，我们都是伟大的生命自然的孩子。诚然，婴幼儿的这类本能需要被唤醒，需要有人把他带进人类智慧圈，才能与后天的社会衔接，这就是启蒙。然而不可忽视的是，如上所说，雏生阶段的人，也具有

① 毕淑敏著：《毕淑敏自选精品集·散文卷》，中国社会出版社 2002 年版，第 72 页。

与成人相同的由基因决定的拥有“大本能”的智慧结构。

儿童的智慧结构可看成三部分：一是先天本能，二是后天情境的输入，三是先天本能在后天情境输入中发挥作用。

后天经验总是联结着外部现实世界的事物和儿童自身的体验，但儿童体验并非仅从外部输入，绝对地需要本能的参与。

人与人之间的高级本能的共性，在构成了成人的社会性的同时，同样构成了儿童在学校制度下的可教性。于是儿童可以多样地、个性地但都向上地发展，在思维与创造的本能下，儿童的直接体验进一步提升为彼此可以相互欣赏的智慧。我们从儿童的敏锐悟性中，看到人的本能并非简单参与而是无处不在，且十分强大。涉及数万名儿童的生本教育体系实验引发我们的思考：由于具有百万年发展的底蕴，儿童之间的差异是先天的差异，不像师本教育下那么强烈。一个事实是，对学语期的幼儿来说，“正常的孩子语言发展的速度会有很大的不同，差异大概在一年或一年多左右。不过他们经历的阶段大体相同，不管是快还是慢”①。我们都承认儿童在这一阶段需要自主发展，知道他们有快有慢，知道他们最终将学会说话，于是我们对正常的儿童学会说话快点或慢点，甚至相差一年多，也并不着急。所以任何一个正常的儿童最终都在语言发展中“及格加特长”，带着个性，但全都顺利地学会了母语。反之，一旦儿童进入了学校教育，我们就不会容许他和别的孩子有丝毫的差别。然而实际上，你只要区分出哪些是依靠本能可以学会的，哪些是不需要我们来启蒙的，让儿童有相当大的自主空间，和四岁前一样，把学习变成他自己的有趣的活动，那么，我们会发现班级里就没有了所谓的“差生”。当然，差异依然存在，但这是正常的差异，好比每片绿叶的纹路、大小、形状的不同，而不是绿叶和枯叶之间

---

①［美］平克著，洪兰译：《语言本能——探索人类语言进化的奥秘》，汕头大学出版社2004年版，第290页。

的差异。并且，每个人都可以提高，基础教育的任务可以轻松地完成，学习成绩也必然良性地发展。学习不是在扼杀人的本能，而是在释放本能，激扬生命。

脑海本质上是“本能之海”。对于两个儿童，我们可以判他们的试卷相差几十分，但对他们的本能内蕴，却都同样要肃然起敬，这是因为本能来自百万年的发展，同在某一个具体情境的学习状况相比，同某一个小的时段相比，同相差几分或几十分相比，儿童之间相似的“本能之海”要宏大得多。我们敢于让他们纵横驰骋，而不在意他们快点还是慢点。给他们以调节的时间，就会使所有正常的孩子都获得良好的发展。广州市华阳小学的周玉娥校长对生本教育实验班三年级以上的学生进行调查，结果发现已经没有所谓的“差生”了。德国人海默特说，教学就是要让人形成有活力的思想，而形成有活力的思想需要时间。爱因斯坦说，他小时候学习比较慢，别的孩子对时间和空间的概念早就清楚了，他却总觉得还不清楚。然而我们都知道，最后这位慢生比世界上所有的人对时间和空间都有更深刻的理解。生活经验使我们不敢小觑说话不那么顺畅快捷的人，因为重要的是口中说出什么样的思想，而且那类人的思想往往特别优美，所以我们常常也把人说话时的迟滞忸怩视作思维生产的阵痛呻吟。从这个意义上说，人的有巨大相关的高级本能的存在，是有教无类的基本保证。

存在主义否定人之前的基因承载着人的本性，以及基因相类性带来的有教无类，否定儿童智慧的本能基础。这同上智下愚、上尊下卑、儿童是一张白纸的判断汇合，在对儿童及对教育的基本的判断或基本的设计思想上形成了一群误区，这就是：

教学内容上，我们“教本能就会的东西”；

教学过程上，我们没有依靠本能；

教学绩效上，我们扬弃了本能的功用；

教育思路上，我们依靠教而不是依靠学。

人的能动性被误以为是人非自然的表征，同时也成为我们可以无限地使教育对象去进行考试竞争准备的依据。

儿童的“零起点”观，导致大量的时间用以教“本能就会的东西”。注意，我们许多时候在做什么事情？我们在教本能！比如，作文的能力，犹如叙述说话的能力，其实是最贴近于本能的，然而，我们满怀热情地教，年复一年，花费了许多精力，却收不到良好的效果。

前面的章节中已经列举过大量的儿童八岁作文的例子，这里，作为我们阅读的中间休息，再列举一个入学才三个月的村小孩子的日记：

日记三则

深圳市龙岗区龙岗镇新生小学一年级实验班　姚健康

2001 年 12 月 31 日　　星期一　　天气晴

今天是 2001 年最后一天，我暂且叫它“完旦”，因为明天是元旦，也就是一年当中的第一天，所以，我叫它“完旦”，一点儿也不过分。

下午的家长会，我在家长们面前朗读一篇日记，虽然只有几声掌声，不过我很开心。有没有人鼓掌没关系，就当作礼物送给“完旦”吧！

2002 年 1 月 2 日　　星期三　　天气晴

我和我的朋友闹别扭，已经几个星期了，到现在他还不理我。

我们是为了一杯汽水争吵起来的。想起来真是不应该，为了这点小事而伤了我俩的友情。不过我也向他说了对不起，甚至连 sorry 也搬出来，中英文都说了，他都不原谅我，真是。

2002年1月6日　　星期天　　天气晴

"哎呀！救命啊……"我坐在荡得高高的秋千上，拼命地叫，妈妈却像没有听见一样，我越叫她就推得越高。我只见前面的房子一下子拉长，一下子缩短，天空也在摇晃起来。

我的心快从嘴里跳出来了，妈妈却说："一个男子汉，怎像个小丫头一样，胆小又怕事，没出息。"我哪里是个男子汉，我只是七岁的小孩。

里德利说："露西不用每代都从头摸索，重新认识她这个世界。文化不能教导她判定视界的边缘，也不会教导文法的规则。文化可能教导她害怕毒蛇，可是谁在乎？为什么不让她生而懂得害怕毒蛇？对于演化稍有涉猎的人，都难以了解为什么一般人这么重视教育的价值。如果教育不是增强和重视本能，而是代替本能，人类的一半寿命就要用来学习猴子本能知道的事物。……如果蝙蝠需要由父母教导如何使用声呐，如果杜鹃必须学习前往非洲的路线，那么每一代都会有更多死去的蝙蝠和迷途的杜鹃。蝙蝠天生就有回声定位的本能，杜鹃天生就是候鸟，因为这比学习更有效率。当然，人类学习的事物比蝙蝠和杜鹃要多得多。我们学习数学、词汇，还能了解旁人的性格；原因在于人类具有学习这些事物的本能。"① 今天的事情不在于要不要进行外塑性的教育，而在于我们的外塑忽视、代替甚至压抑了生命可以自成的部分，特别是在儿童的核心生活中包含的部分。

我记得有一堂语文课，讲一篇同"鸿门宴"有关的文章，老师不断地讲解字词，而很多学生则昏昏欲睡。

"30号，你来说说，什么是'跋扈'？"老师问。

---

①［英］马特·里德利著，范昱峰译：《红色皇后——性与人性的演化》，四川人民出版社2002年版，第228页。

“跋扈？就是……到上海去。”睡眼惺忪的30号回答。

另一个同学乐起来，小声说：“而且是从旱路去的！因为‘扈’字没有水字旁。”

全班大笑，而老师茫然。他不知道，为什么刚刚讲过的词语解释学生很快就忘了。其实这些东西即使不教，学生也可以解决问题。“跋扈”在文中所处的语境就默默地提供了它的“解释”，这样的解释是含蓄的、非刻意的，很容易为学生所理解和接受。如果这位学生不是在开小差，他知道了这个词在书中的情境，就会自然地、大约地知道其意义。而当毫无准备的时候，思维的本能就会促使他去寻找最接近的概念，“跋”，走路，“扈”，“沪”，上海。不用教，让他自己读书，他会掌握得更好，因为他在自主地学，他的学习本能、思维本能在行动。但是我们的教学不管这些，没有区分哪些是本能为之的，靠本能就会的，完全不必教的。更值得注意的是，生命自然与征服性外力的对立，在多数情况下只以极为隐蔽、间接和滞后的方式呈现，很难引起我们的注意。这也就是某些学校厌学现象逐步扩大的机理。

反过来，让学生自主地学，不仅节省了教师的时间和精力，为学生提供了大量的时间和空间，同时也使学生更知道重点所在，更清晰地了解知识的体系，学到的知识与他们的生命经验相连。知识“生长”到他们的头脑中去了，而不是传授式教育下的暂时寄存。这可以使他们更为自觉地学习，形成良性循环。“人之前有本性存在”的观念对教育的带动是：有教无类，以生为本，学生在经过短暂的启蒙后，即可由自身的本能的驱动而实现极为有效的自主学习，就像学开车的人经过启蒙的教练过程便可以上路一样。认识人的学习和思维以及相关情感机制的本能的存在，对我们的教育有着重要意义，学生的学习起点大大提高，而需要教的东西大大减少。

下面的课堂实录，可以看出人的高级本能怎样地起了作用。发挥儿童的高级本能的作用去学习，在教学中的意义，是怎样估计都不过分的。

例证：生本教育下的儿童的再审视

人的高级本能的体现可以从两百多所学校十几年实验所反映的现象中看到。生本教育实验尽量不教本能就会的东西，而是因势利导，充分地利用本能，从而解放了儿童，带来了我们从未见到过的儿童的学习积极性与学习绩效。

我们来看看华南理工大学附小三年级语文课和天河区华阳小学四年级数学课的课堂实录。

2004年6月18日生本教育课堂实录

周瑜火烧赤壁

执教老师　何红萍

师：今天我们将要研究的话题是什么，知道吗?

生：《周瑜火烧赤壁》。

师：好，在讲课题之前再读一遍。

(学生读《周瑜火烧赤壁》)

师：这篇文章是古文，而且比较长，原来是在高中课程里的，现在在我们小学的三年级来学。我们已经初读了这篇文章，了解了周瑜火烧赤壁的起因、经过和结果。下面，你用一句话对这场战争作出你的评价，好吗?

生：我觉得这场战争是以少胜多的战争。

生：我觉得这场战争是由孔明设计的，他设计得非常独到。

生：这场战争不仅改变了中国的历史，而且还形成了魏、蜀、吴三国鼎立的局面。

生：我认为赤壁大战彻底削弱了曹操在北方的势力，从而形成了三国鼎立的局面。

师：回答得好。

（掌声）

师：还有吗？

生：这是一场以少胜多的战役。这场战役使曹操输给了周瑜，虽然曹操有八十万大军，但曹操太过自信，也太过低估对手，所以他们被周瑜打败了。

生：我觉得这场战役是周瑜防止曹操南下的一场战役。

生：我觉得这场战争是一场很精彩的战争，而且令人难忘。

师：到现在为止有很多人还在评论，还在了解这场战争。还有吗？

生：这是一场以少胜多的战争，使曹操失去了统一北方的机会，改变了魏国的命运。

师：是统一北方，还是统一全国啊？

生：全国。

师：赤壁之战是一场水军争夺历史的战争。这场战争气势磅礴，场面恢宏，给人留下了深刻的印象。课文对火烧赤壁的场面进行了细致的描写。请同学们把书翻到第197页，快速地阅读课文，找到描写火烧赤壁的壮观场面。找到了的，请举手！

（学生们在找和读）

师：好，读完的请举手，找到了吗？好，你来读一下。你找到哪一个了？

生：我找到的是第七段，第201页。（读描写句段）

师：还有吗？

生：我找到了。（读描写句段）

师：其他同学同意他找到的吗？

生：同意。

师：好，同学们共同念一下。

（学生们共读此描写句段）

师：还有吗？还有第八段的："却说当时满江火滚……"一、二开始。

（学生们共读此描写句段）

师：好，读了这么多，你想说什么呢？读了这个描写火烧赤壁的恢宏场面，你想说什么呢？你心里怎么想的就怎么说。好，你来。

生：这个火烧赤壁的结局让曹操的力量大大地减弱，而且曹操的很多士兵因为这场战争而牺牲，再也见不到妻子和孩子了。

师：好，还有吗？

生：我觉得曹操非常贪心。就是说，自己有自己的国家，为什么还要霸占别国呢？而且曹操也是非常非常不听别人的劝告，比如说，有人提醒他对方可能用火攻，他却把那个人囚禁起来，所以说，骄兵必败。

师：为了完成曹操的霸业，有多少人死于非命，沉入长江，是不是啊？还有谁说？好，你来。

生：我在文章中也看到了曹军狼狈逃窜，周瑜大军却欢声笑语，表扬着黄盖，赞不绝口。

师：真棒！好，你来。

生：我认为曹军当时肯定会伤兵满营，他们想跳到长江里，但是不会游泳，他们想回到岸上，可又回不去，因为都被火挡住了。最后呢，曹军前进不能，后退不能，八十万大军只好被活活地消灭了。

师：好，你来。

生：周瑜把曹操的军队烧得哭爹喊娘，这一场景仿佛在我的眼前出现。

师：这句话说得多好啊！仿佛在你的眼前出现，你能不能再说一下？用你自己的话形容。

生：周瑜把曹操的军队打得哭爹喊娘，曹操带着一些残兵败将狼狈而逃，逃回了他自己的国家。

师：还有吗？好，你来。

生：我觉得曹操经过这场战争以后，可能会明白过来只要自己听从别人的意见，把所有的事情都想清楚，不骄傲，很有可能识破周瑜这个火烧赤壁的计划。

师：好，那么还有吗？

生：我仿佛看到周瑜仰天大笑："我已经打败了曹操的八十万大军，那我还怕谁啊！"

师：哎呀，说得真好！周瑜踌躇满志了，这个"我仿佛看见"，好，最后一个，你来。

生：我仿佛看到了周瑜在他的战船上自豪地笑了，我也仿佛看到了曹操在华容道狼狈而逃，我也仿佛看到了两边的军士几乎都死在了敌人的刀下，一样的残忍。

师：好，确实，战争有人喜欢，有人不喜欢。战争往往就是为了几个人的霸业，而使很多的老百姓死于非命。但是，不管怎么说，火烧赤壁已经成为历史了，在火烧赤壁当中出现了许多的英雄人物。那么，接下来，我想再让同学们把文章从头到尾地看一遍。在火烧赤壁当中，出现了哪些英雄人物？来，看出现了哪些历史人物，我们称之为历史人物。好，你来。

生：周瑜、曹操、黄盖、程昱。

师：你想好了再继续说，好，你来。

生：还有孔明、孙权。

师：真棒！主要的历史人物就这么多。今天我们来学习一下这些历史人物。现在，我们这些八九岁的小朋友要自己对这些历史人物进行评价。为了使这个评价有秩序，我们一个一个来，好不好？你们最想先评谁？

生：周瑜、黄盖……

（展示：周瑜）

师：好了，我们先来评周瑜。来，你认为周瑜在这篇文章当中是一个怎样的人？看出他是一个怎样的人来了吗？好了，开始。

生：我看得出周瑜是一个比较有勇有谋的人，只不过是心胸狭窄而已。

师：有勇有谋。把他的勇敢和谋略在书中找出来，好不好？好，你来。

生：我最佩服的人物是周瑜，他在《三国演义》中除了孔明就没有其他对手了，而在火烧赤壁中他烧曹操的船只的每个步骤都是针对曹操的性格而设计的。他非常有勇气和谋略，所以我佩服他。

师：好，还有吗？你来。

（学生读有勇有谋的描写句段）

师：你从这些句子中能看出什么来？

生：曹操几十万大军冲向东吴，周瑜并不害怕，孙权虽然只有几万人却可以抵挡曹操，从这可以看出周瑜的谋略，这在第二段的前面有。（然后读描写句段）因为周瑜知道曹操的疑心很大，不打黄盖，曹操是不会相信黄盖是来投降的。

师：这说明周瑜识人心，是不是？好，真棒！周瑜是一个比较有个性的军事家。

生：我认为在第一段里面充分显示了孔明的智谋，因为他想借孙权的一些兵去打曹操。

师：好，还有吗？你来。

生：我最佩服的人是周瑜，因为他只利用了一场东风和一场火，就让曹操的八十万大军全部命丧长江。不过周瑜太心胸狭窄了，他死的时候才 36 岁。

师：那是因为他的心胸太狭窄了。好，还有吗？你来。

生：我认为周瑜非常聪明，他熟读兵法，所以能在赤壁大战中取胜。为了防止敌人用计来识破他的计划，他又想出了另外的计划来反攻敌人之计，所以他打败了曹操的八十万大军。

师：那么，你能不能把周瑜的用计给大家说一下，都用了哪些计？

生：他用了借刀杀人之计，还有苦肉计，还有连环计，等等。所以他必能打败曹操。

师：好，你真棒！好，还有吗？你来。

生：周瑜是一个很聪明的人，火烧赤壁是他精心设计的，火烧赤壁如果没有他的设计，可能孙权就会投降，吴国可能就此灭亡了。只不过就是他的心胸太狭窄了，如果他有一颗谦逊、宽宏的心，吴国会继续统治下去的。

师：哎呀，太好了！我们给他点掌声。

（鼓掌）

师：好，还有吗？你来。

生：我认为周瑜是一个很有耐心的人，因为他的计划是一步一步想出来的。他知道曹操是一个疑心很重的人，所以他一步一步地牵引曹操。他先打了黄盖，使曹操的疑心降低，让曹操认为黄盖是来投奔于他的，没有什么防备，然后周瑜在适当的时候就攻打曹操，所以曹操就被打败了。

师：好了，那么周瑜在这场战争中有两句话非常值得评价，同学们知道是哪两句话吗？哪两句话，知道吗？好，你来说。你说吧，说错也没关系。

生：运筹于帷幄之中，决胜于千里之外。

师：真棒！

（掌声）

师：好，关于周瑜的评价，还有一个同学想说，给他机会。

生：我认为“运筹于帷幄之中，决胜于千里之外”是汉高祖对他手下的一个将领（张良）说的，而不是对周瑜说的。

师：那么，你认为这两句话用在周瑜身上适合不适合呢？

生：适合。

师：非常适合。他看的书真多。（掌声）

师：好了，周瑜的评价到此结束。还有想评价的，下课后再评。接下来，同学们想评论谁呢？

生：黄盖、孔明……

（展示：黄盖）

师：我们来评论一下黄盖，他也立下了赫赫战功。好，你来。

生：我觉得黄盖有勇有谋，他使用苦肉计，虽然很痛苦，但他没有屈服。

师：真好！还有吗？你来。

生：我觉得在火烧赤壁里面，要不是周瑜打黄盖的话，曹操就会有所防备，火烧赤壁就不能实施，所以我觉得黄盖也是一个英雄。

师：真棒！好，你来。

生：火烧赤壁靠了周瑜打黄盖的苦肉计，要不是黄盖挺身而出去帮周瑜，火烧赤壁可能就不会发生了。或者说换另一个人的话也可能会成功，但黄盖还是有勇有谋。我就是觉得黄盖很听周瑜的话，他一直都听他的上司的话，这样的话，我想以后他当了上司，会有一定的经验的。

师：好，你觉得他很忠诚。还有没有？书上有一句话能体现他的性格。你来。

生：我也是从书上看来的一句话（学生叙述出）。这句话的意思是只要我帮助东吴打仗，即使死了也没什么关系。

师：好，肃静！我问同学们一个问题，别人说过的我们还用说吗？

生：不说。

师：好，那么我们怎么知道别人有没有说过？

生：肃静。

师：好，你来。

生：我感觉黄盖非常勇敢，因为周瑜用苦肉计，将他打了五十几下，皮开肉绽，鲜血迸流，而他一直也没有后悔，没有恨周瑜。

师：好，真棒！最后一个，你来。

生：我从这篇课文中想到了一个歇后语：周瑜打黄盖——一个愿打，一个愿挨！

师：好，一个愿打一个愿挨。（掌声）

生：我也觉得黄盖有勇有谋。但我想说的是一句诗：僵卧孤村不自哀。

师：嗯。为什么这么说？

生：因为他不会说：哎呀，我的命运怎么就这么惨呢？为什么要把我打成这个样子？我很后悔。

师：好，这是为国捐躯，无怨无悔。

师：好，因为时间关系，黄盖就评论到这里。接着下面想评论谁？

生：孔明、孙权……

（展示：孔明）

师：好，孔明，我想大家一定会喜欢他的。来评一评孔明。好，你来。

生：我觉得孔明是一个神机妙算的人，他算出了十一月二十日有东南风，所以非常的聪明。

师：好，相同的不要说了，说不同的。好，你来。

生：孔明上知天文下知地理，无所不知，他一开始就知道战争肯定会赢的，所以他带领军队打胜了。

生：他是我的偶像。

师：好，你来。

生：孔明还是一个科学家，他能算出十一月二十日有东南风，他应该能看出天空中云的变化。

师：他（孔明）的预报比我们现在的天气预报还要怎么样?

生：准确。

师：还要准确。好，还有吗?你来。

生：孔明和周瑜一起火烧赤壁，他算出了十一月二十日有风来，使这场战争大获全胜，从这可以看出孔明的博学多才。孔明不仅在这场战争中有很大贡献，还在其他的战争中取得成功，我真的佩服孔明。他神机妙算，而且上知天文下知地理，还会制造一些机械的东西，比方说，他会制造一些铜武器，有一种铜武器是一把一次性的尺子，曹操有一员猛将就是被他的铜武器刺死的。

师：好，那么孔明这个人在这篇文章中的笔墨很少，你可以往外扩展去说，你还知道孔明的什么?好，你来。

生：我认为孔明在这场战争中起到一个非常重要的作用，后人还有诗：七星坛上卧龙登，一夜东风江水腾。不是孔明施妙计，周郎安得逞才能?这就是写孔明在这场战争中的重要性。

师：好，还有吗?你有什么不同?你来说一说。

生：我想说诸葛亮，大家知道我为什么佩服他吗?因为我觉得他上知天文下知地理，还算出了十一月二十日有东南风。

我想他是故意让马超欺负张飞，让张飞去攻打马超，难怪后人有诗（学生吟诗一首，同上）。

师：好，因为时间的关系孔明的议论到此结束，你如果还想评，就可以写下来。接下来还有谁？

生：曹操、程昱……

（展示：曹操）

师：好，曹操。曹操这个英雄在赤壁之战中是令人感到很遗憾的，我们来说一说他为什么会失败呢？八十万大军被周瑜的三万大军给打败了，来，分析一下他的失败之处，你来。

生：因为他以为冬天刮的都是西北风，就不刮东南风，怪不得还说：天有不测风云，不怕一万就怕万一。可这次偏偏就是东南风，怎么办呢？所以说，如果当时听一听程昱的劝告就不一定会输了。

师：好，你来。

生：因为曹操不听别人的劝告，以为自己很了不起，他不听程昱的劝告，所以这场战争他输掉了。

师：好，你来。

生：曹操一般打的都是胜仗，那么这次为什么他的八十万大军却打不过孙权的三万大军呢？主要是因为曹操太骄傲了，自以为自己老是打胜仗，却没有想到东吴会利用十一月二十日的东南风，用火攻打败了曹兵。

师：好，曹操在这儿真的很遗憾。那么，纵观整个的三国历史，你又觉得他是一个怎样的人物？从整个三国的历史来看曹操，又是怎样的呢？好，你来说一下。

生：我觉得曹操是一个性子很直、很不听别人劝告的人，就是自以为自己兵多、自己很聪明，认为那数万人是很愚蠢的。

师：好，还有吗？曹操在整个三国历史中的地位。好，你来分析一下。

生：我认为曹操的疑心太大了，不过我认为他有时非常聪明，如在官渡之战中，袁绍设计，而曹操用计又打败了袁绍。

师（向另一学生）：那你觉得曹操怎么样？

生：我觉得曹操有时候疑心太重，而有时候又很聪明。

师：又很聪明。好，还有吗？你来。

生：我认为曹操在《三国演义》中是一位著名的军事家、政治家，还是一位多才多艺的人。但是由于他疑心太重，所以才导致赤壁之战的失败。

师：还有吗？好，你来说。

生：曹操之所以失败了，就是因为他太骄傲了，疑心太重，我认为他应该自负其责。

师：好，还有吗？你来。

生：我觉得他人才多。因为我看《三国演义》里面，有一个故事说，有一个袁绍的文官，因为袁绍不听他的话就去投奔曹操，那个时候曹操是光着脚从床上跑下来迎接他的。

师：他为什么这样做？从这一点我们能看出他的什么来？

生：他是希望很多的人才都到他的手下来，这样他就可以统一天下。

师：好，你来说。

生：他求贤若渴。

师：好。

（掌声）

师：好，求贤若渴。曹操是很会笼络人才的。好了，还有，我想问的是曹操失败了，难道他的手下没有能人吗？

生：不对，有……

师：他的手下还有一位能人是谁？

生：程昱。

师：好，你说说。

生：我对曹操的评论是，此人疑心很重，但他也爱惜人才，求贤若渴，所以才有许多人来投奔他。然而在赤壁大战中他不听程昱的劝告，最后酿成了大错，让他的八十万大军都完蛋了。我想送给他一句话：兵不在多，而在精。

师：真棒！好，下面我们来看一下他手下的谋士程昱，好不好？你来。

生：我认为程昱观察非常仔细，因为从他对船只的观察就能看得出来。

师：好，那你把那段念一下，好吗？在哪里，给同学们说一下好吗？

生：就在课文的第200页。“程昱观望良久，谓曹曰：‘来船必战，粮在船中，船必稳重。今观来船，轻而浅浮，臣见今夜东南风盛起……何以当之？’”粮在船中，船应该很稳重了，但是程昱突然发现船是很轻的，所以我觉得他观察真是很仔细。

师：真棒！还有没有？胡碧林说说。

生：程昱是曹操身边的一位公子的谋士，他好几次劝说曹操。他说起风了，要曹操提防敌方的火攻，可是曹操就是不听。如果曹操听了程昱的话，那他可能就会打败周瑜。

师：那么中国的历史就有可能改写，是不是？还有吗？

生：我认为程昱对曹操非常的忠诚，他发现江上起雾，仍劝说曹操，所以程昱对曹操是非常忠诚的。

师：但是很可惜，曹操没有听他的。还有最后一位，最后一次机会了，李志远你说一下。

生：我对程昱的印象是他观察非常仔细，他对曹操说，虽然那个时候是西北风，但是天有不测风云，说不定有一天就会突然刮起东南风，他说的都是对的，所以说曹操应该听程昱的话。

师：程昱也是一个很谨慎的人。好了，东吴这边除了有周瑜，还有一个人起到了很重要的作用，他是谁？（一片嘈杂）有不同意见的你来说。

（展示：孙权）

生：我觉得要是没有孙权的话，那些士兵有可能会投降。士兵们有的想打仗，有的不想打仗，军心不齐，打仗就不容易取胜。这时候孙权起了很大的作用，他决定打这一仗。如果不是他，我想战争就不会成功。

师：谢谢于韦清对孙权的正确评价，我们给她掌声。

（热烈鼓掌）

师：今天的人物评述就到这里。对于历史人物的评述，每个人都有每个人的看法，刚才我们这些小朋友的看法也是非常的独特、富有个性的。我知道同学们查找了很多有关这篇课文的资料。下面，我很想听听你们的资料，我们来交流一下好吗？好，谁来？谁带个头？

生：（大家纷纷举手并异口同声）我！

师：你来，邓必阳。

生：淝水之战。

师：你为什么查到淝水之战？

生：因为淝水之战是一个非常好的以少胜多的范例，我就说其中一点。

师：不要超过一分钟啊。

生：我喜欢的句子，里边有"晋军水攻逼进展开全线反攻"。苻坚在寿阳城上看着晋军攻势猛烈，十分恐惧，还把八公山上的草木都当成了晋兵。我觉得，秦军真是不堪一击，假如晋军再猛一点，就会一举消灭他们。

师：淝水之战是哪个时期的一场战争？

生：是晋朝的一场战争。

师：还有吗？谁来？你来？

生：我说的是一些历史著名战役简表。巨鹿之战，这是秦国和农民起义军的一场战争，秦军投降，起义军歼灭秦军主力，扭转了战局，奠定了反秦胜利的基础。

师：把战争的名字说一下。

生：楚汉之战，荥阳之战，官渡之战，赤壁之战，淝水之战，黄天荡之战。

师：好，我还知道你还查了一些资料，接着说，来。

生：我还查找了三峡赤壁的一些景观，进入第一个大峡谷，靠西面绝壁上有一个狭口，这就是龙门峡。

师：还有呢？来，你对赤壁很感兴趣，是不是？还有吗？来。

生：还有一个赤壁悬棺，也是在三峡赤壁那里。

师：赤壁有这么多的人物风景，大家有机会可以去那看看。还有没有？来，你说吧。

生：我查到的资料是三国时期发生的大事。公元 202 年（应为 220 年），魏武帝，黄初元年，曹丕废汉献帝，自立为帝，国号魏，东汉结束。公元 221 年，魏文帝，黄初二年……

师：还有吗？你们一定要把自己查找的资料读熟，把它变成你头脑中的东西。你在熟读了之后再来好吗？还有没有？关于《三国演义》里面的故事你也会说，符湘云。

生：我给大家说的是夷陵之战。夷陵之战里面说的是刘备与东吴，刘备派出了八千蜀兵于山谷擂战鼓，企图让陆逊出战，陆逊识破此计，然后与战，两军相持半年之久。我觉得刘备很笨，因为他不会用曹操那个官渡之战那样的方法来烧吴兵的粮仓。

师：宋宇轩。

生：我讲演义中的马超。马超在许多人口中都被形容成无情无义之人，不仅他的对手这么说，就连他的部下也这么说。一个人曾经想把自己的女儿嫁给马超，可是他的部下说，马超连父母都不爱，怎么可能去爱别人呢？

师：那么你觉得他是怎样的人？

生：我觉得他的部下说得对，马超的父亲被曹操扣留了，他都不去救父亲。（其他同学有说“错”的，而且在抢话）

师：好了，你有反驳意见可以说一下。

生：谁说马超不爱自己的父亲？父亲被杀了以后，马超很气愤，和韩遂一起去打曹操。

师：那么马超他到底是个什么样的人？有谁知道，你来介绍一下。

生：马超是西凉太守马腾的儿子，他跟曹操的部下说要造反，曹操就把马腾骗到许都，然后把他杀了。马超想为自己的父亲报仇，就和刘备联合在一起，后来有一次他差点就杀了曹操，但是曹操部下护驾到了，结果就没有成功。

师：我知道同学们对《三国演义》都很感兴趣，再给你们一个机会，《三国演义》里面的人物你想说谁都可以，好吗？来，你说。

生：我要说赵云。我在书上看到过赵云打仗很厉害，而且他长得好，品格端正。我在笑话中看到排名前三名的酷哥，第一名就是赵云。

师：赵云是一个第一名的酷哥啊！

生：赤壁之战是一场以火攻取胜的战争。我知道在现代战争中也有一场以火攻取胜的，那就是举世瞩目的海湾战争，又称为“沙漠盾牌”。1990 年 8 月 2 日，伊拉克不顾各方面的警告，突然出兵占领科威特。为了突破伊拉克的坚固防线和天然屏障，多国部队首先采用我们孙子兵法的火攻战术，1991 年 1

月17日凌晨2时30分，对伊拉克发起大规模轰炸。这样一来，伊拉克葬身于一片火海之中。可以说，海湾战争也是现代战争的一次以火攻取胜的例证。

师：给点掌声！她知道海湾战争也是以火攻为主的。因为时间的关系，你尽量说得短一点，一分钟来介绍，好不好？

生：我谈谈一些草船借箭的资料。草船借箭和赤壁之战比较相似，都是周瑜跟曹操打的，但是草船借箭里面讲的是孔明的神机妙算，识人心。

师：识人心，还有吗？你说，给你机会。

生：我查的资料是陆逊火烧连营。

师：简单一点，一分钟，超过一分钟就不给你说了。

生：我觉得刘备犯了一个和曹操同样的错误，就是他把那些营寨连起来，风一起，一把火就把它给烧掉了。连营好比是那个连船一样，刘备肯定是要输的。

师：好了，我知道同学们查找的资料很多，对《三国演义》非常感兴趣，也看了，今天交流资料就到这里了，今天的课也上完了。我觉得这篇课文只是我们的一个引子，其实我希望通过学这篇文章大家能够去广泛地阅读课文，阅读课外书，你想读哪方面的书都可以，只要我们博览群书，我们就一定会变得越来越聪明。好了，今天我们有幸到香港来上这一课，这么多老师在听我们上课，你们想对在座的老师说一些什么呢？傅进阳来说。

生：感谢各位老师抽出自己宝贵的时间来听我们上课，希望你们能给我们多多提意见，让我们改掉不足之处。（掌声）

师：还有吗？谁想说，谁想说谁就说。

生：我想跟各位老师说，你们有心来听我们的课，什么时候你们也带你们的学生来听我们上课。（笑声）

师：是为我们上课，是吧？

生：是啊。

师：好，我们期待着下次有这个机会。来，还有说的吗？

生：这次来到香港，我想学到更多的知识，想学到更多的学习方法，同时我想跟香港的朋友们学习一个好习惯，不乱扔垃圾。

师：有话就说，说就是了。

生：我很感谢各位老师来听我们的课。另外我觉得如果你们带你们的学生来就更好了，给我们多提意见，让我们改掉不足，好吗？扬长避短。

师：哎，这个词用得好。

生：我想，到时候如果有空的话我会和爸爸妈妈一起来看香港的小朋友是怎么上课的。

生：谢谢老师们！（敬礼）

公约数和公倍数

执教老师　邹涛

师：好，坐好，上课！

生：起立！

师：同学们好！

生：老师您好！

师：坐下！

生：一分钟小喇叭由李浩同学来说。（掌声）

李浩：今天我给大家介绍一下学习方法。有些同学在学习的时候，上来发言只会拿着资料读，读完之后不会认真地复习，所以，久而久之知识就会渐渐地忘记。这样的学习就犹如用清水在纸上写字，虽然一开始还会有些字迹，但时间长了，水就慢慢地干了，你学到的知识也渐渐地淡忘了。我们学完知识后应该勤奋复习，复习就像一把无形的刻刀，把学到的知识

深深地刻在你的脑海中，那么你学到的知识就会永远不会忘记。所以我们要学习，但重在复习。（掌声）

师：谢谢李浩同学，说得非常好。在上个月，我们学了一个单元，是什么单元？

生：公约数与公倍数。

师：现在是有一个月的时间了，但这个单元有很多概念，老师曾经要你们“种”过一棵知识树，今天老师想跟大家先来做单元的复习。来，请大家把各自掌握的知识在小组里说一说，开始！

（学生在小组里讨论）

师：好，把一棵最合理的知识树“种”在上面。（展示事先准备的概念名称卡片）这里有很多概念，不知道该怎么摆，来，帮帮忙。来，金炎你们这一组来说一说。（掌声）

（小组四人在黑板前说，由一人负责讲，其他同学在黑板上板演，小组合作完成）

生1：我们认为，这棵知识树的大树干是整数。然后整数可以分为约数和倍数，约数和倍数是相互依存的，然后倍数又可以引出公倍数，公倍数又可以引出最小公倍数。

生2：我有个问题想问一下大家，为什么不可以有最大公倍数呢？

师：哦，这是什么原因呀？这是上一个单元的，问问小老师们。

生3（非小组成员）：我们知道倍数是无限的，那最大公倍数肯定也是无限的，所以我觉得应该是没有最大公倍数的。（掌声）

生2（接着）：约数又可以引出公约数，在公约数那又可以引出互质数，约数还可以引出质数和合数。

生4：接着这里有两个概念，是质因数和分解质因数。请个同学上来看看应该是合数引出质因数，还是合数引出分解质因数，它们应该贴哪里呢？

师：好，这两个应贴在哪里？请个老师来指导一下，来，润德来介绍一下吧。（掌声）

生5：我认为分解质因数应该在合数那里的。因为我们知道分解质因数就是必须要一个合数来分解的，质数是不可以分解质因数的，所以我认为分解质因数应该填在合数后面。而质因数应该填在质数后面，因为质因数就是一个数既是质数又是因数，所以应该填在质数后面。（掌声）

师：刚才我们那个小组“种”一棵知识树在这里，合不合理？（生：合理）我们认为它还是很合理的。但是我们这个单元有很多概念，不知道每个概念你是怎么理解的，我想一会儿各个小组选择一个你们想说的概念，向大家介绍一下它的相关知识，好不好？

（小组讨论数分钟）

师：好，表达清楚你的意思，把你要讲的说出来。小王你们小组先来说。

（小组同学在黑板前说，由一人负责讲，其他同学在黑板上板演）

生6：我们说的是约数和倍数，约数的概念是出现在整除的情况下的。我们可以说商和除数是被除数的约数，而被除数是商和除数的倍数。

生7：我来举个例子，比如说，30÷6=5，那我们就可以说，30是6的倍数，6是30的约数，另外我们还可以说，6和5……

生8：我想请问大家，我们能不能说30是倍数，6是约数呢？

生9（小声）：不行。

师：你来说说。

生9：30可以说是很多数的倍数，6也可以说是很多数的约数，所以我认为这样说不行。

师：有没有补充？

生8：我们知道，因为约数和倍数是相互依存的，不能是独立的，所以我们应该说30是6和5的倍数，6和5是30的约数。（掌声）

生10：我们再看一下，36的约数有1，2，3，4，6，9，12，18，36。首先我们知道1和36是36的约数，我们再想一想6能被2整除，所以36的约数必定有2，18乘以2等于36，所以2和18也是36的约数，12乘以3等于36，12和3也是36的约数，4乘以9等于36，4和9也是36的约数，我们知道6乘以6也是等于36，6也是36的约数，因为有两个6了，所以我们只能写一个6。36的这些约数是有限的，所以是不用打省略号的。我们再看……

师：我们找约数是怎么找的？所以我们要先介绍一些方法，很好！

生11：刚才贺凯珍说了，倍数是无限的，所以它是写不完的，那我们就先写几个，然后在后面打省略号就可以了。（掌声）

师：哦，有补充这个问题的，好！

生12：我想问一个问题，倍数与约数是相互依存的，那公约数和公倍数是不是相互依存的呢？

师：是不是相互依存的？什么意思呀，来，我请崔迪说一说吧！就在座位上说。

生13：先说一下公约数和公倍数的意义，公约数的意思就是几个数公有的约数，公倍数的意思就是几个数公有的倍数，但是约数和倍数并不是公有的，约数和倍数是相互依存

的。它是由一条算式引出来的，所以我认为公约数和公倍数不是相互依存的。（掌声）

师：好，后面的概念还有什么要给大家说的吗？好，彭为你们组来上面介绍一下吧！

（小组同学在黑板前说，由一人负责讲，其他同学在黑板上板演）

生 14：我们说的是最大公约数和最小公倍数。我们这个地方最大公约数的概念是：几个数最大的，而且又是共有的约数，就叫最大公约数。我来举个例子，（板演）比如说 36 和 44，先用 36 和 44 除去它们最小的而且是共有的质因数 2，就等于 18 和 22，然后再除去它们共有的而且是最小的质因数 2，就等于 9 和 11，9 和 11 已经互质了，我们就不用再算下去。所以它们最大的公约数是 2 乘以 2 等于 4。

生 15：我现在来说一说最大公约数，还有最小公倍数。最小公倍数和最大公约数的算法是不同的。最大公约数就是把它们公有的质因数，也就是这两个 2 相乘，最后就等于 4。要是算最小公倍数呢，就要把它们独有的质因数也要一起乘起来，36 独有的质因数是 9，44 独有的是 11，那我们相乘的算式就是 $2\times2\times9\times11$，最后等于 396。（掌声）

生 16：这个最大公约数和最小公倍数还可以引出约分和通分，其实它们是一样的。约分就要除去分子和分母的最大公约数，得出最简分数；而通分就是算出几个分数分母的最小公倍数，然后想一想分数的分子分母同时乘以多少分母就等于这个最小公倍数。这种方法可以把异分母分数变成同分母分数，可以用于异分母的比大小和加减法。

生 17：我们现在来看一看，有位同学举了个例子，请问同学们对不对？这是约分。（板演）

师：这是我们上个单元的，是吗？我们这才学的，好，我请李浩来说一说。（掌声）这样对不对？

生 18：我觉得它这个是不对的，因为约分不但要有过程而且还要有结果。现在只有过程没有结果，我们应该在这里加上等于五分之二。

师：对不对呀？（掌声）

生 19：我想给同学们提个问题。约分是个过程，我们看，求最大公约数和最小公倍数的时候这里也有个短除法，短除法是个算式，那我可以说最大公约数和最小公倍数是一个过程，这句话说得对不对？

师：对不对？（生：不对）你来说吧！

生 20：我觉得，约分是一个过程，最大公约数应该是一个数，最小公倍数也是一个数。它上面写着 2 乘以 2 等于 4，是说最大公约数是 4，而不是说最大公约数是等于 2 乘以 2，如果说是过程的话，应该是求最大公约数才是一个过程。对不对呀？（掌声）

生 21：我们再来介绍一些不同的。如果两个数是互质数，它们的最大公约数为 1，最小公倍数为两数乘积。请同学们看第二条，如果两数是倍数关系，它们的最大公约数为较小的数，最小公倍数为较大的数。我们小组汇报完了。

（学生自由发言）

师：讲得很好，关于这方面的知识还有没有补充？有没有？还想说是吗？

生 22：我不同意陈可意刚刚说的，就是因为 36 和 44，它们除到互质数时。（沉默片刻）

师：来，可意，把你的例子说出来，还有不同意见，是吧？把它说出来吧。

生 22（接着）：除到 9 和 11 这一步，因为 9 和 11 是互质数了就不能再除，但是陈可意刚才说 9 是 36 独有的质因数，那我们想想质因数的概念就是一个数它既是质数又是因数，但9的约数还有3。9的约数共有1，3，9，所以它不是一个质因数。（掌声）

师：怎么说呀？这个问题我们也发现了，来，你说一说。

生22：应该说9是36独有的约数，不应该说9是36独有的质因数。（掌声）

师：对不对呀？非常好，还有呀，好，你来补充！

生23：我还有一个不同的意见。我觉得36和44可以直接除以4，因为我们现在算最大公约数和最小公倍数已经熟练了，所以可以直接除以它们公有的约数。

师：对不对呀，很好，这一方面的知识我们可以解决了。还有没有别的知识点要跟大家介绍？说一说吧，我请翠影小组来说一说吧。

（小组同学在黑板前说，由一人负责讲，其他同学在黑板上板演，小组四人合作完成）

师：都很不错。

生24：我们小组给大家介绍的是互质数共有四种类型：第一种是两个都是合数，比如8和9两个都是合数，但它们互质；第二种是两个都是质数的，比如说2和7；第三种类型是一个是质数，一个是合数，就比如说2和15；还有一种类型是1和任何自然数，就比如说……

生25（着急地接话）：在这里补充一下，他这里写错了，是1和17，应该是1和任何非0自然数。不然1和0也是自然数，1和0就不互质了。所以这道题应该在这里加个0。（掌声）

生24（接着）：我们举个例子，就比如说，1和17，刚才我们就已经知道了，如果是两个互质数，要求最大公约数就是1，最小公倍数就是17。比如8和15，我们想一下，如果把它写成一个短除法的形式，它们只能除 1，但是我们知道，1 既不是质数也不是合数，所以我们就干脆直接把 8 乘以 15，结果等于 120，那么 120 就是 8 和 15 的最小公倍数。

师（插话）：停下，这里是最大公倍数，还是最小公倍数？（生：最小公倍数）我们可不要模糊概念。

生 25：我在这里给大家介绍几个非常容易错的互质数。就像 17 和 51 这道题，看上去 17 好像是质数，所以我们会认为这道题肯定是互质的，其实 17 和 51 是倍数关系，51 是 17 的倍数，17 是 51 的约数，所以它们并不是互质数。（掌声）

师：对于这种倍数关系的，好像刚才最大公约数和最小公倍数还没有说，对不对？怎么求呀，倍数关系的？

生 26：我们想一下，如果求 17 和 51 的最大公约数，那么 17 就是最大公约数，51 就是最小公倍数。

师：对不对？

生 27：对。（掌声）

生 28：我们组有一个问题，互质数是约数引起的，为什么它不是由倍数引起的呢？请个同学帮我解答一下。

师：听清楚问题没有？好，再说一次你的问题。

生 29：互质数是公约数引起的，为什么它不是由公倍数引起的呢？

师：来，宝坤说一说吧。

生 30：我们看看互质数的概念，两个数只有 1 这一个公约数就是互质数，所以我们不能把互质数这个概念放在公倍数那里，要放在公约数那里，互质数只有公约数 1，所以它是公约数引起的。（掌声）

生 31：谢谢邹老师，我们的汇报完了。（掌声）

（学生小组自由发言）

师：还有没有补充？（生举手）你要补充什么？

生 32：我是补充宝坤的。互质数是公约数引起的，原因是它们的公约数只有 1，这是所有互质数的特点，而公倍数是一个数，你不能说它是相同的，互质数的公倍数可以有很多个，而公约数是相同的。(掌声)

师：对不对呀？还有问题呀，你来问一问。

生 33：我的问题是，如果一个自然数 a 小于某个质数 b，那么 a 与 b 是不是互质的呢？

师：你放上去吧，把你的问题放上去。

(生展示问题)

生 33：如果一个自然数 a 小于某个质数 b，那么 a 与 b 一定互质。

师：对不对？（生议论片刻）有人说对有人说错，是吧。李浩说说你的观点。

生 34：我觉得这一题应该是错的。因为自然数应该是包括 0 的，0 和一个质数 b 形成不了互质数，所以说这一题是错的。(掌声)

师：对不对呀？(生举手）哦，还有，你说一说吧。

生 35：如果自然数是 9，质数是 3 的话，那么不是互质的，3 是 9 的约数，它们两个不是互质，所以这个说法是错的。(生议论片刻)

生 36：如果一个自然数 a 小于某个质数 b，这一题是小于而不是大于。

师：对不对呀，看清楚题目。关于质数的问题我们先解决了，后面还有几个概念可以说一说吧。那么我请紫瑶你们组上来说吧。我发现大家很爱动脑筋，很好！

(小组同学站在黑板前，由一人负责讲解，其他同学在黑板上板演，小组四人合作完成)

生 37：我们组说的是公约数。公约数的概念就是：几个数公有的约数就叫作公约数。现在我给大家看一个例子，现在求出这两个数的公约数，就比如说18和48，18的约数有1，2，3，6，9和它本身18。而48的约数有1，2，3，4，6，8，12，16，24与它本身48。这两个数分别独有的约数中，1是它们当然有的公约数，所以在1的下面打个钩，而2与3也是它们共有的，所以我们也在它们的下面打个钩，看看4，18没有，我们看6，18和48都有，所以也是公有的约数，所以18和48的公约数有1，2，3和6。我们再看一下，有个同学是这样子做的。(展示)

师：是这个吧？好，说吧。

生38：我原先是这样做的，18的约数有1，2，3，6，9，18，48的约数有1，2，6，8，24和48，然后老师就判我错，我很奇怪，为什么我是错的呢？后来我找到了原因，原来是我把48的约数找错了。48的约数应该有1，2，3，4，6，8，12，16，24，48。而它们的公约数原来我只找了1，2和6，后来找对了之后是1，2，3和6。(掌声)

师：这就说明了怎么样？没有找全，对吧。好，谢谢。来，后面还有些概念，还有什么要和大家说说，我请的是宝坤你们组，上来说一说，

(小组同学在黑板前板说，由一人负责讲，其他同学在黑板上板演，小组四人合作完成)

生39：我们小组说的是分解质因数。分解质因数的概念是：把一个合数写成几个质因数相乘的形式，就是分解质因数。(板演例子）就比如说把48分解质因数，48可以分解成2乘以24，2是个质因数了，所以就不要再分解了，我们就分解24，24可以分解成3和8，8又可以分解成2乘4，4又可以分解成2乘2，所以48＝2×3×2×2×2。

生40：我想问下面的同学，我这题为什么错了。你看，

我把它分解质因数为1乘以2乘以3乘以5，1乘以2等于2，2乘以3等于6，6乘以5等于30，不是对的吗？为什么错了？

师：哎呀，怎么错了，找到了吗？

生40：因为这一题是分解质因数，这个地方应该是把一个合数分解成几个质因数连乘的形式。再想想质因数的概念，这个数既是质数又是因数，可是1既不是质数，又不是合数，所以这道题错了。

师：对不对？（掌声）

生40：谢谢。我也想考考大家，我这题明明下面这里是对的，可为什么错了呀？

师：这道题怎么错的，有没有发现？

生40：这道题和王惜错的地方是相似的，1既不是质数，也不是合数，那这里写了1，所以是错的。（掌声，举手）

生41：我还要多问他们小组一个问题。就比如说，这题我们都学过，用短除法去分解质因数，既然我们可以用短除法去分解质因数，那么我们何必去分解一个数呢？我们可以用短除法一下子分解两个数，比如说60和28一起分解，我问一下同学，能不能60和28一起分解质因数呢？

师：明白他的意思吗？就像求最大公约数那个方法一样的，这样不是一举两得吗？（生42举手）来，说一说。

生42：当然是不行的，因为60和28虽然是有公约数，可它们自己独有的约数对方却没有。（掌声）

师：对不对呀？提得很好。

生41：最后我们要提醒大家，1不是质数也不是合数，所以不能分解质因数，希望大家不要犯重复的错误。我们小组汇报完了。（掌声）

师：因为时间关系，我们把它放在一边了。好，后面的还有没有？还有呀，来，我请的是罗浩你们组。

（小组同学在黑板前说，由一人负责讲，其他同学在黑板上板演，小组四人共同完成）

生42：我们小组汇报的是质数和合数。质数的概念是：约数只有1和它本身的数，就是质数。合数的概念是：一个数除了1和它本身之外还有其他的约数，就叫作合数。

生43：我举个质数的例子，比如说3，3的约数只有1，还有3，所以我们就知道它肯定是个质数。再举个合数的例子，比如说6，6的约数有1，2，3，6。我还想问大家一个问题，假如我们可以用1，1是不是质数呢？

师：刚好我们同学提醒过，对吧，陈炎说吧！

生44：1既不是质数也不是合数。（掌声）

师：对不对？来，说一说。

生45：我来给大家介绍一下找质数的方法。（师：等等，找什么质数？）（生：100以内的）就是把2，3，5，7的倍数划掉，剩下的就是质数了，但是2，3，5，7本身不划掉。古希腊数学家埃拉托斯特尼就是用这种方法找出1 000以内的质数的，在当时这种方法就叫作质数筛选法。（掌声）

师：谢谢你给我们介绍了这个信息。

生36：我还有一个问题问大家，请问0是不是合数呢？（生举手）

师：哦，对，你认为呢？是不是？

生36：我觉得0是合数，因为0可以整除2，所以它是偶数，所以它也是一个合数。（生议论）

师：我们同学说不对。王炎你说说。

生29：因为合数的概念是，一个数除了1和它本身还有别的约数，可是0不符合这个概念，所以它就不是一个合数。

师：还有。（生举手）

生25：其实我觉得0不是一个合数，因为0没有其他约

数了。我也顺便补充一下刘思明的，阿基米德当时定义有 25 个质数，剩下的全是合数。(掌声)

(生问题不断，举手)

师：请坐好。各位在小组里面也讨论了这些概念，现在老师想请同学们做另外一件事情。老师曾让每个小组做了一个“错题诊所”，把这段时间里面容易出错的题目整理在这张纸上，现在请你们在小组里面先交流一下。开始。

(小组交流，错题诊所)

师：好，请坐好，请你这个组介绍一下吧。

生 23：我们看一下，这是一题判断题：任何自然数的约数至少有两个。我们一开始认为它是对的，但是我们想一想，自然数还包括 0 和 1，但是 0 和 1 没有两个约数，所以这一题应该是错的。

师：还有没有补充?

生 32：我说的是：把一个合数写成几个质因数相乘的形式，叫作分解质因数。我觉得自己做这一题是错的，因为把一个合数分解成几个质因数，一定要把这几个质因数乘起来，才等于这个合数，比如说把 10 分解质因数就等于 2 乘以 5，2 单独是一个质因数，它不等于 10。所以应该是把一个合数写成几个质因数相乘的形式，叫作分解质因数。(掌声)

师：数学要讲究语言的准确和严密，还有吗? 来，要找严重点的错误。

生 32：我错的这一题是：最小的偶数是 2。其实这个题是错的，因为 0 能被 2 整除，就像丘宏宇说的那样，0 可以被 2 整除，所以最小的偶数不应该是 2，在自然数里最小的偶数应该是 0。(掌声)

师：有没有计算方面的错误呀? (生：还有。举手) 张宾辉说说你的。

张宾辉：我的错题是：同任何一个自然数互质的是1。我刚开始做的时候觉得它对，其实它是错的，因为自然数是包括0的，1和其他自然数都可以互质，但1就是不可以和0互质，所以这是错的。

师：好，由于时间关系，我们就到这里，同学都特别认真。我想问一问，今天这堂课你有什么收获？罗浩说一说吧。

罗浩：通过这节课我又复习了以前的旧知识，比如说约数、倍数、分解质因数等等。

师：好，孙英说说。

孙英：我从这节课里知道了我们这一单元和上一单元的知识是有联系的。

生：就像李浩说的那样，学习中再复习，这次我们上了一节精彩的复习课，我又复习了上个单元的知识。

师：好，谢谢大家，下课！

生：谢谢老师！

三、研究法：回归本体

概述：教育——归一的学问

教育是谁的事，谁来做？这是一个本体层次的问题。我们的回答如同上面多次提到的，教育是儿童生命的提升，这种提升主要依靠儿童自己。如果心平气和，这个问题也许不难领会，然而，在实际生活中，非本体的问题争论常常比潜藏的本体更具有吸引力和“现实性”。这就像一个客家地方的小笑话说的那样。某人问邻居孩子：“你爸爸是我儿子还是你儿子？”小孩子抢着答：“当然是我儿子。”——他怕爸爸给了别人，还不如自己要。在这个问题中，讨论的对象是什么并没有引起孩子的注意，但下位的问题“谁的儿子”更强烈，一下子就吸引了小孩子。故事虽属无聊，但其中的论证框架却极为有趣，它使我们看到了离开本体而进入二元的低层次讨论的小小模型。

我们一直在研究众多的教学改革闪亮登场而最终陷于困境的原因，并认为其中之一就是缺少一种正确的方法论。我们在相关研究中离开了对教育本体——实现儿童的生命提升的肯定，而进入了下位的讨论。例如，认为问题要不要知识，要不要老师，如何处理师生关系，如何处理知识和能力的关系，德育要用何种说教方法或评比的指标研究，等等；或者把问题归结为，在中考高考存在的情况下，实际上没有真正改革的空间，所以上面说“素质”（教育），下面做“应试”（教育）的现象永难改变；或者认为现在的问题“非战之罪”，不是改革不改革，而是社会资源紧缺，优质学校不多带来的，所以目前的状况并无不妥，无须有所动作。

所有这些问题，如果不谈及教育的本体——教育是什么的话，都是在原有教育框架下需要解决或说明的。我们极易因此而停留在这些问题的讨论中，并安于这些问题所依存的师本教育环境，不能有所超越，以致改革徒劳无功，处于长期胶着的状态，而且使考试牢笼或考试噩梦愈演愈烈。事实证明，“皮之不存，毛将安附?”离开“教育应当是生本的，而不是师本的、本本的或考本的”这样的本体层次的讨论，不能真正解决现实教育的问题。

师本教育一直是以“师”为本，以“知识”为本，学生只是处于被动的客体地位。教师是设计者，学生是“待加工品”，学生不具备自主发展的可能性，仅能被被动地改造、塑造和设计。这些都违背了教育的本义。生本教育认为教育教学的本质是推动儿童有效地自主学习和提升，学习是必须依靠学生自身的生命机制才能得以发生的事情，任何外部力量都无法真正代替。所以学生的生命提升才是教育真正的本体，而“教”只是一个外部的促进条件，是本体之外的因素，与本体根本不对等。“教”、“师”这些外部条件与学生学习的依托——生命相比，只是一种外因，更重要的和更容易被忽视的是，它并非脱离学生发展的本体的孤立存在，同时也被内因——本体所决定。这就像孵化温度也为鸡蛋的性质所决定，或者就是鸡蛋的性质一样。

所以生本教育要求的不是折中与改良，而是一场本体性的、旗帜鲜明的改革。它要求从与师本完全不同的出发点来思考教育，这个出发点和最大的依托就是学生的生命自身。老子说：“天得一以清，地得一以宁，神得一以灵。”照我们的理解，这个“一”就是本体。寻求本体，也就是要拨开迷雾看清事物的本真面目。生本教育的立场是，教育的“一”就是提升生命，实现这个“一”最终和本质上要依靠被提升的生命自己，而生本的方法是依靠生命，生本的价值追求是提升生命，生本教育就是强调对学生生命力量的高度尊重和全面依靠，因而生本教育乃是回归本体的教育。生本教育意在对传统的师本教育进行本体性的改革，所以特别警惕用离开本体层次的下位的讨论、被认识分割的二元讨论、被偷换主体的对教育对象的外加性的设计而引起的讨论，来取代始终发自和联结本体的讨论。生本教育认为在师本、本本、考本取得强势空间的前提下，仅仅强调非本体的讨论是顾左右而言他，掩盖了师本框架的顽固存在，这是教育不能获得真正改革的研究法方面的原因。

下面，我们更具体地来加以阐述。

关于事物的本体

我和一位博士研究生讨论他的论题，他说想在教学的“重结论”还是“重过程”中做点文章，我说，这个问题似乎已经不算新的和最迫切需要解决的了。它不新鲜的原因，还不完全在于它只是停留于“二元两难”方式的讨论，更在于它仍然停留在“由我裁断给儿童以过程还是结论”的层次。

为什么我们总是想着我们给儿童做，由我们来设计做法，而想不到整个事情让儿童自己做呢？如果让儿童自己做，那不是过程与结论全有了吗？这个过程与结论的论题还需要谈吗？还有意义吗？

可见，今天我们需要更深入地思考教育是“谁之事，谁来做”的问题，即其本体与主体的问题。

这位学生思索沉吟之后，赠我老子《道德经》里的几句话：“天得一以清，地得一以宁，神得一以灵。”他又说，生本教育或许就在追寻教育的“一”呢！我觉得他找到新的感觉了。

在这里，我对“一”的理解不是“从简单开始”的意思，而是指事物的本体，寻求本体，就是拨开迷雾看到事物的本来面目，并从此出发去思考和处理问题。这样，上面的《道德经》第三十九章中的话就可以理解成：

如果天回到它的本体，天就会是清的。（简单地说，天的本体是清的。）例如我们仰望云天，知道云是水汽的凝结，尽管它很像是天，却不是天的一部分。

如果地回到它的本体，它就会是宁（自然）的。（简单地说，地的本体是安宁自然的。）我们居于大地，要顺乎大地的自然去行为处事。地无论看来是怎样的动荡，但它不会离开自然。例如，地球上的气温变化总会使多数人可以忍耐，因此，在我们生活的范围内不必为此而担忧，于是宁。

神回到它的本体，神就会是灵的。这里，我们毋宁把神理解为人的精神之“神”，这样，这句话可以解读成：我们让人的心神处于本体，尽量少加雕饰，它就是灵的。例如，笛卡儿通过直角坐标把形的研究转化为数的研究的想法，就来源于凌晨枕上的静心遐思。

也就是说，尽管天之见云，遮天蔽日；地之见风，拔木发屋，我们最终还是知道，风云不能代替天地的本体，它们是本体以外的东西。否则我们就不能真正接触天和地，进而知道其本体的性质：清与宁。

我仿照上面这些句式写了一句话：“事得一以顺。”一件事情，回归其本体，就可以顺利进行。

何谓本体，不可言诠，如果要勉强回答，可能只好近于重复：事物的本体就是事物本身。在哲学书上，有时也把它描述成是事物的本源或本质。我们面对一件事情，常常忘却本体，偏离本体，这时候，我们就要提出回归本体的问题。公路上有过一条标语：“车轮一动，想着群众”，这就是脱离本体的标语，因为车轮一动应当是“想着开车”，否则就有危险；要“想着群众”，就先要暂时地抛弃“想着群众”，而把注意力集中到开车上面。一回到开车的本体，我们开车就顺利了，群众当然更喜欢这样的司机。再如，我们解一道数学题，中途遇到困难的时候，解决的办法就是要再从头审视事情的本体：题目要求我们做什么？又如，我们作报告，离开讲稿神采飞扬之际，也常丢失线索，这时，也需要努力找回报告的“一”：我的整个报告想告诉听众什么？回归主题，也就回归了本体，报告就顺利地作下去了。

如果还要举例的话，例如，经济的改革开放可以看作就是把握了经济活动的本体：经济就是经济，经济人是经济活动的主体；农业就是一种农业物质生产的方式，而不是别的什么，既然如此，就要把农业交还给农民。企业人完整地管理企业，农民分得了自己的土地，改变了行政人去做经济事的状况，斯事斯人，物归其主，于是人的能动性得到极大的发挥，经济发生了天翻地覆的变化，农业生产得以顺利进行，就像我们今天所享受的那样。

又比如以鸡蛋变小鸡过程中的温度和鸡蛋自身来比喻外因和内因的作用。这个例子深入浅出，精彩无比。但当把温度和鸡蛋自身提升为外因和内因的时候，一个常见的现象是，人们很容易认为，在鸡蛋变小鸡的过程中鸡蛋和温度同等重要，“你看你看，温度不适合就不能孵出小鸡，这说明孵化温度和鸡蛋都是这一变化过程中的本体”。事实上孵化温度远远不是事情的本体。鸡蛋变小鸡这件事情的本体是鸡蛋的变化。不仅事情的目的、动因和真正发生变化的处所是在鸡蛋身上，而且连温度因素也不过是鸡蛋变化进程中的规定性，是鸡蛋自身的性质而已。况且，有象征意义的是，鸡蛋是百万年生命发展的成果，是“万年之功”，而温度相对是容易取得的。比如，如果不用母鸡，也可以用其他方式，例如机器，去获得需要的孵化温度，这样看来，温度和鸡蛋两者怎么能相提并论呢？

也就是说，我们所关注过的许许多多的二元统一物，可能要重新审视了。一种情况是，这二元可能都不是事情的本体。例如上面的小孩子答问的故事中，“谁的儿子，是你的，还是我的”都离开了本体爸爸。又如在教育中，花了极大力气去研究的对人的评价，德育占30％还是60％、综合科高考分数占40％还是20％之类的讨论，只是外界的评论方式，除了外界的某种意志之外，没有任何足以支持的来自学生的信息，因为它所论之事是不可计量的，因而这些讨论无论如何标榜，都与学生本体无涉。再一种情况是，许多表面上原被人认为势均力敌的二元，其中的一元不是事物的本体，另一元才是事物的本体（当它陷入二元之一的地位的时候，就产生了局限性，例如当鸡蛋和温度并列的时候，就自动地被语境扣除了它决定温度的功能）。需要注意的是，不是本体的一元，为什么使人感到与本体的一元对等呢？那是因为它存在即合理——它总有与本体的一元相关的特点，例如往往总有一种强大的样貌，如云之于天，如风之于地，如老一辈之于儿辈的婚姻，如温度之于鸡蛋，如教师之于学生，如教之于学，如某种外部因素之于生命，等等。由于这种错觉，我们对于某一事情来说，常会把非本体误认为本体，或者把它与本体对等，以至于掩盖了本体，形成所谓类本体。

我们以上面提到的老一辈之于儿辈的婚姻为例，它在某种意义上可以类比今天教育研究的状况。多少年来，婚姻制度从包办方式到今天的自主方式，历经了无数碰撞、讨论、实验。其中一段时间，问题曾经归结为如何处理两代关系，即“两代平权”，其特征是父母辈和子女辈两代人“互动”，这比起包办儿女婚姻的单边主义，当然是一种进步。然而，问题并未解决。在这种貌似平等的两代互动中，父母辈太强大了，传统太强大了，号称互动，实则单边，或至少是不自觉地处于单边框架之中。这样的似新仍旧的婚姻仍然是混乱无序的，原因是没有找到症结。症结根本不在于两代人的互动或者两代人的关系，而在更基本的层次上：婚姻这件事情的“一”——本体是什么？主体又是什么？也就是说，婚姻到底是什么？是谁的事？我们说，婚姻的本体，是两个年轻人一起过日子，而主体是结婚的两个当事人，而不是父母。今天看来，这几乎像一加一等于二那样地明白，然而当年认识这一点并不容易。正是因为认识了“一”——是什么、谁之事，才使得婚姻制度发生根本变化，原来十分紧张的两代人的关系，也转为融洽，相持不下的僵局豁然开朗，使得新人幸福，全家美满。这里，不专门去处理两代人的关系，却处理好了关系，专门去二元地处理两代人的关系，反而带来关系问题说不清道不明、剪不断理还乱的状况。我们从“婚姻得一而美满”中看到了，处理婚姻的关键在于是不是找到了本体“一”，或如佛家说的，找到了“不二法门”。

如上所述，在进行着的事情中找到本体，貌似简单，实则很难。原因之一是，由于本体的根本性，我们在日常的思维中很少有需要特地问及本体的时候。例如，我们很少需要问自己“我是谁”，只有在忘我、忘情，或者如苏东坡说的“挥手呼松曰去”，或者如某位著名的哲学家在邮局忘记自己名字的时候，我们才怀疑起自己的本体来。再如，当我们听到有人问“你以为你是谁”的时候，事情常常就很严重了，需要呼唤本体才能解决。又如，我们平时不必强调我们是在地球上，但是，如果涉及地心说还是日心说的研究，我们就要提到它了。

有一个十分有趣的例子，我们的平面几何学原来有许多关于圆的难题，那些美妙的、涉及多圆的题目，曾经使多少少年学子废寝忘食！古希腊人发现涉及多圆的题目的直接来由，是当时用以描述地心说的需要，而地心说发展为日心说的一个直接的收获，竟是发现了地心说所用的多至77个圆的体系过分庞杂以至于不能自“圆”其说。“当哥白尼谈及由太阳中心猜测而来的不寻常的数学简化的时候，他的满足感和热情真是无穷无尽。他成功地找到了天体运动的更简单的数学描述……哥白尼相信‘大自然喜欢简练而不能容忍过多理由的华丽堂皇’。”① 这又是一个“事得一以顺”的模型。我们由此产生联想，师本的教育会使教育事务变得无限复杂，而生本

① ［美］马·克莱因著，郭思乐译：《数学真理论》，广东教育出版社1993年版，第85—87页。

教育会变得十分简洁，原因是本体的回归。

如果这一本体观是正确的，那么，它对我们的教育将会有很大的启发。教育回归其本体，归于一，就会十分简约和顺畅。教育的离开本体的所谓二元论或多元论，当然可以讨论，但它还不能解决教育偏离本体的不清、不宁、不灵、不顺的问题。同所有事业领域一样，教育的归一，即揭示其本体，并使诸事归依本体，成为教育的最根本和最核心的问题。

事实上，得到广泛认可的那种二元问题处理的方式或公式是：其中的两方面都是重要的，忽视哪一方面都会使教育受到损失，两者又是互相依存和互相转化的。这样的说法，在理论上十分平稳，但是它提供了什么样的新信息呢？至少它并不符合今天实际的需要。这不仅仅是缺少明晰的判断的问题，更重要的是，它忽视了和遮盖了教育的本体，同时也就迷失了教育的真正主体。

教育之“一”（本体）——提升生命

教育的“一”，即教育的本体，是生命提升。这是因为，教育的目的和价值在于儿童生命的发展，教育的基本动力、最重要的资源都来自生命，教育的核心过程发生在儿童生命活动之中，教育最终和本质上依靠儿童的生命。这也是我们所提出的“教育的生命机制”。

当然，也可以说教育的本体是学生发展。但我们在这里暂且不这样说是基于一种避免弯路的说理策略：因为一说到学生，我们常常就联系着教师，而为了兼顾教师因素，就容易把事情降低到师生交往、师生关系、师生互动这类相对来说浅层次的问题上。特别是，儿童开始阶段弱小无知而教育者强大多知，使教育者成为教育使命的接受者，而教育的本体——提升生命，却又决定了教育的实现最终和基本上依靠生命，儿童反倒成为使命的最终和基本上的实现者。这种使命承担者和使命的真正完成者不一致的“我请客，你付账”的状况，使得教育的主体认识十分困难，出现了诸如双主体、主体间性、交往关系、伙伴关系等观点，这些见解试图解释师本和生本的矛盾，力图求得一个四平八稳的格局。这非常符合我们的冲淡平和的历史习惯，却冠冕堂皇地掩盖了一个事实：由于“教”这一方太强大了，这些貌似对等的关系其实是不对等的，许多新理论都不免又陷入以“师”为本的窠臼，它不符合教育本体的实际，在相当大程度上会干扰对于教育本体的理解。

例如，一堂重视学生自主活动的课，尽管完成了教学任务，但评课者却说，学生学得好是好，但是师生互动哪里去了呢？这个问题又涉及本体了：我们心目中的教学，实现了师生互动就是一切了吗？如果不是师生互动，而是学生在动（当然，这常常是教师组织的结果，但它不是通常意义上的师生互动），算不算好课呢？我们习惯于学生在课堂上接受教师的教的那样一种模式，我教你会，我带你动，我启你发，你在我的眼皮下成长，我考过你才算进步，否则，属于你的但我不知道的进步很难算作进步。

也就是说，我们心目中的教育本体——师生互动，是中途性的本体、表面的类本体，而不是终端性的、实质上的本体——学生发展。

当然，在儿童的众多外围教育资源中，我们教育者是重要的资源，而且我们也有生命，可以用生命感染的方式去激起、激励、强化和优化儿童自身生命提升的活动。然而重要的是，尽管我们是人，儿童也是人，我们显得强大，而儿童显得弱小，但是我们和儿童处在一种特定结构之中：我们要为儿童自身的变化服务，这决定了儿童是主，哪怕看来多么弱小（实际上不是，儿童拥有百万年进化的生命精华，这种精华仅当自身主宰以提升自身的时候会起强大的作用），而我们是客，哪怕看来多么强大（实际上不是，我们对外在生命的作为非常有限，不像我们原来想象的那样无所不能）。

教育者的行为，哪怕是用美好的生动的事物直接感染儿童，也只不过是实现教育的良好条件的一部分，而不能（不足以）构成教育的本体——最有效地提升儿童的生命质量。教育的本体——提升儿童的生命——必须通过儿童自身的生命活动来实现。

今天，极其复杂的教育的现状和对教育认识的现状，迫切、强烈地要求教育回归本体，这是一个决定教育发展前景的至关重要的问题，但又是一个容易被大量不涉及本体的讨论所掩盖、所忽略的问题。如上所述，在教育中有着许多二元或多元的相互关系的问题。比如，认为做好教育的关键，就在于处理好诸如教与学、师与生、社会与课程等关系。在解决本体的问题之后，我们的确要把事情细化来谈论这些问题，然而在本体不明的情况下，对这些问题的思索却很快饱和，并且总是不能解渴。比如从教学的单边主义，即全由教者灌输，转向师生互动的双边活动的探讨，似乎就很先进了，找到终极了。事实上，这很不够。教育教学的本质特征并不是师生互动，而是学生有效的、自主的、生长式的发展。为此，教师必须帮助、激起、强化、优化学生的自主学习。这也勉强可以看成是另类的“师生互动”，但不是我们原有意义上的教育者深度介入的我启你发、我带你动的师生互动。

其实这些见解都未涉及教育的本体是儿童生命提升，因而最终和基本上、本质上要依靠生命自身的事实。犹如产权所归是主仆区别的标识一样，教育的生命提升的本体决定了学生的主体地位和“教”、“师”、“书本”、“考题”的客体地位。教育的主宾乱序有两种方式，一种是认为教育就是由师到生的单边传递，另一种是认为两者平权，所谓双主体、主体间性、交往关系、伙伴关系等，它们都间接地否定了教育最终和基本上、本质上由儿童的生命活动自身来实现。这些观点有着极大的迷惑性，极其平稳，但杀伤力巨大，就像对打理主人的产业勤劳之至而忘乎所以的仆人，极其平常、轻描淡写地对主人说：“这份产业你我都有份。”然而，这一平常话语却侵害了事情的本体——主人的所有权，主仆之间的基本关系将立即崩溃。以此类比，这正是多年来教育做得如此艰难的原因。

是师本还是生本的问题，其实就是教育中“谁之事，谁来做”的根本问题。教育本质上是儿童自己的事，我们不过帮忙而已，然而我们长期“心太软”，大量地包揽了儿童自己的事。比如，我们讲过了数和数的运算，然后说，我们用字母来表示数，这就形成了“式”。从逻辑上讲，从数的运算到式的运算，本质是一样的，学生在我们略加指引下，就会自己进行式的运算。但是，我们把学生对数及数与式的联系的既有学习视为零，又重新再教一遍。这不仅增加了学生理解的难度，剥夺了他们可以自己获得的机会，更整个地把他们的主动学习变成了被动学习。

如果“师本”地认识教育，教育的操作就会和教育规律不断产生矛盾，处于两难的境地。比如素质教育和应试活动的矛盾。社会不可能没有中考和高考，学校也就不免有备考活动。然而在师本教育的前提下，应试活动必然与素质教育对立。原因很简单，我教你学，效率很低，就只能考什么教什么；反过来，考什么，教什么，离开学生的生命获得体系，就只能依照教师所教来学习，效率更低，绝对不能出现学生大量阅读、自主思考、大量活动、高度覆盖应考领域的盛况。师本教育和应考体系相互结合，形成了应考文化，它同生命的求知活动体系是完全背离的，学生也不可能以身心和生命去投入并产生知情意的综合效应。于是频繁的作业和考试成为教育的最重要的手段，而且愈演愈烈。在这样一种框架之下，我们提出的所有两难问题都不是问题的症结，症结是对师本教育框架的根本改变。诸葛亮祠前“不审势即宽严皆误”的联语，对我们的研究方法很有启发：不解决教育的本体问题，即教育为何物的问题，不得“一”，就陷入“二”——在潜藏的师本主体下的方法之争、方向之争，或离开本体去进行两个分割部分的关系的讨论，就会“宽严皆误”。比如前面提出重过程还是重结论的问题，全面地对人进行素质测量和评价问题等，研判的结果都不过是增加对人的控制，“主意越多，项目越细，压力就越大”，最终导致“万马齐喑”。

教育本体——依靠儿童自己提升生命——的失落，往往长期潜藏在我们的头脑中，表现在我们的许多设计思想和行动上。例如“建构说”，例如“学会做人”、“学会学习”的口号，例如按照“七种智能”去培养人，例如培养个性等，在这些设计背后，都隐含着离开依靠生命自己提升生命的思考，表现了我们思想深处深藏着对人自身精神生命活动的疑虑和取代的趋向。

“建构说”把人的精神生命提升看成是一种自觉建构，它或是来自外界，或是来自生命的自觉部分对生命的建构。表面看来，后者强调了生命自己的活动，已经十分“现代”了。然而，我们在“儿童观”这一部分反复谈过，精神生命提升的核心部分是生命的本能和外部世界的输入相结合的生长，因而高度依赖于非自觉因素，上述见解却抹杀了这一特征。

一般来说，智慧的非自觉的部分，本能的因素，不受外界控制，而生命的自觉智慧，则可以被外部世界控制，至少形成可以传达或可以控制的印象。所以，把强调本能作用的人的智慧人格的生长方式，改变为不强调非自觉的本能作用的建构方式，源于对儿童控制的意蕴，其步骤是：外界支配儿童的自觉思维，儿童的自觉思维建构自己，从而外界掌握并支配了儿童整个思维的通道。这种见解表面上是强调了生命自身（的某一部分自觉的功能），实际上却否定了生命的核心的功能，隐蔽地把生命提升的过程转化为外部可控制的过程。在实践中，这种见解被用于机器教学或技术路线，它把教育解释为某种物理实现，从而背离了人的教育的生命活动本质，头头是道地离开了教育的生命提升的本体。

再以“学会学习”的口号来说。这一口号不仅要学生学习，而且要他们学会学习，从而强调了学生重视自己的学习，并提高学习的质量和效率，就这点来说，是有积极意义的。但是它也存在逻辑缺陷。事实上，学习是学生自身的主要受本能支配的行为，就像吃饭、喝水一样。我们不排除存在喝水的经验、吃饭的经验可供学习，但是真正的喝水和吃饭活动的核心部分，是不必刻意学习的。同样，学习的核心部分是不可教和不需要刻意地学的。即使不说教，儿童在他们的生活中也在学习，这是生命自成的，不需外界言说的、本能性的。虽然学习的实践会增进学习，也在一定程度上取得“更会学习”的绩效，但它并不是某种号召的响应，而是一种内在的、自成的变化。如同“学会吃饭”、“学会思想”的口号会使人感到突兀，转而怀疑自己的吃饭和思想能力一样，“学会学习”的号召有意无意地反映了一个意蕴：学习的机能不是自成的。今天重要的是，儿童学习的真正问题，是他们能否真正自主地学习，而“学会学习”虽则关注了儿童的学习，却无法代替这个基本问题的解决，甚至把问题浅化到学习的可学会的部分如学习的方法、经验上面。就这个意义来说，更能体现学习的本体的口号是“好好学习，天天向上”，或者“学而时习之，不亦说乎”。

同样地，关于“学会做人”，做人是要刻意地学的吗？我们要学习做人的一些道理，但不是用以“学会做人”，而是因为这些做人的道理有助于做好人，或好好做人。“做人”是人的活动中的自然本质，是一种心灵活动，它来自先天，又在生活中生长和提升，而不是一种学问，不是会不会的问题。我们要鼓励儿童自主地做人，自然地做人，真诚地做人，做真正的人，让他们的心灵开放，在生活实践中发展自我，做回自己。而儿童自己，如同我们在前面所阐述的，因为本能的支配，应当是美好的、善良的，只要不扭曲他们的学习和教学的生态，这些善良的种子自然会开出美丽的花。然而在“学会做人”的口号中隐含了外部世界的另类标准，这些标准对儿童做人来说，不是本质的，而是对本质表现的某种刻画或是本质基础上的进一步与外部需求相结合，它不能代替本质自身。做人的核心部分，是生长出来的，并非学会的，或者说，可以学会的只是做人的非本质的部分。

如果还要说的话，就是关于“七种智能”的理论。就研究的工作哲学而言，人的智能方式是否有七种，或多或少，研究者都可以提出见解。这种理论的积极意义在于指出了教育不能用同一种规格培养人才。但如果把这样一种见解变为教育政策，作为培养人的新的规格或理论基础的话，就落入了“我改造你”这样的窠臼。因为，只要儿童在合理的指导下自主成长，他们就会尽其美丽地呈现千姿百态，根本不用外界依照七种智能去设计和培养他们的个性。这类似于，我们可以研究某种植物有七色的花，然而，我们知道了这种知识，完全不意味着就要人工制造七色花。一般来说，你想要七色花，让植物自己去生长好了，并不需要离开自然方式人工地制造它。何况我们谈论的对象是更高级的生命——人，而不是花。人的智慧是无穷的，智能方式也绝不止七种。

读到一篇文章，伦敦大学教育学院教育哲学教授约翰·怀特在《霍华德·加德纳：多元智力理论的神话》中写道：“（多元智力理论）这些无中生有的自我观念束缚着他们（学生）的思想，在他们的大脑中人为地给他们的学习能力设了限。”“人类的智力表现在各个方面……智力行为就是一个人在实现其目的的过程中表现出的灵活性，有多少种目标，就有多少种智力。无论我们是在练拳击，学习生物，还是在养孩子，每一种活动都有它自己的那一类实践判断。”“对多元智力理论越深入考察，便越感觉其玄乎。一种智力类型的确定有八个标准，但他却没有给出选择这些标准的原因。加德纳还在他脆弱的理论中放入了一个有着同样争议的来自美学的符号理论。他还说，从人出生到发育成熟的过程中，每种智力以植物和动物体中的生物发展模式展现出来。这是假定的，不是论证的，而且是错误的。当孩子长大后，他们通常变得更能理解他人，这不是因为某种人际交往智力的种子被置入了他们的大脑，经过逐渐发展后最终实现了潜能，而是因为他们从经历中学到了东西，从他们周围的人以及他们的阅读中学到了东西。这种思考方式的危险是很明显的，特别是对于那些怀疑传统智力观及其有关心智局限的假定的教师而言。多元智力理论的这种决定论思维定势，及其所持的天性起主要作用的观念，与传统智力观如出一辙。尽管有着一副多元的面孔，但它给人带来的压制一点都不比智商（IQ）少。”

此外，还有“培养和发展人的个性”、“个性加特长”等。这些提法都有积极意义，即不要千篇一律地以一种规格培养人。然而问题也是同样的：想要发展人的个性，是主要依靠他自己的自主的发展，还是由外部刻意去培养？清人龚自珍写的《病梅馆记》描述了当时的文人学士为了使梅具有个性的一些文字：“有以文人画士孤癖之隐明告鬻梅者，斫其正，养其旁条，删其密，夭其稚枝，锄其直，遏其生气，以求重价，而江浙之梅皆病。文人画士之祸之烈至此哉！”最后，龚自珍的办法是让这些病梅回归自然：“纵之顺之，毁其盆，悉埋于地，解其棕缚；以五年为期，必复之全之。”培养和发展人的个性的最基本的办法，就是生本地让儿童得到尽可能的自主，这样培养出的个性，才是充分的、符合马克思的“人的充分自由的发展”方向的。而外部的刻意培养，不排除会出一些技术尖子，但它却妨碍了出大作为者，况且它不是基本办法，并很有可能矫揉造作。

以上我们列举了一些常见提法可能引起的歧义。反之，当我们把教育的本体认定为“生命的提升”，就不会发生上述的情形。人们会很自然地体会到一个最简单的真实：无论教育者如何重要，他也只处于要提升的对象的生命之外，他不可能进入儿童的精神生命之中；儿童生命提升的主体最终和基本上是生命自己。这种无奈，使我们真正找准自己的位置——儿童发展的帮助者。这就保证了我们对于教育本体的清晰界定。

教育本体的形成有着深厚的伦理基础。如上我们论证过的，无论哪一种学习，其本质都是生命的呼唤。这种生命呼唤，首先来源于先祖遗留下来的了解外部、逃避危难、获得基本生活条件的学习需求，同时也来自人的自我实现的高级生命本能，更由于外部世界与人的认知结构，以及人的心灵世界长期以来所形成的和谐。我们可以举出许多例子。就以上面提到过的“作文教学”而言，作文只是人的内心活动的一种表述。但长期以来，我们认为作文是外加之物，总是把作文当作学问来教，而这时，作文也就开始离开人的本体了。反之，我们把作文还给学生，使他们认识到作文是在口头表述之外新增加的一种内心表达的手段。事实上，每个人都可以从自己最需要表达又最能表达的地方开始，形成自己的（书面或口头）语言表述的内核，以及从这一内核出发，发展自己语言的方式——我们不妨称之为语言的胚胎式发展，它本身就是最具活性的、最有效率的和最具有享受性的。一旦感受到了它，学生的学习就完全改观，就会形成积极的、自由的甚至渴望的作文的心态。教育的实验表明，儿童通过相当数量的识字和阅读，获得了大量信息，形成了自己的思想，就会自发地写作——他们知道识字、阅读、思考都是使用作文这种新的表述方法的要求，写出来的文章情真意切，文从句顺，许多待教的内容，都由儿童自然而然地学会了。其他许多科目的学习也都说明，儿童都拥有一种高级生命的本能——认知、掌握周围环境，所以只要学习是与他们的生活或周围环境相关的，他们的认知本能就易于被开启。也就是说，他们一旦认为这种学习对他们有个人意义，从中感触到其与自身生命发展的某种联系，比如，同他们的学习、活动的自我实现的意义相联系，就会以最大的热情投入到学习中去，进而获得高层次的学习收获，学习的质量和效率就会得到极大的提高。

例如，在广州市越秀区育才实验学校八年级的一堂数学课上，学生接触了一道题：函数 $y=\frac{s^2+s}{s}$ 的 s 的取值范围。

第一位学生说，显然，$s\neq0$。第二位学生说，如果在一般情形下，是 $s\neq0$，但当 $s=0$ 代进 $y=\frac{s^2+s}{s}$ 时，分子分母都等于 0，我就不敢说了。（实际上，这位同学所说的并非毫无道理，在高等数学里就出现了相关的问题：当分子分母两个变量都趋于 0 的时候，就会出现所谓的不定式，情况变得复杂起来。）第三位学生说，$y=\frac{s^2+s}{s}=\frac{s(s+1)}{s}=s+1$，这时 s 的取值范围是任意实数。怎么理解这个结果？这时，第四位学生说，当把 $\frac{s(s+1)}{s}$ 约分为“$s+1$”，其实是分子分母都同时除以 s，这其实是肯定了 $s\neq0$！就这样，讨论似乎回到了原地。但是，由此表现的学生的学习兴趣，以及对于最简单的运算——约分的本质的回归，却记录了生命的活动。每个学生都会因此感到自己提升了、长大了一点点。

显然，生本教育是把人看作生命体来进行教育，把教育的目的、过程和结果都同生命发展联系起来，它区别于传统的仅把人当作我们思维加工的某种“理想物”的教育。前者把教育回归本体，而后者则把教育转变为一种类本体——本体在教育者头脑中的反映和加工，它把本体变成某种理想状态，而不是本体自己，这也就是所谓教育的“虚体设计”。①

那样的理想状态总是把学生视为容器，把学习过程看成是线性的，把不完全可控的生命体看成是完全可控的非生命体或物相的客体。其依据是，学生是未成年的，可以看作是半独立的个体，也可以看作是未成立的个体，而教育者持有的是多年的人类活动的经验总结，教育就是把这些经验总结教给学生。因此，所教的东西，在内容上是可以条文化的，在方式方法上是可以清晰分出内容和时间

---

① 郭思乐：《正确认识学生，深化教育改革》，《教育研究》2000 年第 8 期。

的、系列的、线性化的，在效果上是完全可测量的。所有这些，都具有生命活动的某些表征，然而远离了生命。在这类教育的思考和实践中，生命发展的目的、生命活动的过程、生命提升的结果，都被忽视了。这种非生命性的教育，来源于工具传递性或技艺传递性的原始教育，而随着人的超工具功能的发展和价值的追求，作为人的生命发展形态的人格塑造和智慧形成，成为教育的最重要的目的。实现这一目的的基本途径是生命的自主活动，这是教育的本质属性，也表现着所有教育活动的根本意义。

教育的真正主体——被提升的生命自身

揭示出教育的本质是“发展和提升生命”，同时也就揭示了教育的真正主体是儿童生命本身。儿童有着先祖传留的学习的框架性结构，而人类的具体知识却要依靠后天的学习才能获得，那么，这是不是说明，儿童不可能主动地同既有的知识结合，他们不能自发地产生和获得知识，因而不能成为教育教学过程的主体呢？答案是否定的。儿童的天赋学习框架的重要特性，不是别的，恰好就是具有很强的同新知识结合的欲望和潜能，“儿童是天生的学习者”。①只要学习同儿童的情感相联系，其意义为儿童所体验，他们就会以十倍的热情去对待它。儿童的人格塑造、思维发展、知识形成，几乎都是在这种生命呼唤的学习过程中同时发生的。我们的整个教育理想，都在这一过程中实现着。在我们的教育实验中有大量事实表明，只要我们教学的立意更加贴近儿童，就会呼唤更多的儿童，就会让每一个儿童更多地投入。比如，我们在因式分解的教学中，把就事论事的“什么是因式分解”的问题推到大量“分式的化简”的

① 郭思乐著：《教育走向生本》，人民教育出版社2001年版，第37—44页。

实践之后，形成这样的系列：

化简：

$$\frac{4}{6}=(\quad)=(\quad)；\frac{ac}{c}=(\quad)；\frac{a(b+c)}{b(b+c)}=(\qquad)；$$

$$\frac{am+an}{a}=(\qquad)；\frac{3x+3y}{2(x+y)}=(\qquad)。$$

你发现了什么？能举出一个类似的例子吗？

结果学生举出了大量的分式化简的例子，这些例子中都含有因式分解。例如，一位学生的例子是：

$$\frac{3a^2+3ab}{12ab+12b^2}$$

对比两者，最常见的从“什么是因式分解”讲起的教材，枯燥地进行什么是因式分解的说教，这时学生无从了解为什么好好的乘法 $a(b+c)=ab+bc$ 要掉过头来变成叫作因式分解的怪东西——$ab+bc=a(b+c)$，而从分式（类似分数的）化简开始，一方面可以联系到分数的化简，另一方面化简是一个和学生的生活经验紧密联系的事物——学生每天都要对一些事物进行化简，所以十分贴近学生的生活，就很容易产生共鸣。这时，学生对因式分解是自觉的，目的明确：为了进行（类似分数的）约分。就此观之，这样的化简活动可以一路进行下去，充分利用学生的自觉在不称为因式分解的情况下大量进行自己创造的因式分解。这里，没有因式分解的名称，没有提取公因式法、公式法、分组分解法的名称，甚至没有分式的名称，有的只是一个实质：分解为因式，才能化简类似于分数的式子（分式）。没有说教，没有烦琐的定义群，没有琐碎的方法描述，而是直奔根本，然而，就像旗帜高高扬起，它召唤了更多的心灵去感受极为合理的化简的快乐。当知识在心灵中扎根的时候，就成为智慧。有了这样的基础，再来落实那些定义，比如什么是因式分解之类，已经是“先会后学”了。顺德区容桂中学陈志娟老师上的另一堂“二元一次方程组”课也是这样。在第一课时，学生自己举的例子已经提出了代入消元的方法和加减消元的方法，但陈老师注意的则是学生是否领会了“消去一个元，就可以得到已经熟悉的一元一次方程”。她坚信，只要学生清楚了这一点，他们就会自己想办法做消元。只要学生有过寻找的努力，他对于领会最后具体的做法，就会有良好的基础。所谓立意要高，就是促使人深度自觉，产生追寻的动力。反之，教师所关注的层次越低，学生越缺少自觉，学习的主动性就越少，这也就在无形中增加了难度。

在《语言本能——探索人类语言进化的奥秘》一书中，作者说道，那些讲求文法性别的语言，如法文和德文，是伯利兹学生的大祸根。马克·吐温在他的文章《德语的恐怖》中注意到“数是阳性，它的芽是阴性，它的叶子是中性，马是无性，狗是阳性，猫是阴性，包括公猫在内”，但是学习德语或其他有性别的语言的儿童并没有被吓坏。他们很快就学会了性别的记号，很少犯错误，而且不会弄错什么东西应该是阳性，什么应该是阴性。我们敢说，除了只在文章中偶尔见到的连大人都觉得吃力的句子，所有的儿童在四岁以前都很轻松地学会了自己的母语。

儿童即使犯错，也很少是乱七八糟的错误，通常这种错误是由逻辑推理而来的，它推得如此漂亮，反而使我们怀疑为什么这样的推理会是错误的。① 例如，一位科研工作者不满意儿子的动作笨，叹息道：“可惜聪明人的儿子不一定聪明。”儿子反唇相讥：“神童的父亲也不一定是神父呀！”你看，错得多么漂亮！

长期以来社会生产力落后和计划经济对人的个性存在的蔑视，折射到教育上，使我们的教育忽视学生主体。在理性的“计划”、“科学管理”备受推崇的20世纪，人的本能、生命的伟大

---

① ［美］平克著，洪兰译：《语言本能——探索人类语言进化的奥秘》，汕头大学出版社2004年版，第293页。

与价值被人遗忘。过去我们心目中的学生的生命成长是可精密计划的，是可以科学管理的，学生成为被动的、可塑的流水线上的待加工品。这种可塑性，当然也有学生具有可变性的含义，但更潜在的是指学生可以被外界塑造，并且一般来说塑造成外部世界规定的样子，教育不过是实现这种规定性的手段。也就是说，学生的未成熟性和不确定性，被看作是成年人使他们克隆为自己的那种“有利条件”，而不是学生可以自主发展的有利条件。所以，这样的教育表面看来是为学生的，实际上是抹杀了学生本体的需求和本然的可能性，因而离开了学生的生命本体。生本教育正是把教育和人的生命本体重新结合，从而使我们对教育本质和功能的认识走出误区。

教育的生产主体在于学生，生本教育正确地反映了教育生产过程中的工作关系。过去，我们对教育的生产性停留在一般创收意义或者教师提供服务，学生、家长或国家给予报偿的这样一种粗糙的分析上。事实上，教育产生劳动能力，而这种劳动能力是由于被教育者的人格塑造和智力发展获得的。简而言之，教育的生产体现在教育对象的发展上。在教育“生产”过程中，学生不仅是教育的受体，在一定的条件下更是教育的予体。学生是生产自己的知识的劳动力，从而是主要的生产力。学生用于学习的能量，不仅仅是用于信息的接收，更用于信息的以内化为特征的创建。从这个意义上说，学生是在自己生产着自己，学生是教育生产的直接现实。正是这种特殊生产的无形性、生产过程的复杂性、真正的生产关系的潜隐性，使得学生仅仅被看成教育的对象，而他们作为教育资源的地位，长期以来没有被认识到。生本教育把教育的目的与过程同人的生命发展联系起来，就正确地反映了这一教育过程中的生产现实。

洛克在他的《绅士的教育》中讲了一段通俗的话：“我曾经看到一些年轻的女孩，一连几个小时都在一起努力地要使自己成为一位掷石子的行家。在我立在旁边看的时候，心里就想，只可惜缺少了一种良好的安排，来让她们利用那种努力来做别的对她们更加有益的事情。”显然。我们要来思考怎样作出“良好的安排”。而生本教育就是作出这样的“良好的安排”，来使教育过程充满生命意义。

有困难找学生

我们常被人问到生本教育的一些具体问题的处理，应接不暇。这令我想起汉代周勃问陈平的故事。皇帝问右宰相周勃长安的粮饷、治安的事情，周勃不能作答，只好问于左宰相陈平。陈平说，这些事情，你都可以问管理相关事情的人（有司），否则，如果皇上问你长安城中有多少盗贼，你也要勉强作答吗？这大概是层级管理的最早的论述了，而且不仅仅是层级管理，更是“事归原主”的管理。既然我们认识到学生是教育的真正主体，我们同样可以在教育中“有困难，找学生”，就像在生活中有困难找民警一样。所以，我们经常以此回答问者：有困难，找学生。

下面以许海中学为例。许海中学开展生本教育，产生了许多问题。比如，学生上课一活动起来就难以控制；学生在小学时形成的一切听老师的学习习惯；农村学生学习语文缺乏资料书籍，该怎么办；学生学习科目多，如何安排学习特别是前置性学习的时间；初中学习周期只有三年，平时教学就要考虑初中毕业考试的问题等。如果这些问题都要由学校教师来解决，可能要开很多会议，费许多口舌和笔墨，但得出来的东西却往往不符合学生的需要。许海中学的课题组发现，要进行生本教育的实践，仅仅培训教师是不够的，更要培训学生，让学生知道什么是生本教育，在生本教育中学生要做些什么。他们播放了华阳小学和其他学校的上课录像，对学生的小组长进行了专门的培训，安排四人学习小组的每个人分别担任语文组长、数学组长、英语组长和其他学科组长。然后，把进行生本教育要解决的问题给学生完完整整地提出来，让学生进行讨论。结果，效果奇佳。初一的许多学生来自本镇一些教育基础较差的管理区，入学才两个多月，生本的课堂就很好地组织起来了，在小学生本教育实验班里出现的令人激动的场面，又在中学的课堂上出现了。在近几个月，他们连续开了好些生本教育实验课，受到了数百名教师的一致好评。

“有困难找学生”成为生本教育管理和教学的一条基本经验。这一经验在华阳小学何建芬老师五年多的实践中屡试不爽。何老师的这个实验班其实也遇到了许多困难，生本有生本的困难。学生读的书多，思想就复杂了，个性就张扬了；读的书多，要说的话就多，想写的东西也多，多做多错，多说多错；在三年级的时候，错别字不少……怎么办？找学生进行讨论。他们知道了所有这些问题，便会想办法解决。考试有了问题，小组中有的同学学习有困难，老师要外出开会等，都可以同学生商量应对的办法，甚至游戏也可以让学生自己编制。

例如，深圳南山实验学校刘鹰老师的教学案例“识字游戏大策划”：

实验班一年级的孩子刚入校时，我的识字课堂经常采取孩子们乐于接受的游戏形式。游戏的形式有猜字谜、摘果子、开火车、抽大奖等，多是些传统的识字游戏，孩子们在一个又一个的游戏中反复识认着生字，效果还真是不错。但随着时间推移，孩子们识字越来越多，而识字课里玩的游戏却越来越单调。

这天，又是一节识字游戏课，我站在讲台上，大声说：“下面，我们一起来玩邮递员送信的游戏。”孩子们并没有表现出极高的兴趣，最爱接话茬的一位同学居然还小声嘀咕：“又是邮递员送信，都老掉牙了！”他话一落音，不少孩子也跟着附和。我想想也是，光是这邮递员送信的游戏，少说也玩了十几遍了，孩子们能不倦吗？我真感觉有些黔驴技穷了。正为难，孙立成站起来给我出主意：“刘老师，你可以这样嘛，把一个字蒙起来，然后只露出一点点，让我们来猜。”我请他上来演示，只见他抽出一张字卡，不让下面的同学看见，而是用手蒙住生字，然后慢慢把手向下移，生字露出了一点头，像是个草字头，孩子们猜起来：“是茵字！”“是花字！”“落字！”“错了，”孙立成挺得意地说，“请你们接着看。”说完，他把蒙住字卡的小手又往下移了移，这会草字头下面露出了个“日”字，杜承慧举起手来说：“我看出来了，是草字！”孙立成把手拿开，孩子们欢呼起来：“对了，对了！是草字。再来猜！再来猜！”看着孩子们兴高采烈的样子，我灵机一动，游戏是孩子们的强项啊！我为什么不找他们想办法呢？对！就在班里开展一个识字游戏策划活动，除了可以征集孩子们喜欢的识字游戏，还能培养他们的创新意识和能力，更重要的是能让孩子们体会到课堂里真正的主人就是自己！于是，我转身在黑板上写下“教老师一招——识字游戏大策划”，并且诚恳地说：“同学们，你们说得对，我们的游戏的确是老掉牙了，应该换新的，可是老师一个人的能力是有限的，你们聪明，点子多，就来教教老师吧。”

接着，我宣布了游戏策划的要求、时间和奖励办法。

要求：1. 游戏一定要为认字识字服务；

2. 游戏要简单，做起来方便；

3. 策划方案可以向老师口述，也可以在论坛发帖子提交。

时间：12月12日—12月15日。

奖励：凡是策划的游戏被识字课采用的同学都可以获得

"策划大奖"。

就这样,"教老师一招——识字游戏大策划活动"在班里热热闹闹地开始了。活动期间,孩子们所表现出的热情是我没有想到的,活动刚宣布的那节课后,就有不少孩子迫不及待地围住我,这个说:"老师,我来教你一招……"那个说:"老师,你可以这样……"我侧耳专心听着,用笔认真记着,生怕漏掉一个充满智慧的创意。在短短几天的时间里,我就整理了近二十个游戏策划(由于受识字量和打字能力的限制,孩子们多采取向我口述的办法)。我为孩子们表现出来的非凡创造力感到惊讶和欣喜!

这次活动中,孩子们收获了成功和自信。孙立成小朋友在心情日记里写道:"今天我告诉刘老师一种识字游戏的方法,刘老师夸我了,还说会用这个游戏方法来上课,我太高兴了,我能帮刘老师了!我真是太棒了!"曹臻小朋友写道:"我得到了策划大奖,说不定我将来还能当上策划大师呢!"当然,我的收获更大,看看我的识字课堂吧:孩子们玩着自己策划出来的识字游戏,感受着成功的喜悦,享受着学习的快乐!

刘鹰老师写道:"生本实验的理念强调孩子们是天生的学习者。的确,只要我们愿意给他们尽可能多的自主,他们的学习激情就会喷发出来,收到我们意想不到的效果。在郭思乐教授《教育走向生本》中有这样一句话:'……应当向孩子学习,我们可以从观察孩子们的学习方法中得到许多,从孩子身上学习怎样把工作变成游戏,这是非常宝贵的技能。'——难道不是吗?"

当然,对于在生本教育下悟性很强的学生,有时要让学生处理的问题甚至是很严峻、很复杂的,这个时候,我们依靠学生就有不同的层次和形式。但都必须创造条件,让学生行动起来,依靠学生自己去改变和提升自己。下面是何老师自己写的一个案例,现录如下：

小张生性好动，精力过剩，玩世不恭，上课嗡嗡作响，扰乱课堂，影响同学学习，常常搞得班里鸡犬不宁，矛盾迭起。

对策：将计就计，干脆让他变成一只勤劳的小蜜蜂。不断安排班务让他去干，时刻“为人民服务”。

结果：老老实实，勤勤恳恳，服务大众，其乐融融。真是“浪子回头金不换”，小张常做“蜜蜂采蜜忙”。同学们竖起大拇指夸他棒，他却戏言“革命尚未成功，同志还需努力”！

总之，真正的教育首先是充满情感的教育，是一种高层次的生命活动。在班主任工作中，无论严与爱，都浸透了老师对学生的希冀，都标志着老师对学生的导航。因此，严格是爱，宽容也是爱，如春风拂过大地，我们只需勤于播种，而千万不要去急于收获，让学生在反复中受教育，在挫败中自省，在自省中自信，在自信中成长。这就是生本理念带给我们最有威力的呼唤！

我的感受是，无论发生任何难缠的事件，都不要把学生推到与自己对立的台阶上，越发现问题，越应该去思考自己的教育方式与学生心智发展的差距，只有想方设法地拉近学生，才能挖掘教育病症的根源，也只有让自己走进学生的心灵世界，才能不断对症下药。为了更顺利地走好我们的每一天，就不妨让学生走近自己，让自己走进学生。也让教育坚定不移地走向生本吧！

最后，我们对学生的依靠，应当系统地进行。东莞市厚街中学高二（4）班，即上面提到的郑虹晖老师的班级，就是这样做的。从学生自己写的班级总结中，我们可以看到他们学生调动的程度。

下面是这个班学生自己写的生本语文教学的总结，刊载在他们的“生本文萃”网页上。

高二（4）语文生本教学开展情况

厚街中学高二（4）班集体

“生本”是近年来流行的话题，是由郭思乐教授经过多年的研究与实践而创造出来的一套全新的教学理念、方法。

到底什么才叫“生本”呢？“生本”就是通过自己去认识和感受，用自己的方法和语言表达自己的思想，不要随波逐流，而应该坚持自己正确的思想。“生本作文”是“生本教育”中的一个重要环节。“生本作文”要求我们以广泛的阅读为基础，以名作模式为范本，用自己的语言演绎出自己的作文。“生本作文”讲求的是个人思想，要求在45分钟内完成一篇作文，并且同学们相互评改，以高考的要求，对卷面、字迹、审题、取材、结构、语言和特色作出评分，最后评改人还写下对作文与作者想要说出的话。这样，在“生本课堂”上，老师就起了桥梁与纽带的作用，使学生自己管理自己，自己教育自己。这样的“生本作文”还能使学生更贴近高考、理解高考和适应高考。

当然“生本作文”并不是这么简单就完成的，我们还通过对古代、现代诗歌的学习，以现在的生活为题材，写出具有自己风格的诗词歌赋。在这一点上，我们班就有了更为显著的表现。开始，我们对这么风雅的诗作可以说是一窍不通，对平仄、押韵一无所知。经过几节“生本课堂”，大家把自己对诗歌的理解摆上了大课堂，从自己的角度赏析了一些著名诗篇，结合自己周围的环境事物，写出了一些朗朗上口的诗作，各具风格特色，还划分了诗歌派别。有鸳鸯蝴蝶派、豪放派和现代写实派，分别以袁宇明、陈健峰和张锦兰为代表人物，形成了三分天下之势。

为了积累各方面的写作材料，我们还把自己喜欢的名篇美文摘抄下来，装订成册，每次以三位同学为一组，经过筛选、排版、装订等程序，完成了一册又一册。同学们争先恐后地阅读，纷纷对美文写出自己的感受，有时还会把美文背下来，以运用到作文中去。当然，写好作文的方法是多种多样的，我们每个星期都会有一节语文课的前五分钟用来推荐自己认为很美的句子，大家相互学习，为“生本作文”打好基础。我们还进行了“每周用语”活动，每周以一个词语为主题，每天有三个同学用这个词语各造出一个句子，而且向大家解释句子的意思，这样，大家不仅能训练语言表达能力，面对观众不胆怯，还可以出口成文，真是一举两得。

“生本”就是要学生能够面对大众，能够做出领导人的模样，要求学生能自主地学习实践。在“生本”中，学生才是主角，老师的作用是把主角引出来。不是有句“师父领进门，修行靠个人”的说法吗？这正是我们“生本”的方法。当然，我们在学习中也不忘记要有社会实践。我们经过一番商议，各自填写了一份履历表（当然地址是假的），把自己装扮得像社会上的工作人员，到人才市场去，寻找自己合适的工作。这样做的目的是为了让我们深切地明白，生活需要学历和应对技巧，如果你才高中毕业，不仅工作辛苦，而且薪水微薄；如果面对主管人员战战兢兢，支吾半天，你要找到一份工作，还真难呢！经过这次面试活动，我们的学习就有了强大的推动力，因为谁都不想做月薪几百元、工作辛苦劳累的流水线工人。

这就是“生本”，把学习与实践相结合，从个人的精神意识出发，让学生自己找出学习的动力和方法。你说，我们能不在高考和人生旅途中打一场漂亮的仗吗？

当然，“有困难找学生”，既可以是在具体方法和问题上，也可以是一个带根本性的、深刻的主题。它其实也可以解释为回归学生本体，依靠学生解决教育中的许多困难和问题。这在本章和上面的章节中，已经有很多论述。

四、教学观：教归依学

教学的本质是学

香港一位专家讲了一个故事。有一堂课，老师病了没有来上课，来的是代课老师，学生很高兴，因为代课老师是不上课的，他只要管住学生不吵闹就行了，学生玩什么都行。学生开始很安静，渐渐地声浪就起来了，这时，代课老师敲敲桌子："喂喂，你们再这样吵，我就讲课了。"这样一来学生被镇住了，班里立刻安静下来。

这个故事启发我们，玩（活动，下同）是儿童的天性，而教和儿童的玩是对立的。那么，能不能把教转化为"玩"？很难。教不能直接转化为"玩"，除非你是相声演员，可以靠单向传输来使别人获得轻松快乐。但是，其实相声演员不好当，持续的单向传输常常会使人审美疲劳。

既然教不能直接转化为玩，那怎么办呢？我们认为，学是可以转化为玩的。学转化为儿童喜爱的玩，有三个有利的条件。一是学和玩有同样的主体，都是儿童自己。二是学就是要学习真善美，而真善美是人类思维的辉煌成果，是人类探寻的结晶。就基础知识来说，每一项知识都凝聚了人类智慧对客观事物的发现和加工，并具有最广泛的覆盖面，从而也就可以最广泛地同儿童的生活结合在一起，化为富有兴趣的过程、美丽的故事或有趣的活动。三是儿童喜爱活动的天性，其本质上又是学习的天性，在这种一致性之下，勤劳和活动可以结合起来，活动可以带来勤劳，从而改变"勤有功，戏无益”的观念。

比如一堂数值估算的课。当教师把数值估算和学生的生活及活动结合的时候，学生就变得充满活力：第一个小组每人对某个度量进行估算，然后再做实际测量，看看谁估得准；第二个小组估计同学的身高体重，也可以看看谁最接近；第三个小组用“虎口尺”作工具，估量出物体的长度；第四个小组用步长去估量某段距离；还有的小组随机抽取三个同学的体重，估计全班的平均体重；等等。接着，在小组和班里进行交流、讨论什么是数值估算、数值估算有哪些类别、有哪些方法等等。这样的课基本上交由学生自己学习，并在小组和班级讨论，主要依靠学生的学，并成为学生很感兴趣的课程。

教必须转化为学。如同一位教师说的，学校就是学校，而不是“教堂”。然而我们长期以来，认为教就是手把手，就是耳闻面授的单向传输。在我们的教育理论中学生一般都只是出现在次要内容中，我们叙述怎样教，我们争论怎样教，在管理者看来，抓住了教师的教，就是抓住了教育的关键。于是，我们尽管说要重视学生，但是实际上研究探讨的就是怎样教。我们的教育格言反映了我们这种“教”的情结：我们是蜡烛，燃尽了自己，却照亮了别人；我们拥有一壶水，把水倒进学生的杯子里；我们是人类灵魂工程师，设计了教育对象的灵魂。学生在哪里呢？他不发光，等待着别人照亮；他不产生水，等待着让人倒满；他的灵魂是别人设计的结果，他自己躲在“教育”的“教”字的左下方，小小的。

我们为什么难以认识教和学的真正地位？我们遇到的原发性困难在于“教育”这个词原有含义的缺陷。在上古时期的刀耕火种或渔猎的年代，两代人之间只要相互授受就足以把简单的技艺相传。尽管儿童学习技艺离不开自身的感悟，但是因为需要传授的东西太简单，这种感悟过程就没有引起人们的注意。于是，一开始，教就以单向传输的形态出现了。然而，在知识增长、社会的形成与完善的种种因素作用下，教育不仅仅要培养儿童的技能，更需要发展儿童的德性和智慧，即庄子所说的“技”与“道”。就基础教育来说，相对于“道”而言，“技”的比例与以前相比已经大大下降了。其重要的原因是，技能的形态有了重大的改变，计算器和数字输入方式，已经取代了过去要很长时间才能把握的儿童的写和算的基本技能。原有的写和算的技能意义，也从生活和工作的需要向文化和享受的意义转移。人的悟感、感悟和情感、感情的领域显得更为重要了。也就是说，教育的任务发生了巨大的转变。古代的原始教育的授受特征，已经面临根本的变化，但教育的原有的词性仍然是旧的，以“我教你”为主旨。急促到来的新时代还没能淘洗掉旧的语意和语感，要用旧词表达新意，只能艰难地磨合，这带来了我们对教育本体理解的原发性的困难。

除此之外，教育的传统与现实，以及教育过程的表象，都给我们对教育本体和真正主体的理解带来继发性的困难。我们看到过的教育几乎都是以教为主的。我们为教做了大量的有形无形的工作，而且其中有形的、可展示、可评比的部分，使得教育就是“教师教”成为不可怀疑的事实。相应地，教育的对象——儿童，他们的接受性的活动是被动的，是相应于教的行动的，它永远小于教，低于教，而在他们头脑中发生的思考和感悟，以至情感的变化，是隐性的、不可展示的。因此，我们很少会怀疑教育的本体是教，或者是师生互动。如果有什么人认为教育主要是靠学生学，或者认真地说（而不是作为一种口号说）教育的本体是学生生命的提升，可能会使人感到是痴人说梦式的天真。

然而，我们在长期的探讨中，特别是在生本教育体系的十几年的实验研究过程中，深深认识到，教育以学为本，我们所谓的教的行动，不过是为学而设置的。教学的本质是学，教要转化为学。这就是生本教育全部方法论的根本。

生本教育理念之所以提出教育要依托于学生的生命，是因为我们坚信，人的生命蕴藏着学习的本能。生本教育明确提出，“儿童是天生的学习者”，“儿童人人可以创新”，“儿童潜能无限”。学习既是儿童的本能，也是儿童的需要。

传统的师本教育认为，教育就是传授，学习就是接受外来的知识条文，即使是实践性的课程，也是由教师安排、设计好。总之，学生是一张“白纸”，学习方法和学习内容都由教师设计、教授。而且，人们认为，很多学生是天生不爱学习的（所以才会有那么多学生厌学），或者是不知道应该如何学习的（所以学习效率低，成绩差）。于是教育工作者们一番好意地将“学会学习”作为新的教育改革的口号之一。

我们观察到了儿童强烈的学习愿望和天赋的学习机制，进而强调“学习是人的本能”这一意义深远的论断。人类幼儿时期的柔弱、未成熟性、与成人能力的巨大差距，以及人类社会、文化的复杂性这些事实都预示着人必将是天生的学习者，否则将不符合大自然的生存规律。老子强调“自然”，是为了消解外界力量的阻碍，排除外在意志的干扰。这对于批判师本的“控制”、“塑造”的教育模式是一种启示。

“学习是儿童的本能”，并不表明这个本能就会自动地、强壮地生长、起作用。相反，人的本能如果受到忽略，就如“刀不磨要生锈”的道理一样，会逐渐消退；如果再受到另一种外来力量的打压，则更易挫伤。所以我们认为，由于师本教育无视儿童学习的天性，强调控制和塑造学生，极易扼杀儿童的学习天性。学习只有与儿童的生命机制相结合，利用儿童天赋的学习本能与学习框架，才能使学习事半功倍，才能使儿童的学习天性得以发扬，使人进入美好的境界。

因此，教育和教学从“教”转变到促进儿童的“学”，让学习与生活、经验与情感紧密相连，尽可能成为儿童成长的自然过程的一部分，而不是要儿童去适应成人设计的知识体系。

生本教育主张“教要归依学，让生命自己行动”的教学观。改变师本的“先教后学”、“教多学少”、“教师讲，学生听”的模式，实行“先做后学，先会后学；先学后教，不教而教”。从师本的“教师设计教学”，转变为生本的学生自定步调的“自调节教育”。

师本教育没有看到学生天赋的学习本能与学习框架，所以对知识的点、线、面进行处处分析，将本来源于生活的知识化成逻辑谨严的知识体系，按从低到高的顺序传授给学生。科目知识脱离了生活实际，成了枯燥的、难以与学生生命相合的条文公式。生本则要化繁为简，将知识还原到生活中去，与学生的生命过程相碰撞。“教归依学”依靠的就是学生的学习本能。他们借助先天的悟感与情感，尽可能自主地学习，在这个过程中，他们的悟感和情感又会得到滋长、丰富。

生本教育不是不要教师，而是要转变教师角色，从“传授者”变为“引导者”、“协助者”，主要的工作必须是靠学生自己的思维、活动来完成。教师要从组织教学转向组织学生的学习，从设计教学转向设计学习；要变师本的“有为”为生本的“无为”；要“贵言”、“希言”，则“我无为而民自化”、“我无欲而民自朴”。之所以可以如此，就在于人先天带来的发展的可能性和真善美的种子。老子认为人是神圣的，不能从外部用强力来控制他，否则将会“为者败之，执者失之”。① 这多么像师本教育，用尽机巧换来的却是大多数学生的怕学、厌学。

生本教育认为在初中和小学阶段，接受性的学习是很少的，大量的知识可以通过学生的自主学习获得。接受性学习主要集中在启蒙阶段。如语文的学习，启蒙阶段的教学任务是拼音、笔画，它们是学习中文的工具。之后，就可以由学生自主开展广泛的阅读、写作、交流、研讨，在这些活动中学习词汇、语法、修辞、作文。这

① 陈鼓应注译：《老子今注今译》，商务印书馆2003年版，第188页。

种“读和做，缓说破”的教学方式，带来的是学生识字速度的极大提高，阅读和写作兴趣的持久浓厚，以及思维、悟感、情感的活跃。英语、数学以及其他科目的学习，同样可以采取这种“教归依学，让生命自己行动”的教学策略。

喝水和教喝水的启示

其实，过去我们只是没有进行这样的教育实验——我们的传统，我们关于教育的原有概念都不允许我们进行这样的实验——如果进行了实验，譬如生本教育实验，我们会感到，在基础教育的范围内，且不说许多东西不能教，就算是能教，学往往要比教来得顺利和容易得多。如上一章所述，这也体现了老子的话，“天得一以清，地得一以宁”，并由此推演到“事得一以顺”：找到了事情的真正本体，事情就会变得顺利。我们找到了学是教学的本体。教原本就是用来帮助学的。

我们可以做一个类似于思想实验的想象。如果你想喝水，那么拿起矿泉水，不假思索就可以把它喝下去，因为你对喝水有生命的需要，有生命的本能。现在假定你邻座的老师对于喝水没有生命的需要，也没有生命的本能，都需要你教。于是，你把它编成教材，进行讲授，最后考查。教材的第一章第一节想必是“顺时针和逆时针”（拧盖子必备的知识），而第 n 章则想必是水瓶应该举到什么样的高度……然后，邻座听得十分疲劳，考查起来他可能仅仅是60分，并且，可怜的他想用你教的办法去喝水的时候，竟然不会喝了。

当然，这个故事是虚构的，它比喻我们的教育中大量存在这种不用教的东西，尤其是本能可以实现的东西，我们许多时候在教本能！长期以来，我们对于本能可以实现的事情，却教得十分认真，做着许多无用功或者有害功。比如前面已经提到过的，我们教学生写作文的计划常常延续到小学五年级或六年级，其间我们会有许多更为具体的计划，甚至具体到一点一点地教他们识字、写字、写句、写段、写篇，先模仿后独立，先命题后自由，等等。然而，我们却不知道，儿童只要可以表达，例如用拼音、用电脑输入、用言语、用图画来表达，他们在六七岁就可以为篇为文。例如我们在本书的引子中所述，深圳南山实验学校连续四年的小学生，入学仅仅10个月，就用电脑写出一篇篇的文字，甚至达到人均5 000字。原来是农村地区的增城市新塘二小，边远地区的中山市坦洲镇林东小学也有类似的情况。你给学生学的机会，而不要认为他不能学、不肯学，他就会兴致勃勃地学，比教要直接得多、方便得多。为此，我们要把“以教为本”转变为“以学为本”，教归依于学。教归依学的最重大的意义，是可以最充分地利用人类百万年发展起来的思维与学习的本能，以及语言与行为的学习框架，可以摆脱教本能而不自知的困境。

教归依于学，是一个带根本意义的大思考。它的彻底性和变革性，使我们，包括理念的倡行者和实验者，不断地要产生思想的碰撞。但是，随着时间的推移，实践证明这样做是成功的。它叙说着“事得一以顺”的道理，促使我们继续勇敢地前行。

例如，刚刚才进行生本实验的广州市一所中学，用生本数学的方法，平均入学分数才43分的学生们通过“输赢球”例子的感受，仅仅两节课的时间就把正负数的加法全都学会了。一个学生站起来说：“老师，我都会算了，我想到一个问题，所有有理数加起来等于多少?”接着他自己答道：“有正5就有负5，加起来等于0；有正3就有负3，加起来也等于0。所以，所有的有理数加起来等于0。”

我对这个故事颇感兴趣。一切有理数加起来等于零！有理数无穷无际，这个学生一言蔽之曰加起来为零，他一不小心就讲到最深刻的哲学边上去了。这种思维，能否说是对老子揭示宇宙的实际起点（或是思考起点）时说的“无，名天地之始”做了小小的印证？数学家的“零”，道家的“无”，佛家的“空”，物理学家的“守恒”，化学家的“不灭”，理学家的“中庸”，物理学家追寻使物质平衡为零的“黑洞”、“反物质”等，那样一种思想方法，同所有有理数加起来等于零，不都有某种联系吗？可见让学生自己学，可以多么的活跃，可以留下多少想象的空间。

我们依靠学，但是很自然地会产生问题，我们需不需要教师、需不需要知识？当我们学习的知识越来越高深时，我们也能依靠学吗？我们认为，今天的问题，不是要不要教师、要不要知识的问题，而是为了谁、依靠谁的问题。学比教快，学比教直接，学比教到位，但是没有教的支持，学可能要走更多的弯路，而且，也不能组织和激励出更强烈的学。在儿童启蒙之后的教，就是帮助他们学，只要有了适当的引导，他们同样可以更出色地学习高深的知识。

这样简单、自然的思考，长期以来我们却没有去关注过。我们太主观主义了，因此而浪费了许多时间和精力，压抑了原应激扬的生命。我们一谈到以学为本，往往长袖一拂，说是你“把学习的困难推给学生”，好像我们教的才是知识，学生学的不是知识；好像知识必须由我们拥有，发自我们，才是可以放心的，才是合法的；好像学生自己找的“野生”的知识不如我们教的“家养”的知识，等等。现有的理念、课程、教材、评价与管理，往往都同这样的彻底的认识不适应，教育事业则不断地承受着这种不适应带来的后果。

在这样的以学为本的体制下，教学的定义，教材的定义，教法的定义，管理的定义，都发生了巨大的改变。

什么是教学

我们认为，教学就是在教师的支持下，激起、强化、优化学生的自主学习的过程。它区别于过去的教学概念。对我们来说，在这样的新的教学概念下面，什么是教，什么是学，它们之间的关系，都是陌生的，值得探讨的。下面我们就试着来加以阐述。

大概是《读者》杂志里的一篇故事，说日内瓦湖前面有一条隧道，隧道管理者在隧道口竖立了告示牌，要求司机即使是白天也要亮灯。但是，从隧道出来许多人都忘记关灯，这样，他们停下来一段时间后，汽车就没有电不能打火了。面对司机们的抱怨，管理者想到在出口处也竖一个牌，要司机们“出隧道后关车灯”。但显然这样写是不行的：晚上司机也要关灯吗？这样一来，告示就要写上多种情况：白天如何，晚上如何，下雨和阴霾天又如何。可是，司机如果要看清这么多条文，车可能就冲进日内瓦湖中去了！写少了不清楚，写多了看不清。后来，一位管理者想出一个办法，只在告示牌上写一句话：“你的车灯还亮着吗？”于是所有的问题都解决了。

这中间有什么样的哲学意味呢？原来的管理者没有想到自己的服务对象的生命性，只想到“我告诉你”，而后者则依托了生命，让生命机制起作用，从而使事情变得简单而高效。

管理者类似于我们要说的教师，而司机类似于学生。这则故事中，管理者从忽视司机的（生命的）能动性，到相信司机的能动性，从而使整个信息的运作过程转化到真正的主体身上——自己解决自己的问题。这显然是对于只考虑管理者如何把告示写得周全的思维的一次小小的革命。

对于司机来说，这种做法我们没有什么怀疑，而对于学生则可能会引起争议。厚街中学的郑虹晖老师在她的从教笔记中写道：“要把学生当成生命，不要把他当作傻瓜来看待，不要把他当作弱智（者）来教。”我初读这些话感觉有点费解，我们谁也不会把学生当作傻瓜或弱智。然而仔细想想，我们也没有把他们看作不是傻瓜或弱智，因为我们实际上没有想过这个问题。但是，没有直接想过，不等于没有潜在的判断。其实在我们的心目中，他们总是需要我们教的，而不是可以自己学、自主学的。就这样的意义来说，我们的所想和所为，实在是对他们的学习能力和能量的忽视甚至藐视，所以，郑老师写的那句话，有着现实的意义。

生本教育十几年，使我们越发清楚了一点，所谓教学，就是让学生自己学。当然，提到自己学我们会感觉很不自在，因为这等于否认了我们教师、学校的作用，我们站在这里，怎么能让学生自学呢？

是的，我们站在这里，站在学生的边上，按照传统的想法，学生的学习从此就染上了我们的色彩，他们的学习就不再是自学。现在我们且不做词语的争论，而是来探讨，如果面临学生的自学，我们想要怎样呢？我们是来支持还是否定学生的自学？压抑他们？不承认他们学习的结果？占满所有的时间或大部分时间，让他们不能自学？我们这里举出的所有做法或想法，都是曾经出现或仍然存在的，绝非空穴来风，也不是全无道理。问题在于，为什么不能转念想一想，我们站在这里，我们的学校和教师的存在，我们的天然的使命，并非要取代、压抑、削弱学生的自学，而是首先承认他们有这样的权利，承认他们自主学习的成果，而且要像开明的政府给学者的研究提供官方支持，而不影响他的自由研究一样，为他们提供自己学的更为有利的条件。特别是，我们的传统领地——课堂——也用来做这件事：为他们准备，为他们激励，为他们做加油站，让他们探讨学习的计划，整个课堂的组织为他们服务，课堂形成的文化使他们的学习与创造欲罢不能，让他们沿着这条路走下去，学得更多更好，学得不亦乐乎。也就是说，我们要改变想法，不是不允许他们自学，而是提倡他们自学；不是压抑他们自学，而是推动他们学；不是收缴他们的课外书，而是创造条件让他们充分自主地阅读；不是听任他们信马由缰，而是因势利导，使他们奔腾的热情犹如波涛涌向人类社会发展的或人类既有成果形成的河道——这里仍然有极为广阔的可以自主的空间。一句话，教学就是让学生自主地学习。为此，我们要把作为教育者的所有的活动，都变成学生得以自学的辅助力量。

“这样的学是低水平的”，有两位语文老师说。他们说，学生需要读经典，如果不接触经典，就会得不到文化的熏陶，就会格调低下。这种担忧不无道理，如果学生真的没有机会读经典，的确是很可惜的。但是，问题不在于是否由学生自主学习，而只在于是否有经典给他们。只要把经典给了他们，他们会十分喜欢阅读。人类的经典名著是经得起岁月和人事的淘洗的，既然是好的东西，被人类欣赏的东西，也必然难逃儿童的小小法眼（一般来说，他们的眼睛显得特别大）。儿童的敏锐，非同小可。有一次，我们让四年级一个班的学生投票，在刘禹锡的《秋思》和杜牧的《山行》两首诗中选择自己最喜欢的一首。结果学生没有选排在前面的更加飞扬的《秋思》，而选了《山行》，这跟两首诗在文学中的地位是一致的。

儿童不会拒绝孙悟空，不会拒绝关公诸葛亮，不会拒绝诗意。他们像我们一样，会为人世间美好的感情所感动，会最敏锐地接受文化的熏陶。一次，华南理工大学附小三年级的学生应邀到香港上《火烧赤壁》一课，他们在初读和自己进行研究、小组活动之后，讨论了本篇的人物和战争。听课的四百多人都为他们表现出来的情感、知识和能力叫好。他们纵谈曹操、周瑜、诸葛亮、刘备、黄盖；谈论淝水之战、夷陵之战、牧野之战、黄天荡之战、第二次海湾战争；说到八公山上风声鹤唳、草木皆兵；说到曹操在课文中很笨，但实际上他是当时著名的文学家、军事家、政治家；说到刘备在夷陵之战中把营盘连接起来，被人火烧连营，和曹操赤壁之战把船连起来的错误是一样的；说到查资料得知第二次海湾战争也是火攻，因为炸弹把石油烧成了一片火海；等等。在我们看到的儿童阅读的著作中，名篇和名著占了一定的比重，而且不断增加，也可以看出，儿童总会像古今的人们一样热爱经典。

我们发现，教师在教某个项目的时候常常不放心，是因为自己对该项目胸有成竹，而这种得意之处，总想让学生也有所体会，好同自己分享，同时，只有让他们也体会到了这样的层次，自己才没有一种负疚之感。稍微刻薄一点说，这就像某甲的故事，家里来客人了，他总要问客人吃饭没有，客人说没有吃，他就再问："真吃了没有?"一直问到客人说吃了，他才长吁一口气："你吃了我就放心了。"其实学生即使附和了你的见解，他们也未必同你想的一样，也未必把你的见解送往心里去了。你只要鼓励他们读书，提供他们交流的机会（在生本教育的课堂上，交流和形成文化推动力是头等重要的），至于读成怎样，有个大体的关顾也就行了，未必要他们与老师有相同的唯一的解读。

每篇文章固然有其核心意义，然而这一意义同个体结合，就变成了十分复杂的边际意义，这也就是经典之所以成为经典的道理：其结合个体的力量特别强。试看一轮明月高挂在天上，你走它也走，这种感觉使明月更有了一番亲切的情思，于是明月就成为天上的"经典"，"海上生明月，天涯共此时"；伟人像的瞳孔，始终画在眼睛的中央，你从任何一个角度看去，总会感到伟人在注视自己，原因是别人注视你的时候，瞳孔总是在中央的，于是伟人像更使人感到亲切。对同一经典或同一事物，也都允许各人有不同的看法，完全可以求同存异。在漫长的小学和初中阶段，儿童对某些篇目、某些内容不感兴趣的情况是经常发生的，但他们不喜欢这些，却可能喜欢另外一些，这么多的内容中总有他们感兴趣的。儿童有与他的生命发展和年龄特征相一致的兴趣，我们不必取齐。正是这样，才形成儿童认识世界的极大的丰富性和生动性，这才构成了真正的学习生活。

把教育仅仅理解为教，其实面临着成人与儿童认识的巨大反差带来的局限性。我们来读读下面的两则文字。

国庆期间，作家肖复兴在朋友家做客，朋友的孩子正读三年级，抱着一本漫画书《乌龙院》边看边笑。朋友告诉肖复兴，这套漫画孩子自放假以来早也看，晚也看，简直入了魔。肖复兴问孩子："这本书好看吗?"孩子回答："当然好看！徒弟跟师父学练'空手劈砖'，砖没断，徒弟的手上反而长了一个包，包里面又长出了一个仙人掌——多有趣啊!"肖复兴想了好一会儿，也体会不到其中的趣味。

我们如果是朋友本人，或者是孩子的老师，理想化一点，不妨陪这个孩子看《乌龙院》，你听听他复述得多好啊！"早也看，晚也看，简直入了魔"，学习积极性多高啊！我们可否容纳他的这种学习呢？可否提供一种机会，让他的这种学习不仅合法化，而且有机会把他的"多有趣啊"也告诉同学们呢？可否让他为了更多地告诉同学们，读有更多字的书，从中享受文字蕴蓄联想的文化欢乐呢？为了使《乌龙院》的学习合法化，我们需要改变许多东西，然而，最重要的是把"教"改变为"学"，即教育改变为学育。这样，这位朋友的孩子就有了更多的时间去做他喜欢的事情，而且有我们做他的好帮手。这时候孩子看不到我们的教，而其实我们一直在教。

另一位作家韩振远，写了一篇文章《家有追星族》，节录如下：

我决定和（正在追星的）女儿好好谈谈。一天，我郑重地对女儿说："孩子，要知道这世界很大，不光有这么个歌星。"

女儿说："这我知道，但他是最棒的。"

我说："与整个世界相比，他不过是一只嗡嗡乱叫的苍蝇。"

这话大大刺伤了女儿，全然不顾我是她的爸爸，反唇相讥，说："你怎么能这么说呢？那你是什么?"我说："我不如他那么引人注目，但我不是苍蝇，我希望你也别做苍蝇。"

我清楚这样的谈话根本没有说服力，只是受不了那种歌声的煎熬才不得不那样说。再说多了反倒会增加她的逆反心理，就只好由她去。人都有一个偶像崇拜的年龄阶段，以后她自会明白。

没有了我的管束，女儿对那位“星”崇拜得更加肆无忌惮，歌唱得更加无拘无束。

时间一长，女儿的歌声似乎变得和谐起来。一天，女儿又站在电视机前，和着歌星的歌动情地唱。我望望天真的女儿，又望望电视里的那位歌星，不知不觉也跟着唱了起来，感觉竟也很好。

“大学之道，在明明德，在亲民，在止于至善。”在上面这个故事中，最后的“明明德”不可考，因为了无痕迹，不教而教了，但可以肯定是“止于至善”了。这个例子是我们要阐述的教育思想演变的缩影。开始，“我教你”，不成，然后我们被迫认识儿童的成长规律，最好随她去，甚至连等待也不必，自己干自己的事情就是了。她的不和谐的行为，在一定的时候总会通过自身的调节而变得和谐了，解决了，解决的机制，是她自己的生命的活动。但是，这个过程需要时间，需要理解。而且，所谓“止于至善”，也只是这种偏颇行为中的美好的、合理的内核的呈现，而不一定与外界的要求相吻合。

我们这里引用的两则文字，还说明了采用教的办法还有一个问题，就是我们和儿童的审美情趣、价值标准往往是不一样的。无论在德育还是智育的范围内，我们都不容易理解儿童，而且，我们可能在很多方面还要向儿童学习。就这个意义来说，我们更需要把教转化为学。我体会到这一彻底转变是很不容易实现的，所以，在课堂上我对此特别敏感。

有一次，我去听广州市第八十九中学李海英老师的数学课。课堂上有一个镜头，一位作为小组讨论代表的学生站在那里向全班发言，他边说边求助地把头转向老师，老师却微笑着轻轻地说："你向大家说。"我忽然心头一振。因为我发现老师这个时候非常清楚：时间是学生的，他们应当更多地自己去学，自己去解决问题。我产生了这位老师得"道"的感觉。

广州第八十九中学的另一位老师熊涛的"三视图"课上，每个小组的学生都制作了用方块表示的立体图形，然后，他们都学会了如何用实体画三视图，又如何根据三视图找出实体。他们很快创造出了以俯视图为基础的用数字表示每个方块高度的立体图数字表示法，使得研究方法数字化。这使我大为振奋。方法的改进会带来研究的长足进步，而且这对学生是极有意义的创造，并会成为他们把现实问题抽象化的一个简单但永难忘记的例子。后来，我建议熊老师，俯视图是很容易表现在坐标上的，加上其他二视已经数字化了，就整个把三视图数字化了。熊老师说，好是好，但坐标是以后才学的。我说，也不妨试一试，为了创造，一不小心就进入了坐标，就像华工附小的二年级学生，为了算买房子的时间自己进入了（哪怕是问大人的）近似值一样。我建议说，比如，可以在建立坐标之后，用俯视图的每个小方块的四个顶点的坐标，和第五个坐标（高度），共同表现一个小方块上的立体图，这样把整个立体图就变成了小立体图的组合，同时也是数字的组合；还可以探讨什么时候同一个俯视图会有几个实体。当然，后来熊老师是不是这样做不重要，重要的是熊老师对这样的教学深有感触，他在文章中写道：

> 生本教育提出的"先做后学，以学定教"，使我认识到学生内在潜能的无可限量。我在上有理数加减法感受部分，学生通过"输赢球"问题的感受，把小学的加减法进行了符号上的规定，得出了有理数加减的一般法则。通过解题感受，小组交流，全班提出了九点解题注意事项：运算中的符号，特别是

“—”号；运算中括号的处理；运算顺序问题；等等。学生的“妙语佳句”层出不穷，感受解决问题的层次不断提升，思维展现宽阔严密，超乎我想到的情况。幂部分的感受，学生感受到幂的意义后，推导出了幂的乘方、同底数幂相乘、同底数幂相除、积的乘方等公式，而这部分内容原来安排在八年级学习。几何视图部分，学生由摆实际模型研究三视图，过渡到不摆实际模型研究三视图，最后到用数字描述研究三视图，是一个由模型到数字，由具体到抽象的过程，学生感受逐级提升，空间想象能力得到极大的训练和提升。学生的学习兴趣、求知欲望在课堂上得以满足，课堂成为学生激扬生命的舞台。正因为学生自身主动地学，在认识部分，我“轻松”了许多。主要任务是让学生从“无名状态”顺利过渡到“有名状态”，作好数学专业术语、符号的定义，解题格式的规范等，需要讲授知识本身的内容大大减少，学生听得轻松，是“水到渠成”的感觉，老师也同样轻松，是“得到解放”的感觉。它充分体现了学生是学习的主人，教育和教学最终和基本上依靠学生自己。有理数运算部分的“大感受”，学生自己找出自己解题的不好习惯，解题中注意了自己提出的注意事项，在几次年级测试中，有理数运算的得分率、优分率都是最高的。

学生普遍喜欢生本教育的课，小组在课堂上的重要作用使得学生能在组内得到帮助、认同、欣赏。同龄人对个人的成长影响最为明显，“生本”体现了这种影响，体现了分工协作，每一个组员的工作都功不可没，如几何中视图感受部分，要求学生以组为单位做立体模型，组长安排分工，每个组员都会有具体的手工作业，上课就需要所有的立体模型完成建筑物模型的搭建。组内交流要求达到每名组员清楚明白本组的讨论结果和原因，把本堂课干扰“新知”学习的部分在组内交流中解决或者基本上解决，争执不下的问题在全班交流解决，组内学习能力强的学生有责任教会后进的学生，后进的学生有机会代表小组在全班交流本组讨论结果。每个组员、每个学生都承担一份责任，获得一分收获，得到一分尊重。学生怎么能不融入集体中、学习中，怎么能不喜欢“生本”?

实践使我初步认识到，生本数学的教学有助于增强学生数学学习积极性，提高数学能力，学好数学知识，更能为广大教师提高初中阶段数学教学质量打下扎实的基础。

广州四中周伟锋老师的一条经验是：（学生）自己的问题自己解决。深圳松岗中学的喻天望老师有几天外出开会，布置高二学生自己学习，回来一看，学生做的孟子思想研究竟然很有深度，他们写出了《孟子和柏拉图思想的比较》、《孟子与卢梭的民主思想的比较》、《孟子的政治思想》、《孟子的人性论分析》等等。这样的班级，当然在高考中有良好的表现。考入北京大学的一位学生来信说：“喻老师，您的生本教育使我从容应对大学的生活，一定会有更多的人理解您的教育思想的。”

方法论之“我唔话，你讲先”

我不知道这个笑话好不好讲。五华人李奖先，一日，开车走错路线，交警给他登记，“你是哪里人?”“我五华。”“姓名?”“李奖先。”交警不满：“问你哪里人你不说，问你名字反而要我先讲!”（“我五华”音谐广东话的“我唔话”，意为我不说；“李奖先”音谐广东话的“你讲先”，意为你先说）原来这个故事是想说普通话的重要，但我喜欢的是“我唔话，你讲先”这句话。

一项具体的教学内容，有时候可以是老师先讲，有时候可以是学生先讲（做），各有好处，但是，就总体而言，我们却强调“我唔话，你讲先”：先做后学，先学后教，教少学多，以学定教。原因何在呢？过去，我们为了学生发挥其创造性，把后置性的学习——教师教了再做作业，改为前置性的学习——教之前先学习，这样，就把被动变成了主动，把模仿变成了创造。然而，今天我们再来看这个措施的时候，感受到它更深刻的意义在于：我们为整个教学提供了一个把教转化为学的空间，创造了在一个内容项目中把教转化为学的开端，打通了儿童的学习和生命世界广泛联系的通道，创设了最大限度地发挥儿童生命资源的条件。归根到底，就是可以使教归依学。

既然先学有这样的意义，我们就要设计一种教学方法，使学生可以先学，而我们又可以为之服务，从而最大限度地发挥系统的效益。这样的教学方法或模式，我们称为“大感受、小认识、勤熟悉”的模式。有时候，我们把它称为“三个步骤，大块文章”。三个步骤，指的是大感受、小认识、勤熟悉；大块文章，指的是感受要大气，不要 45 分钟里见分晓。教师要真让学生感受，就必须为他们设想，到底怎样做才能真学得到。显然，学生自己能思考，但仅仅在课堂里是不够的，课堂很难有充分自由的个体活动的空间。这样，教师的教学安排，就要有一个他们自己可以读，可以查找书籍、资料甚至上网的时间和空间，而这样的时间和空间，一般要在课前，在回家的时间里。这个时候，教师还没有讲授，他们可以完全地依靠自己去学去思，形成真正意义上的自主学习。在这样的基础上，他们回到课堂就已经颇有想法了，这就是他们学习的新起点，比过去的教学要高的新起点。

注意，我们要使学生先学，必然要在这先学之前对学生进行一番组织布置。除了教师告诉他们面临的问题之外，还可以由小组交流一下自己先学的初步想法。整个学习小组对提高组员的学习质量有一定的责任，所以这样的交流时间虽然短暂，但意义很大。

学生有了先学的基础，回到课堂，就可以进行小组的交流。生本教育课堂研究的经验表明，这是一个最容易被忽视的环节，其原因是教师总觉得这还不是教学。这里真正在碰撞的是要靠教还是靠学。我们好不容易才使实验教师了解了这一段是最重要的，于是他们就找到了课堂教学改革的突破口。他们认真地对待这段交流，给足时间，要求人人参与，注意小组成果的形成，为班级的交流做准备。当然，具体的教学教无定法，但是，让儿童处在创造之中，处在学习之中，这是一个基本的框架。

下面是广州市第八十九中学李海英老师上的“单项式乘以单项式”一课，整节课完全由学生在自己先学的基础上自己感受，小组和班级交流。由此可以看到先学后教的效果。

这节研讨课是以生本教育理论为指导，以《生本数学》教材（第 42 页：整式相乘，活动 12，活动 13）为蓝本而设计的。

这是一节感受课，为了让学生充分感受到单项式乘以单项式的计算方法，我运用生本教育先做后学，先会后学的策略，一开始就设计两组题让学生按他们自己认为正确的方法做，然后小组内部进行解法交流，并让学生自己上台写答案、讲解、讲评，尤其是黄嘉婷同学在讲解 $3a \cdot a^2$ 为什么是等于 $3a^3$ 时，讲清楚了关键所在。她说：“因为 $a^2 = a \cdot a$，那么我们可以把 $3a \cdot a^2$ 看作 $3a \cdot a \cdot a$，而 $a \cdot a \cdot a$ 可以写成 a^3，那原来的式子就等于 $3a^3$。”她把传统教学中老师要讲解的内容都讲解清楚了，全班同学都没有异议，鼓掌通过，同时又使得每个学生对单项式乘以单项式的运算有了初步的感受。

接着我又放手让每个学生自己动手动脑编出 2 个单项式乘以单项式的题目，小组选出具有代表性的 2 道题上交，再由老师选出其中的 10 题，学生热情很高，个个都想表现自己的“高”水平。事实上，学生潜力无穷，他们交上的题目不乏想象力和代表性，也是老师上课前没有预料到的，例如：0 ·

$a^b \cdot b^4 y=($　　$)$；$(-a)^2 \cdot (-a)^3=($　　$)$；$2a^n \cdot a^{n+1}=$ (　　)。于是又顺理成章地让他们自己做那 10 道被选出的题目，小组内部对答案，交流完后，请小组代表把讨论后仍有争议的不同答案全部列举出来，结果主要集中于这样三题中：

① $-2y^2z^2 \cdot (-6x^3y^2z^4)=[6y^4z^6x^3;\ -6x^3y^4z^6;\ 12y^4x^3z^6]$

② $(-a)^2 \cdot (-a)^3=[(-a)^5;\ 0;\ -a^5;\ a^5]$

③ $2a^n \cdot a^{n+1}=[2a^{2n+1};\ 2a^{2n+2}]$

我对这几题不给任何自己的观点，而是让学生各抒己见。李浩同学首先站起来说："第一题中，我认为第三个答案是正确的。"傅适野同学马上提出："那为什么答案的系数是 12，而不是 6 或-6 呢?"李浩很镇定地回答："因为根据乘法交换律，可以交换因数的位置，那就可以先用系数相乘，也就得到了 12，接着再把字母相乘。"瞧，学生分析得多好！李春燕同学还不甘心："那你能不能解释一下为什么前两个答案的系数做错了呢?"这时，做错此题的谢燕华同学主动站起来说："我把前面的 2 漏掉了。"这道题就在学生的你问我答中轻松地解决了。

更为精彩和激烈的场景出现了。对于第二题，秦琪书同学当仁不让地发表了自己的观点："我认为四个答案中，0 肯定是不对的；第一个、第三个、第四个答案都是正确的。"郑茜同学补充说："第一个答案肯定是对的，因为 $(-a)^2$ 看作 2 个$-a$ 相乘，$(-a)^3$ 看作 3 个$-a$ 相乘，这样一共是 5 个$-a$ 相乘，也就可以写成 $(-a)^5$ 了。"我问："对第一个答案还有没有不同意见?"学生都摇头。接着我们的注意力都集中到第二个和第三个答案。到底它们对不对呢？我让学生继续发表自己的看法。洪蜢同学发言："我认为第三个答案也是对的。因为郑茜刚刚也说过看作 5 个$-a$ 相乘，那么奇数个负数相乘，最终的结果是负数，所以可以写成$-a^5$，由此也知道a^5是错的。”这时凌悦同学还有质疑：“$(-a)^5$是表示5个$-a$相乘，而$-a^5$是表示a^5的相反数，它们表示的意义不同，所以我认为答案$(-a)^5$是对的，而$-a^5$是错的。”多么精彩的发言啊！在一旁听课的老师都不由自主地为学生精彩的发言而鼓掌。当然老师还是应该明确告诉学生，从意义上理解，正如凌悦同学所说，两者意义不同；但作为计算结果，实际上是相等的。整个过程似乎成了学生自由辩论赛，欲罢不能，学生乐意，老师也轻松，学生基本上把老师要讲的内容都通过他们活动的体会、感想等表达出来了，通常也不用担心学生解决不了问题，要充分相信他们潜能无限。

整节课都是学生个体、学生小组在进行活动，在感受，学生讲评中往往会有一些独到的见解，一些很妙的想法、解法，甚至是不可开交的争辩，让老师也很欣喜和兴奋。这样的一堂课，老师“减负”了，不用担心会讲到喉咙疼；而学生呢，上课积极性很高，下午上课也不用担心他们会打瞌睡，因为都是他们在进行活动，通过活动获得感受、发现知识，他们有成功感和喜悦感。当然这也正是本着生本教育全面依靠学生的行为观，充分运用了学生这个重要的资源。

老师认为，要上好这样的一堂课，特别要注意培养学生的个体意识和小组意识，除了自己要独立思考外，还要充分地运用“小组”资源，每个学生真正、充分地参与小组活动，通过与同学之间大胆讨论、交流、互帮互助，共同学习和提高。

小组的作用

教育应当面向全体学生。小组学习中教师与学生平等参与、全员参与学习的过程，正好使这一要求得到真正的体现。在传统的课堂教学中，只重视书本知识的传授，不注重情感、态度、意志等方面的培养，不利于学生的全面发展，而小组学习较好地解决了这些问题。

小组学习的过程是学生对问题深入探讨、共同解决的过程。它充分体现学生的主体性、全体性和活动性，可使学生之间形成和谐、友好、合作、互助、竞争的关系，共同达到成功的彼岸。在教学活动中，可使学生忘记学习的艰辛与劳累，使他们真正在活动过程中学习，增长智慧，发挥潜能，体验获取知识的乐趣。

学习小组是生本教学中重要的一环。我们的经验是，没有小组就没有生本。用不用小组形式，如何看待小组，往往是教者的理念水平是否进入“生本”的一个标志。我们在听课中常常看到的“不能放开”的现象，往往表现在对待小组环节的必要性、重要性和正规性的认识不足。教师满足于由自己组织的全班性的讨论，本质上还是不相信学生，怕他们的活动离开自己原来要讲的内容，形象地说，是喜欢由教师主管的“球门发球”，不喜欢组织儿童的“三角短传”。

实际上，小组是最重要的学习（特别是课堂学习）的组织形式。它上连班级，下接个体，儿童的个体学习，可以通过小组的活动得到机会，得到肯定或修正，得到表现，得到过滤、强化、优化以及调节。个体、小组和班级，形成了变化无穷的学习链条。

小组形成了一批学习中的骨干，形成了一种自身的文化，无论班级大小，小组都能起到很好的作用。重视小组的作用，就要在观念上把小组活动是合法的教学过程，小组本身是合规的教学组织，小组文化是最有活力的生本文化的地位确定下来。一经确定，教师就要尊重小组，发挥小组的作用，一般不越俎代庖，不一竿子插到底。课堂实践表明，一个问题，通过小组活动研讨之后再放在班级研讨，学生有了准备，有了初步的研讨，就会大大提高班级研讨的质量，学生的发言热情也会大大高涨起来。

要在课堂上安排好小组的座位，使之既方便于小组讨论，又能面向讲台。小组长要加以培训，交流经验。小组活动中要有基本的要求。例如，要求每个人都要发言等，当然更重要的是形成小组活动的机制，有利于组织讨论。下面是博罗县罗阳二小一位老师写的小组活动的记录：

在学习 20～100 的认识中，我设计了“跳绳比赛”的游戏活动。游戏规则：(1) 4 人一组，一人跳，其他三人数并做记录；(2) 比较出 4 人谁跳得最多，按从小到大或从大到小排列出 4 个数；(3) 说说每人的发现和感想。游戏中学生准确地数出 100 以内的数并熟练地数出几十几到整十数之间的数，如 29 到 30、39 到 40……跳完后学生就认真地比较本组中谁跳得最多，谁跳得最少。通过他们的亲身参与，学生在这活动中有许多发现和感想，如：“我发现我学会了数数。”“周芳同学真棒，她一次能跳 58 下，我要向她学习。”“跳绳可以锻炼身体，我每天都要坚持跳绳。”……在活动中，学生不但学到了数学知识，而且还学会了与同学合作，知道跳绳活动也是一种锻炼。在有趣的活动中学生的学习积极性也被调动起来，学习成了一件开心的事情，许多学生会问：“老师，数学课真好玩，下一节课还上数学吗?”眼睛里充满了期盼。

江门市生本教育实验教师伍映丽老师营造“小组学习”氛围的经验是：

在小组活动中，我们渗透合作的意识，鼓励学生要愿意和善于与别人合作，并通过实践使之逐步明白小组任务的完成有赖于小组每个成员之间的相互合作。如玩“先比大小后求差”这个游戏，先由小组中的前两个人抽两张卡片，并将两张卡片上的数合成一个两位数，第三个人对这两个数进行大小判断，其他组员赞同后，立刻求出最大数与最小数的差，并填表。要想尽快做完游戏，只靠一个人的力量是不行的，一定要靠每个组员发挥团结协助的精神。由于我在每个小组特意安排了优等生、中等生和后进生，所以在游戏中，有的组员动作快，有的动作慢。刚开始时，有的组员埋怨动作慢的同学，产生不良的情绪。于是，我耐心地进行教导，说："你们要想取得红旗，就必须团结，无论谁有困难，我们都要帮助他。可以告诉他，你看，别的组玩得多快，要是不努力的话，我们就一定落后了。"组员一听，恍然大悟，立刻行动起来。久而久之，组员在活动中形成了互相帮助、互相勉励的良好风气，无论谁有困难，其他组员都会主动帮助他，鼓励他，还不时发出"加油！""你真棒！"等鼓励的语句。这不仅发挥了学生之间的团结互助的精神，还养成了合作的好习惯。

小组内实行干部轮换制度，不少后进生在组员的鼓励、帮助下，通过努力摆脱自卑，当起小组长，带领组员开展活动。在小组比赛过程中，组员十分投入，都为自己的队伍、组员打气、加油，气氛可热烈呢！活动的开展，不仅激发了小组之间的竞争意识，还逐渐培养学生的集体主义的荣誉感。

在小组活动中，学生相互交流见解，从而拓宽思路，激发探索的欲望，充分调动学习的积极性，促进再创造。如教学"平面图形"时，我特意举行了一次"图形拼合设计大赛"。要求以小组为单位，运用刚认识的各种图形在白纸上拼合图案，凡被评选上的作品，将张贴演示。小组成员明白要求后，兴致勃勃，共同拼出了坦克、机器人、花朵……拼了一种又一种，每个成员都沉浸在创造的欢乐之中。活动的开展，为学生的再创造奠定了基础，使每个学生在体验成功中又求得了创新。

如玩"跳 7"游戏（"跳 7"游戏就是让学生从 1 开始数

数，凡数到数字中有7的就不读，跳过去继续数，后来再说出跳过的那个数是几。其目的是让学生熟练数数），不少学生举一反三，又编出了“跳2”游戏、“跳9”游戏、“跳10”游戏等，这对于年纪小小的一年级学生来说，不正是一种创造吗？

“小组学习”的活动形式，表面上看，课堂秩序并不好看，但是很实在。课堂上每一个学生都在参与教学活动，几乎每个人的脸上都洋溢着笑容，学生在实践活动中不但增长了才干，还发挥了潜能。这不正是尊重学生，以生为本的最好表现吗？

广州市白云区三元里小学骆赛定老师的经验是：

怎样编小组才算科学呢？一般人都会认为，既然经常要开展小组比赛，那么各组的水平必须大致相当才行，于是少不了“生蛤拉死蛤”，也就是一个优等生配一个后进生。其实这种编组方法并不可取，必定会造成组内优生“独霸”的现象，动手是他，记录是他，汇报还是他。长此下去，小组便成了“一言堂”，“合作”也就名存实亡了。不妨换一种思维方法，用另一种筛选标准来分组。在一群小朋友当中，他们的个性表现是丰富多彩的，有的人善于组织，有的人善于动手，有的人作风细致，有的人善于化解矛盾……这几类“人才”都是每个小组不可缺少的，老师可以从这一视点上去挑选、配备，保证每个小组都有相当的活力。再说，这样编组有利于发掘更多小朋友的潜能，说不定有许多原来的“死蛤”会因特长得到突显而变成“生蛤”呢。

把准时机与贯之始终

在教学实践中让学生去小组学习，选择时机很重要，例如：在进行长方形和正方形周长的计算这个知识点的教学中，笔者安排了三次合作。首先是教学前，笔者给学生布置了一个“小研究”，就是让学生解答一个问题故事：小熊的爸爸、妈妈买来一张长120厘米、宽60厘米的玻璃桌子，为了安全，他们想买些海绵管把桌子的边套住，问要买多长的海绵管。刚上课，笔者的导语部分还没说完，小朋友们已经情绪高涨、跃跃欲试了，因为他们带着的是成功，是自己“生产”的知识，而只有学生自己“生产”出来的浸润着学生自己心血的知识才是有生命的，才会产生刻骨铭心的爱。这时安排他们小组合作、交流解决问题的方法，最合适不过了，因为每一个学生都有“炫耀”自己解决问题的方法的机会，每一个学生都会听到来自他人对自己“拳头产品”的评价。以下是学生研究出来的解决问题的方法：(1) 60＋60＋120＋120＝360（厘米）；(2) 60×2＋120×2＝360（厘米）；(3) 60×2＝120（厘米），120×2＝240（厘米），120＋240＝360（厘米）。此刻的课堂遍是滔滔不绝且暗藏玄机。这一合作交流也是解决问题的方法的汇集和初步提炼的过程。教师此时除了板书学生的研究方法还肩负着主持人的角色，你必须参与其中，跟学生一样在乎他们所说的一切，在一些转折的关口加以点拨、提示，必要时加加温，降降火，跟学生“化合”在一起。

第二次合作也是提炼解决问题的方法的过程，也就是“收网”、优化方法的过程。这次老师同样也是先把问题抛给学生：“你打算选择哪种解决问题的方法？为什么？”然后交给学生在小组交流以及小组之间的交流。笔者在参与孩子们的学习当中的发现常常令自己惊叹不已，这是孩子们在合作交流中捕捉到的。开始时，他们几乎都认为自己的方法好，因为他们都很自信地、正确地解答同学提出的问题及设下的陷阱，如：(120＋60)×2＝360（厘米），“你这道解决问题的算式中，‘括号里的120＋60表示什么？’‘为什么乘2不乘3?’‘60＋60＋120＋

120＝360（厘米），只用加法一种运算不是更简单吗？’……”同样，小朋友们会从别人“挑毛病”中意识到自己思维上的疏漏，更会从别人的赞誉声中知道自己的长处所在。这对提高学生的思维品质无疑是很有好处的。我们知道，生本教育体系把学生看作是教育的基础资源，但它必须与教师、教材、教育技术等众多的教育资源相结合，才能发挥效益。这个“化合”的实现，特别需要以教师的童心、童趣作为“添加剂”。

第三次合作交流的目的是让学生在相互评价中相互欣赏。笔者一般把它放在一节课结束前5～7分钟进行。实践证明：孩子们无论是谈论自己研究中的发现、表扬同学间互助学习的精神，还是对知识的质疑、对同学们的提示等，都充分体现他们在合作交流中的那种真实与精彩。此时笔者再次以学习者的身份融入儿童的相互欣赏、相互评价中去，去体味和领略教学成功的魅力，的确令人精神亢奋，充满乐趣与活力，真切领略到只有真正做到以生为本的课堂才能成为师生共赢、共鸣、共生的场所。

通过教学实践，有关“生本”、“合作”这个话题，笔者刚有了些感悟。我以为：生本的课堂是离不开讨论，离不开小组学习的，所以一定要创设一个和谐的、充满关爱的课堂氛围，一个可以让学生富有个性地、独立自主地、自由开放地合作与探究学习的良好生态，才能使学生进入“学如不及，犹恐失之”的学习状态，才能真正做到既教了书，又育了人，为育人而教书，在教书中育人。

五、基础观：发展悟感和情感

基础教育要打什么样的基础？一般认为，是要打好“双基”的基础，也就是基础知识和基本技能。然而，从基础教育而言，更重要的是更“靠前”的东西，是人的生命底蕴的发展，或者，用我们自己的语言更具体一点地说，是发展人的悟感和情感。我同物理老师说，实验是重要的，但我们更喜欢看到实验之前学生举的例子中的体悟。例如，正规的牛顿第一定律的实验之前儿童自己的举例活动，比如“脚踩西瓜皮的人滑倒了”，“开动的汽车突然停止时乘客向前倾”等。原因是它更能发展儿童自身的悟感。悟感产生感悟，情感产生感情。在“基本知识和基本技能”的重要性正在下降，而人的悟感及情感、人的创造性的重要性正在上升的现代社会，我们要来重新审视基础教育之基础是什么的问题。由于在人的整体生命之中，悟感和情感其实是伴生的，这里着重阐述我们过去较少谈到的悟感。

值得提出来的是，我们一说到悟感或感悟，就会产生一种看法，认为这是理性缺失的所谓非理性主义。正如处理其他二元两难的问题一样，我们的基础教育，我们的儿童的现实和未来，都要求我们依托儿童的生命，而生命自身已经拥有了感性和理性的混沌态，以及它们产生和相互转化的机制，我们不存在要理性还是要感性的问题，只存在让儿童自己发挥其生命的本能去适时地发展自己的感性和理性的问题。也就是说，问题在于我们要不要依靠儿童，而不在于要不要理性，要不要技能，要不要法则。当人的悟感被激扬起来的时候，法则会更扎实地建立在人的悟性之上，基础更为扎实。

有一天，我到三元里小学去听二年级的一节语文课《食堂出卖小猫》，小学生在讨论课文中一个情节，大意是：小猫去食堂买饭，忘记带钱，食堂的猪老板就在食堂的黑板上记着："小猫：5 元"。小老鼠一看，以为食堂有小猫卖，就带了很多老鼠前来买小猫。后来小猫站了出来，把它们都吓跑了。讨论时小学生有的说，猪是笨动物；有的说，猪粗心大意；有的说，老鼠粗心，因为"小猫"后面有两点；有的说，小猫也粗心，没有带钱……这时候有个小同学站起来说：我认为不能说小老鼠粗心，虽然这里"两点"（冒号）前面的"小猫"是动物，但如果是卖的食物后面也可以有"两点"，表示卖多少钱（意思是说，即使小猫后面有"两点"，把小猫看成卖的食物也是正常的，所以不能说小老鼠粗心）。这多有意思。二年级还没有讲冒号，所以学生说是"两点"。但是，他们在语境中对这个"两点"已经开始了很有创意的认识，虽然他们还没有把它理性化（说成是冒号并与其他标点符号相比较），但已经为将来他们自己的理性化打下了基础。这将是单纯的理性传递所不可比拟的认识。理性化的起点永远是悟感，以及由悟感产生的感悟。比如，我们要研究"平行线的判断"，它指的是这样的问题，你不知道两条直线是否平行，然后设法判断它，而"平行线的性质"，则是知道了这两条直线平行，看能产生什么样的结论，但在同一个图形，即同一个几何事实里，我们会看到这两个命题其实是同时成立的，是对同一个现象的不同描述。在理性世界里，这两个命题是不可逆的，我们却在真实的图形中看出它们是共生的，这没有更基本的理由可讲，有的只是悟感。我们提取了，或依靠了我们大家相同的悟感，才获得走向清晰的、理性的自由。

悟感——生命精美的标志

我们无数次地赞美生命。我们去游泳，发现水居然不会浸入我们的耳道；我们去爬山，发现我们会有一种旷达的情怀去同空灵的山色水光融为一体；热了，排汗足以降温；累了，睡眠可以克服疲劳。生命使我们的身心如此协调一致，我们处处感受到通常的生命本能。

此外，如前所述，我们还看到了人的更高级的本能，这就是包括思维和学习的精神活动的本能。它表现为语言的或者是知识的敏感，或者说悟感，是使我们举一反三、触类旁通的内部机制。在这一章，我们要来探讨这样的高级本能的一种形式——悟感和情感的机制，重点放在悟感上。

人的生命自然的神奇，加上深化教育改革的需要，促使我们更聚焦于审视生命自身的性质，更深入地揭示教育与人的生命之间的关系，并回答在教育过程中儿童的生命自身在多大程度上发挥了作用，这就促使我们追问感悟或思想的产生机制——悟感。

我们把儿童的语感、数感，以及乐感、美感、道德感、司机的方向感、游泳者的水感等统称为悟感。悟感是一种“思维的感觉”，而不是一种“知觉的感觉”，它没有具体的意识内容，却是一种前意识现象，会产生意识倾向或意识内容。悟感同感悟或思想不同，后者不仅有意识倾向，而且有意识内容。尽管某些感悟或思想不能完全地用可传达的语言叙述出来，但它可以用以悟感引感悟的方式进行交流或传输，例如借助隐喻、事例等，人们可以意会而不需言传，从而交流感悟或思想。然而悟感的主要功能不在于传输，而在于它提供了产生感悟的基础，或者说，感悟或思想是悟感被激活的产物。这种关系，类似于情感和感情的关系，情感触生感情，而悟感产生感悟和思想。

悟感和感悟（或思想）形成的物质基础是有区别的，前者更带“贴身性”。这里可借用奥修把头脑和心灵相区别的说法，他说：“我想要你将每一样东西都放在它正确的位置：如果头脑和心之间有任何冲突，必须先听心的。如果爱和逻辑之间有任何冲突，那么应该由爱来决定，而不应该由逻辑来决定。”沿着这样的判断，人的感悟或思想发生在头脑里，悟感却发生在心灵或“身体”里。由于悟感的存在，人的先天或内在的因素和后天或外部的刺激因素连接起来了，于是形成了感悟或思想。

在汉字里，脑和心似乎有紧密的联系。脑似乎是肉体的，而心却主思考。这表现在所有思考的和情感的字都有心字。“心之官则思”，我们开始认为这只是我国古代对人体解剖知识的欠缺所带来的不准确的表达，应该是“脑之官则思”吧！可以说，奥修的脑子和心灵区别论——脑子主要是司算计，而心灵司情感，其实只是暗合了中国的古老思想。汉字是如此漫长而大量地筛选碰撞的结果，它表情达意的深刻性，我们不能低估，这里，它再一次表现了神奇的一面。其实，我们很容易就可以知道，这种微妙的区别早就存在于我们的思想感情之中。比如，一位朋友在下雨天跑了老远来看望你，这时你要说的是“噢，你真有心”，你决不会说“噢，你真有脑”。前者肯定人的爱心，而后者给人一种算计着利益的感觉。这种微妙，发自我们的悟感。

实践和研究表明，悟感现象在人的精神生活中大量存在，而且起着我们过去难以注意但极为重要的作用。悟感是我们解决问题、有所创造的核心因素；悟感是生命的底蕴，并在人的活动中发展，而不是靠教；悟感的培养是今天教育改革中十分值得注意的新领域，是基础教育的基础，对它的研究，将为教育走向以学生为本提供强有力的依据。

悟感的普遍性和基础性

悟感在教育思考中很重要，首先是因为它在人的精神生活中到处起作用，而且带有基础性。苏联的奥尔费耶夫实际上提到了类似于悟感的现象，他认为，在创造性的想象过程中，“也有潜在意识参与其中，在这潜在意识领域中反映了主体的不受意识控制的经验，也就是说，这些经验没有表现为语言形式，或者虽然表现为语言形式，但处于意识阈限之下”。他又说：“定向主动性的状态是了解动物和人的思维、智力活动和行为心理的基础和关键……器官对定向的要求状态是机体的整体性在其对外界环境的主动关系中的最高表现。”

我们过去忽视悟感的存在及其作用的原因之一是，悟感还不能归结到心理学上的某一个概念。因为它不是知觉的感觉，更没有具象的特征，难以直接实证化。但如诗歌里写的，“虽然我们没有见过风，当湖水起波纹的时候，我们知道风来游戏了”，我们不能直接知觉悟感，却可以用现象学的方式来对它进行研究。比如以道德感为例，有的作者认为：这种现象学的分析的要点在于，如果确有作为道德意识感的意识现象呈现出来，我们就应该承认它们，并如实地描述它们，要在一个完整的意识结构中描述它们；要在生活世界中分析这种意识现象；要把意识与实践活动结合起来。

悟感在人的精神生活中具有普遍性和基础性，主要来源于下面的思考。

一、悟感现象广泛存在

生活中我们几乎处处可以察知悟感的现象。在我们所用的词语中，悟感的灵敏程度称为悟性；悟感上升到意识领域即形成感悟，称为觉悟；情感和悟感被激动起来，称为感动；由悟感生感悟，称为领悟或顿悟。悟感存在的广泛性更可以从它对我们言语的沟通和符号的理解的支配作用反映出来。如前所述，在数学和物理中都有一批不加定义的概念，例如点、直线、空间、集合、力等，我们尽管不能用语言来对它们进行描述，却仍然可以用它们作为基础概念。比如，在某些早期的数学经典中，直线被这样地说明：“直线是这样的图形，在它上面的点是一样地放置着的。”——这只能是定义缺失时的指代性话语，而不是一个明确的定义。但是，这并没有影响我们在直线和点之类的不加定义的概念之上的理论研究。人们以此为基础正确无误地建立起严密到令人生畏的数学和理论物理的大厦，其原因在于，我们的悟感会对这些基本的不加定义的概念产生共同的感悟。类似地，我们的日常语言几乎都是有解释的、弹性的，如“天”字，可以是“天似穹庐”的“天”，可以是宇宙的代称，可以是神道的别名，可以是自然规律，甚至可以指大自然，等等。在悟感的作用下，各种情景自动生成各种用法。如果我们去解释它们的词语结构，进行词义辨析，将会混乱不堪，然而我们借助这些词语却沟通得如此美妙，没有什么人因此“抬杠”。反之，我们如果纠缠在词语解释上面，即使一个“打”字也说不清。你可以说“打”就是一个人对另一个人施加力量，那么拍肩膀算不算“打”？这样你要加上限制语：带有攻击的意识和带来抵制性的反应的动作。但是，“打水”的“打”又是什么呢？“打面”呢？等等。也就是说，在庄严的文字后面，原来依靠着我们的悟感——说不清道不明的悟感，梳理着我们头脑中的符号世界，不是人生识字糊涂始，而是人生混沌才能识字。

爱因斯坦在其自传中写道：“无可置疑的是，我们的思维基本上是不用符号而且是不自觉地进行的。假如不是这样的话，那么为什么我们有时候会对某种知觉感到‘惊讶’，并且是完全自发的呢？这一‘惊讶的行为’看来是发生在直觉同我们脑中已经相当牢固地建立起来的概念世界发生冲突时，当这种冲突很尖锐、很强烈时，它反过来又会对我们的智力世界给予强烈的影响。”奥尔费耶夫认为，对于人的思维而言，来自外界的“物化”信号刺激的反映是必要的，但是远远不够，还必须有一个最重要的本质性因素——系统在指向外部、指向物的世界的行为中必须具备主动方向性和目的性。他进而指出，主动要求因素，动机的范围和价值因素，不仅是具有符号形式的思想的物体意义和内容意义的基础，而且也是整个思维的主动性的基础。这就是很难将思维形式化的原因。

二、悟感具有可求同性

我们所观察到的群体的人在很大范围内可以表现出对事物的认同，反映了悟感在我们各个个体里大同小异的存在，如前所述，其原因是人类的百万年发展的大数量大概率的类似事件和因果重复的实践在生命机体中的积淀。例如，人类靠长期形成的悟感校正了视网膜成像的倒置，使之同实际存在的状态相符合，这对所有的人都是共同的。实验甚至表明，再度设置的倒置像还是会被校正过来：在斯特拉顿的实验中，被试在若干天内带上具有倒像透视的眼镜，从眼镜中看到的都是“脚朝天”似的，但在人的“主动指向外部世界对物的活动之作用”的作用下，被视的正常视觉逐渐得到恢复。

又如，我们阅读文学艺术作品，它的意境、韵味，它的绕梁之音或形神兼备，都会在不同人的心灵间微妙地共通。有一定文化的人读“嘈嘈切切错杂弹，大珠小珠落玉盘”，几乎每个人的脑际都共同地回响着那幽怨跌宕的琵琶声。再有，我们看到，从悟感中获得的相互沟通和理解，甚至可以融贯古今。唐代诗人陈子昂的“前不见古人，后不见来者，念天地之悠悠，独怆然而涕下”，流传千年，我们今天无论是仰望苍穹，还是行看历史，都会产生类似的情愫。人与人之间悟感的可求同性，正如我们在“儿童观”一章中说过的，是人类借以形成社会的生物学基础因素。

三、悟感具有能动性

任何后天的经验、知识、科学、宗教、相关智慧等，总可以追溯到人的悟感。这是因为悟感并不仅仅是静态地，而是十分活跃地依据不同的情境萌生感悟和思想。这同样源于它是生命的反应，在远古岁月的磨洗中形成了人与环境的和谐以及人与人的、与自身的和谐，从而发挥了强大的内化、圆融或补偿作用。这在语言的产生和学习中突出地表现出来。比如说，“妈妈”这个词，仅仅依靠我们生命开始时的一声呼叫，就可以代表那个对我们有生养之恩、为我们操劳终日、把全部爱心倾注在我们身上的人，这完全是因为我们对母亲的悟感在充实、补充、支持着这个简单的词语。我们不仅不能否认无意识的存在，而且必须强调指出，如果没有无意识，恐怕我们什么事情都做不成。乔姆斯基也谈到了人类关于普遍语言结构的见解。他的语言发展说认为，由于人脑中存在着一种语言中枢，儿童生来就具有发现或分析语言程序从而获得语言的能力，这使得儿童掌握本族语言不仅异常迅速，而且极其完善。这一见解后来得到了德国科学家的验证，其所说的来自先天的人类语言的共同结构，显示出了语言方面悟感的形态。我们还可举出作品欣赏和悟感的关系。作家在创造作品时对语言的开拓性运用会引发我们相应的悟感，因而我们会感到愉悦。比如，我们激赏“雾失楼台，月迷津渡”中“失”和“迷”两字妙不可言，其实，这时候我们不自觉地，也在赏识自己秉有的悟感能参透作家的悟感，用自己的思想享受作家的思想。

四、人的悟感具有使认识回归本体的还原性

悟感是我们处理和化解认识论方法和本体论方式的矛盾的本质因素。文化、科学、宗教作为人对世界的认识要诉诸符号，人的提升必须进入符号世界，但是人的符号思维，包括逻辑的抽象的思维以及非逻辑的形象的思维，一旦借助符号就必然要离开它所来自的本体，它也就不能完全地反映本体，这就是“道可道，非常道。名可名，非常名”。到底对于事物应当缄默而不离开本体，以保持对具有生命的整体事物的体察，还是应当通过分析，以明白事物内在的道理？这些问题的解决都指向悟感的存在和功能。事实上，人的悟感把被研究和言语表述带来的与事物本体的割裂，重新弥补为本体，归依于本体。就这样，悟感始终让我们保持对本体的冷静的、完整的认识。也就是说，对事物的诉诸符号的认识能被本体化，把不可言喻变为不言而喻，把琐碎回归为整体，赋予书面的、形式化的、线性陈述的知识以意义生命，是依赖于悟感。

五、悟感具有对于符号世界的蕴涵性

对于符号世界来说，悟感是初级的，但是具有蕴涵作用的。即使在以严密著称的数学符号体系建立中，我们也离不开悟感。几何学家和物理学家帕斯卡所说的“敏感精神”，实际上是在描述悟感。他说：“我们必须在一瞥之下一眼看出整个的事物来而不能靠推理过程，至少在一定程度上是这样……这并不是说我们的精神没有在进行推论，但它却是默默地、自然而然地、毫不造作地在进行推论的；因为它那表现是超乎一切人力之外的。”显然，这里他还顺便指出了悟感的自然性，悟感的存在和发展依赖着人的内部自然规律。

帕斯卡提到的这种情形，我们可以举出许多例子。比如说，光从一点到另一点，走了直线段，也就是两点间的最短路程；如果光通过反射从一点到另一点，遵循入射角等于反射角，我们可以知道它走的也是最短路径，对后者可以做一个简单的理性证明。这时的悟感其实是一种和谐感：既然光直射时是“最短”的，那么在反射时也应该走最“短”的路线。理性论证比这样的“和谐的感受”要困难得多。可见，悟感的“指示”常常远远先于论证。在此，证明是需要的，但它不是创造性和第一性的。问题不在于要不要论证，而在于我们过去总是强调论证而忽视悟感的存在，从而使论证本身也失去根基。

综上所述，我们可以看到，悟感除了是我们进行最起码的沟通的基础，也是我们形成感悟，进而进行有效思维的原初状态，更是在心灵深处克服分析思维与输入信息的分离，保护我们最终完整地对待外部世界的卫士。它极其广泛地存在着，与外部信息结合，支配着我们的思维、语言和联系方式。它是我们生命的最重要的底蕴，是我们所称为“才具”的重要组成部分。

我们之所以可以在文化世界中行走，之所以可以进行各种各样的交往，之所以可以进行某种形式的教育而使人成为文化的人，其原因不仅在于我们得到了文化信息、交往信息、教条信息，更在于人的悟感在起作用。这一作用十分强大，经常伴生在所有的思维与思考之中，伴随着每一个教育行为和教育绩效，以至于我们几乎发觉不到它在处处起作用。长期以来，我们在教育教学中强调“双基”（基本知识和基本技能），然而，这仍然不是人的认识的根本，真正的根本在于人的悟感。如上所述，悟感作为基础教育的基础，它的发展的重要性应当超乎“双基”（基础知识和基本技能），理应纳入我们教育教学的视野，成为教育实践的根本追求。

资源论的依据：悟感在儿童智慧结构中的地位

儿童是教育过程中的主体吗？是最重要的教育资源吗？如前面几章所述，这是教育改革中先要集中力量解决的问题。对人的悟感的讨论有助于深化我们的认识。

事实上，人们对儿童的意识结构的认识存在不足：人们把对儿童经验的分析与儿童的悟感相分离，无视儿童的悟感资源。我们在把儿童和成人进行对比时，不恰当地把儿童的几乎与成人相等的最强大的生命内蕴资源——情感和悟感去除了，再来“核计”儿童的经验资源（不言而喻，在这点上同成人相比，是少得可怜的），并由此确定儿童在教学活动中的地位。

如果把儿童与成年人放在一种完整的智慧结构中来看，他们的思维都是以悟感为依托的。悟感非常重要，它是人的涉及智慧的高级本能的重要组成部分，是这个智慧结构的“大头”，它来自百万年人类进化的底蕴，并且，无论是在成人还是在儿童的心灵或头脑里都存在着。儿童尽管还有一个发展悟感的问题，但我们的研究实验表明，悟感的发展并非匀速进行，而是在婴幼儿阶段就通过最初的激活而迅速扩张，这样，就使儿童在短时间内接近于成人的悟感水平。这里“接近”的含义是，儿童和成人既有的悟感的差距同他们的共同拥有的先天部分相比，是很小的，而且，人的后天的悟感发展，并不在于量的增加，更在于质的变化，例如，产生某种悟感倾向性，改变悟感的形态等。儿童的所谓“天真”，并时常给我们惊喜和启迪，就是因为儿童的悟感大而经验少。

对儿童悟感的忽视成为师本教育的依据，往往潜在于教育教学研究中，以致相当多数的改革不能使儿童摆脱被动地位。即使在较为先进的关于学习就是儿童经验的转变的一类教学理论中，其中所指的经验，也常常仅指当代经验、现实经验和具体经验，而忽视了它依存于人的悟感的底蕴、潜能和先天的学习框架。于是儿童“很吃亏”——原本教育的本质是生命提升，是在儿童的生命里完成的，儿童的生命自身就是教育最重要的工作场，是动力之源、能量之库，是最大的资源。这一资源包含了生命所拥有的一切，生命所联系的一切，而由于教育研究者的忽视，儿童所秉承的百万年进化的人类的生命底蕴被扣除了，剩下的仅仅是难以与成人比较的后天经验，这当然就导致了低估儿童的教学设计。可见，如何看待以悟感为核心机制的人的意识结构，如何看待儿童悟感的作用，是教育能否走向生本的关键。

除此之外，悟感还有不可直接教的性质。

首先，悟感深藏在机体内部，远离外部的直接干预，而这又源于人类对创造力自我保护的机制，是生命精美的最深刻的表现。如上所述，悟感是人的创造性活动的核心，而人的机体和功能的不断创新和创造，是人存在和发展的依据，也成为天性的一部分。创新是生命的本义。于是，为了保证创新不受干扰，大自然把作为创新的核心机制的人的悟感深藏在生命深处，它与生俱来，又和生命活动一起发展，难以被外力所直接作用。而且，它的无意识的特性，也恰好拒绝了外力以知识、说教的直接干预。奥修认为，现今“一切都得教，就连生命的根基也得教，那就意味着我们被连根拔除了。我们失去了与自然的联系。如果你被教会如何去爱，你的爱将是虚假的。真正的爱应该是自发的。你怎么能被教会去爱？如果你被教会了，那么你是根据规则行事的，那里没有自然的流动”。悟感和爱一样，只能通过人的自主活动才能获得。

其次，体现着物竞天择、促进人类创新和保护创新的意志而保持私密性的悟感，既不是所谓的主动建构，或简单的重复指教就可以形成，也不是一次理性思考的产物，而是联系着人自身大量活动的、自然的、以生长方式进行的一种发展。即使是对个体自身，悟感也具有这样的特性：你想要描述它，捕捉它，刻意地建构它，它就不存在了。如庄子所说，真实、神圣是通过完全的忘我达到的，甚至对于这一状态的追求本身，都会成为一种障碍——于是你不能忘我，你一旦努力地忘我，就会形成障碍。比如说，你何以如此完美地呼吸？庄子说不是你在呼吸，而是“自然”使你呼吸。“我在呼吸”是一个虚假的概念，还不如说“自然”使我呼吸。悟感的这种生命自在为主、自为为辅的发展，也就是我们日常所说的：“语感是学生通过大量阅读和其他各种语文实践活动形成的。”或者如高中数学教师感叹的：“高考的最后两道题不是教会的，而是他们自己悟到的。”又如当面临一道选择题：在一个句子的括号中填入“增进”、“增加”、“增长”中的一个，学生当然也可以就这些词的本义和句子的配搭进行分析性的思考，但在考试的情形下，更经常的是依靠他们的语感，没有分析，而只是思维的“感觉”，甚至是只依靠若干表征，依靠放置之后“舒服”、“不舒服”的感觉来判断。人似乎有这种机制：当自己处在信息处理困难的境地中，就会回到更加接近智慧生命起点的地方，即运用悟感进行搜索，用奥修的话，就是从头脑回到心灵：“头脑是逻辑……非常有用，在市场上，你没有头脑无法存在，我从来没有说你不应该在市场上使用你的头脑，你应该使用它。你应该使用它，而不被它所使用，那个差别是很大的……头脑给了你所有的科技、所有的科学，因为头脑给你太多了，所以它就宣称它是你灵魂的主人，它的害处就是这样开始的，它完全关闭了你的心扉。”

在智慧活动中，儿童积极性的最强烈的推动力，来自智慧活动本身。这是因为存在情感和悟感相互依赖的活动机制。事情归结到上面已经说过的：生命的本义是生生不息的创造——无论是人的细胞的新陈代谢，还是种族的繁衍，或是智慧的生成，都是一种创造的过程，而自然的规则是创造总伴随着某种高级的愉悦，即马斯洛等人本心理学家说的“高峰体验”。教学的措施越接近儿童的自主创造，就越接近生命的根本。人一旦在既有的智慧活动中动用自己的悟感，就意味着超越既有，也就会带来强烈的愉悦，这就是悟感的运作和情感交会之处。在大量教学实践中，我们观察到，最持久强烈的愉悦不是来自一般的“快乐学习”活动，不是来自简单的表扬欣赏，而是来自人的文化创造活动自身的激励，这对我们认识和革新日常评价的功能，以至于认识教育的本质，将会大有裨益。

情感和悟感的不受外力支配性所表现的自然意志向我们发出的信号是，不要在基础教育中过早地用既有知识去充塞儿童的精神生命活动，否则只会剥夺他们自身通过活动去发展悟感的机会。我们教是为了他们去学，但不要教那么多，不要去占满儿童学习活动的空间，而是要向儿童提供更多的学习活动空间，协助他们自己实现对其学习活动的主宰。我们应当让他们愉悦、自主、大量地活动。要尽量依靠儿童对人类创造物和自然物的直接考察，例如，宁可让儿童更多地在幼儿阶段进行游戏活动，而不急于让他们认字、写字，因为幼儿的游戏活动是合时的显现天性的行为，会最有效地取得经验和发展悟感，带来丰硕的收获，并为以后领略人类的符号创造物做好充分的材料准备。在我们的低年级语文实验中，充分的口头语言准备和活动感受会使一、二年级学生一旦识字之后，立即就能用文字、拼音、图画或计算机输入等方式作出令人惊讶的表达。

再次，悟感深藏在生命内部，这丝毫也不意味着教育干预的施加者无所作为。事实上，外力完全可以以间接的方式影响儿童的活动方式，推动儿童的活动，促使儿童自身起作用，激励、强化和优化儿童的自主学习。在这里，教育的作用，有如辣椒在人用餐时的作用。辣椒不仅仅是作为一种味道参与的，而更是以它辛辣的刺激引起主体内部的神经兴奋和消化液分泌，从而增强食欲，即其主要功能是间接的，但同样可以是有力的。在我们的生本教育实验中，连续多年，儿童长时间地处在教师协助构筑的强大的班级“生本”文化之中，处在活动的兴奋之中，积极学习，乐此不疲，仁爱，合作，自信，向上，高质。这里体现了教师的更为高级的作用：人的活动的激励者、引导者、帮助者。

从另一种角度看，人的正确思想是人对外部世界的感知和人的悟感相结合（再进行加工）的结果。儿童的学习资源因拥有悟感而成为富矿。而且，严格说来，如果我们局部地看考试分数，可能会感到儿童之间有很大的差异，但是，这些“差异”同每个儿童的内蕴秉有相比，却是不明显的。这就使我们更好地领会恩格斯的人与人的智力差异远小于家犬和猎犬的差异的见解，从而更有必要也更有信心奉行有教无类，改革教育教学，使之生本化，让学生在有效的活动中发展悟感。

我们还要提及教育中的儿童资源观。正因为儿童拥有悟感这一强大的底蕴，而悟感又是“教”所不及的，外界的力量难以企及生命深处，只有靠儿童自身的精神生命活动才能发展它，这就意味着儿童拥有教学进程的最重要的资源。这里再一次强调了我们前面提出的“起点非零”的儿童观。我们过去论及教师、课程、学生诸因素缺一不可，这是毫无疑义的，问题在于，我们总是忽视学生在其中的主体地位，而是把它与其他因素等量齐观。其原因是对教育的提升生命的本质认识不足。事实上，以生命提升为本质的教育，必然最终和基本上依靠生命自身才能实现。生命准备了百万年来形成的无限深刻丰富的悟感和情感资源，而发展人的文化指向和道德指向、精神指向的悟感及情感的底蕴，就是人的素质的核心内容，是生命提升的重要指标，更是赖以提升人的生命的关键。依靠悟感，发展悟感，是现今教育的重要策略。

上面所述及的人的悟感的存在性、基本性、重要性和自在性，都表明教育必须依靠生命自身，必须实行生本教育。其实，支持生本教育改革的更重要、更深刻的理由是：只有如此才能发展人的科学认识，而又始终保持本体的领悟，既锻炼发达的科学头脑，又发展着真善美的心灵。奥修说：“头脑是生命里面最重要的东西之一，但唯有当它作为一个仆人而不是作为一个主人的时候才好。头脑一变成主人，问题就产生了，那么它就取代了你的心，取代了你的灵魂，而完全占有了你。这样的话，它就不是在遵循你的命令，而是开始在命令你。我并不是说要摧毁头脑，它是存在里面最进化的现象。我是在说要小心，不要让仆人变成主人。记住，是你的灵魂第一，心第二，头脑第三——那是一个真实的人的平衡人格。”他又说，头脑可以给你面包，但是头脑无法给你喜悦，它无法使你在生命中欢欣鼓舞。“对慈悲而言，对爱而言，对喜悦而言，对笑而言，一颗免于头脑枷锁的心是需要的。”①

在我们两百多所历时十几年的生本教育教学实验学校中，儿童从高度自主的积极的学习生活和真诚的活动交往中获得了良好的品格——积极、向上、合作、自信、求知，同时也达到了更高的认知水平，教育的众多理想和追求在生本教育中得到较好的解决。特别是我们由此认识了儿童前所未见的认识能力，从而摆脱了低估儿童的教育设计误区。在我们的放开儿童的生本教育研究中，解决了八岁儿童能读，三年级会写作，五年级在读写两方面达到初中语文水平的问题。而所有这些表现，都是在高度自主的、享受性的、愉快的学习中完成的。在其他各科学习方面，实验班学生在实行重视悟

① ［印］奥修著，林国阳译：《生存智慧》，学林出版社 1996 年版，第三章。

感培养的教学之后，不仅打下了相关的基础，而且培养了创新和突破的意识。例如，在数学学习方面，逐步出现了知识透彻、悟感强烈、勇气非凡的学习生态。学生在生活中处处看到了数学，有的用步子测量湖的周长，有的看到电视上的台风消息，就算算按照台风的速度何时抵达，给家里人提出何时关窗的建议，等等。人的悟感使数学变为极富生命性的智慧之书，更加推动了学生自主学习的进展。有的教师形象地说，发展悟感其实是帮助儿童“张开天目”（打开天赋的眼光），悟感的整合和还原功能，使“学科基础知识的外延就是生活的外延”表现得淋漓尽致。当儿童在生活中到处看到语文、看到数学、看到文化的美的时候，不教而教就出现了，教育就自动化了，这是多么美妙的图景！而这已经在许多实践生本教育的学校中、课堂上出现了。流行的教育只把注意力放在追逐分析方式、线性方式和“双基”的“微正确性”上，有意无意破坏了人的整体精神生命活动，这显然是一种因小失大。

对儿童悟感发展的研究，也使我们认识到，在儿童的生命模板和既有的活动体验中包含了人类高深思想的雏形，或者说，人类高深思想总可以在儿童的生命体验中找到与相关框架的联系，而这种联系总是通过悟感来实现的。例如，皮亚杰关于三种图式结构的研究实际上反映了他对这种存在的一种概括。又如，人类在机械运动方面的成就所具有的大多数复杂方式，总可以分解为圆周运动（转动）和平行移动，而在儿童的生活中，这类运动方式早就被大量地感受过。在悟感的作用下，儿童在学前生活中就具有的活动和词汇，使他们在入学以后具有一旦认字就可以读书，一旦会使用符号（包括会写字，会输入电脑，会用拼音和画图等）就可以成文的能力。这里，儿童有效地使用着“猜读”的机制。也许“猜读”是最值得注意的教育现象之一。它实际上就是最积极地而且可定向地发挥了悟感的作用。依靠猜读，儿童扩展了他们认识文化世界的机会和力量，极大地发展了他们的认识及体悟能力，不仅直接获得了过去不可思议的丰富知识，更发展了珍贵的悟感，而且大大提升了他们的自我效能感。如同爱默生所说的：“一个学生用他自己的武士的时代来解释武士时代；也可以用他自己的相仿的小型经验来解释那海上的冒险，环绕地球航行的时代。对于世界的宗教史，他也有同样的钥匙。当那些远古的先知的声音在他看来，仅是他幼年的一种情操的回声的时候，他就可以戳穿一切传统的混乱与制度的歪曲性、滑稽性，获得内中的真理。”①

我们的两百多所实验学校有大量的这样“读得懂”的报告。在实验班级中这类情况大量发生，说明我们的在儿童“读得懂”（全部或一部分）基础上的教学设计是合乎实际的。这样的教学设计有可能腾出更多的时间和空间给儿童自己进行活动性的自主学习。

悟感不是靠直接指教来获得的，而是靠儿童自己的大量主动愉悦的活动来发展的，这就要求具有朱熹所说的“宽着期限，紧着课程”、“小立课程，大作功夫”的课程观。过去，大量对学生来说可依靠悟感和活动直接获得的课程，也完全由教师教授，我们只要紧缩这部分课程（“紧着课程”或“小立课程”），而腾出时间“宽着期限”，就会为学生进行积极自主的学习活动创造基本的条件。为此，要求在观念、课程、教材、教法、评测、管理等各个方面，都系统地加以变革。

整个课程要注意整体性、主干性、活动性，方便学生的活动。头绪过多是当前课程设置及教材编写的严重问题，它导致教师无法组织学生的有效活动。对这一问题进行处理的难点或盲点，在于编制者对相关课程的本质及教材的核心之处的认识和理解。为此首先要对基础教育中学科之间的关联进行分析和整合，然后要捕捉学科内部的核心，才能形成具有主干性、整体性、活动性，又有相当强

---

①［美］爱默生著，张爱玲译：《爱默生选集》，花城出版社 1997 年版，第 110 页。

的覆盖性的课程与教材。这是一个异常宏大的工程，然而它有重要的有利条件，就是课程和教材中，可以贯穿“全面依靠学生”这一因素来考虑学生的资源特别是悟感资源，将大大减少设置和实施的难度。从我们正在进行的生本教育体系实验研究来看，尽管此项工程浩大，但上述的想法是必要的和可行的。

我们认为，要依据悟感的培养和应用的一致性，以大量自主学习活动来培养悟感，例如，以学科中的大感受活动来培养悟感——如语文通过大量阅读活动培养语感，是教育改革成功的最有利的条件之一。生本教育的方法论就是“先做后学，先会后学；先学后教，少教多学”，甚至“不教而教”。① 我们在把握纲领的同时，以学定教，使学生在自主和愉悦的情态中学习，取得了积极、欢乐、高质、高效的效果，广大实验教师、校长、家长为学生的悟性的展现感到惊喜，激动不已。

我们深信，对于悟感发展的研究，将会把对受教育者的研究引向深入，更利于人们接受教育以学生生命发展为本体的事实，从而自觉地走向生本。

① 郭思乐著：《教育走向生本》，人民教育出版社 2001 年版，第 131—136 页。

六、课程观：回归符号实践

我们讨论一堂讲“绝对值”的课，老师的设计是这样的：先让学生思考两个相反数，看看两者有什么联系和区别；然后，通过讲解，说明在数轴上一个点到原点的距离就是这个点表示的数值；此外，再让学生去学习绝对值的代数意义。但是，这里就已经有很多要教的部分。事情可以简化为：要求学生找出一对相反数的例子，然后请他们用自己的方法把两个数的联系和区别说清楚。这样一来，要学生接受的东西就大大减少了，但是学生却可以提出许许多多自己对绝对值的描述方式。比如，最简单的是，对 6 和 －6 来说，符号相反，如果不考虑符号的话，数值相同；另一个解释是，如果把这两个数看作是赢 6 球和输 6 球，两者性质相反，但球数都是 6 个，等等。这样，绝对值的概念就很容易理解，而如何表示绝对值，也必然会被学生发现。

这两种课的设计有什么区别？前者忽视了学生自己会感受到建立绝对值的那种内驱力，而后者则对此给以充分的考虑。

在上面相关的章节中，我们已经注意到了对人的起点的判断是人有思维和学习的高级本能，以及学习的框架，例如语言的、行为的框架等。而我们过去的课程的显著特征，是在“教本能”，或“人为地制造框架”，因而否定了本能和学习框架的作用，这不仅仅是一种巨大的浪费，而且还带来德育、智慧和能力发展的一系列严重问题。作为这种课程方式的载体，就是符号研究的课程本体。符号研究是对人类符号智慧的第二轮加工，因而难以同人的学习本能和学习的框架挂钩。以符号研究为本体，既不能满足学习者的真正需要，更大大损害了依靠生命的教育机制。因此，要克服笨拙、陈旧的教本能和不依靠本能的教育方式，就必须用符号实践的课程本体取代符号研究的课程本体。

课程本体是课程改革的重要问题，它涉及课程的最基本框架，往往超出通常视野而难以引起注意。然而具体地说，基础教育课程存在的许多问题，例如课程庞大、学非所用、脱离实际、忽视真正的基础、背离学生的认知规律等，其原因，都在于对课程的本源和本质认识上的误区，导致课程本体的扭曲或偏离，形成了脱离学生的以符号研究为特征的课程本体。而今天真正需要的是回归以符号实践为特征的课程的本体。简单的例子是，作为语言的学科，如语文、英语，常常转化为语言的研究，而不是语言的实践，离开了语言实践本身，语言的研究成果很难被学生理解，而且会妨碍学生对语言的把握，形成双亏的局面，这就使语言学习变成“无语凝噎”。揭示和解决这两种本体的存在、转换的必要性及其机理，是进行有深度和有跨度的课程改革的关键。对于教师来说，把握这两种本体的区别，有利于我们自觉地加强符号实践。符号实践不仅是现实所需要的，更是与儿童的生活世界紧密联系的，因而是“走进生本”的必需。

课程与符号体系

无论课程涉及何种本体，都离不开符号体系。如卡西尔所说，人是符号的动物，人因为符号的使用而区别于其他的动物。人类构建了一个超出其生存环境的符号世界，由此，人类获得了空前的自由，从而不再受制于环境的束缚。我们的种种文化形态，如宗教、艺术和科学等，是人类符号化活动的体现，也是符号功能的表现。教育必须而且可能通过具体能动的符号接受和创造活动使人逐渐成为“文化的人”。广义地说，我们也可以把符号称为语言。符号或广义的语言创造了一个脱离于现实世界的可能世界。人之能够解决问题，依靠的就是把现实的具体转化到这一可能世界，这一可能世界装载了相关的综合语言和学科语言，以及由此语言符号表述的各种知识，从而便于进行思维运演。可以说，基础教育学科就其内容而言，其实是以语言—符号为中心的学习。例如，波伊尔所说的三大语言：词汇语言、数学语言和艺术语言。当然，词汇语言还可以分出本国语言、外语，物理语言、化学语言，等等。人类创造了语言—符号，用符号记录了相关的智慧收获，用符号的演绎解决问题，即所谓的“运筹于帷幄之中，决胜于千里之外”，或者如数学中所谓的 RMI（关系反演）法则。

在基础教育实践中存在两种课程本体：符号实践本体和符号研究本体。这里“符号实践”指的是符号化活动，即符号体系的建立实践和使用实践。而“符号研究”则是指对符号和符号实践的再探查、描述和审视，它脱离了符号实践本身，形成独立的以研究成果为主的本体。

我们举出两种课程本体的例子。例如，如前所述，对于基础教育阶段的学生来说，语文教学原本是使用语言文字符号进行听说读写的实践，简单地说，就是建立符号和使用符号。或者说，就是认字和用字的实践，但实际状况如同我们拿着箭反复审视，嘴里说着好箭好箭，却不射出去一样，课程不重视听说读写的实践，而把重点放在语言文字符号及其使用的研究上面，把语言文字本身和它的使用实践全都变成研究对象，转化和肢解为对字、词、句、篇、听、说、读、写、语（法）、修（词）、逻（辑）、文（论）的“深挖洞”方式的研究讨论。这些项目其实是对符号和实践的某种再认识或再加工的形式，是对符号实践的反思、叙述、描写和旁白，而不是实践本身，它最初的产生同符号实践有某种关系，但后来远远超出了符号实践的需要，并取代听说读写的实践本体而成为课程本体，充斥在课程之中，语文就由此而成为语文学了。值得注意的是，现实的师本教育体系课程安排，始终难以摆脱对细部过度分析的情结。这样就出现了一种现象：即使学生已经通过整体性的语文实践（阅读、写作）完全学会了读写并由此高质量地掌握了字词句，也还是要在课堂上重新展现细部教学，才算是有“语文味”，这令人想起把熟睡者拍醒让他吃安眠药的故事。

语文的符号实践本体演化为语文符号研究本体，是课程本体演化的突出例子。同样，其他各学科也都存在类似现象。英语听说读写实践本体变成英语语法题型研究本体；原本应当是数学语言的建立和使用实践为本体的数学课程，脱离符号在生活实践中的产生和使用的界定，而变成对运演的过度研究，如题型中的难、偏、怪题等，从而大大增加了课程负担，并掩盖了数学来自生活又为生活服务的本质，抹杀了通过生活学习数学的生动过程。

为了明确起见，我们对符号实践的上述定义还要作如下一些说明。

一是为未来完满生活作准备的知识，是人类进行符号实践的成果，又是符号实践的范例，其基本部分，则是符号体系的拓广的实践基础，因此，它属于符号实践的范畴。

二是我们拓展了符号建立的实践，把学生对于符号的识认也看作是（在学生头脑中）符号建立的实践。对学生来说，符号建立主要有约定方式、实验方式和思维方式。比如，在语文学习中，认字是把前人的约定继承下来的一种实践活动；在物理化学学习中，实验是形成相关语言或符号联系（公式定律等规律描述）的活动；在数学中，符号的使用实践包括通过逻辑思维形成更高级的相关语言并用于现实生活，但不论如何，指向生活实际是基础教育学科中符号使用实践的终极取向。

三是在符号实践中，必然会形成对于符号或符号实践所需要的一些原则认识，但这同超越或脱离符号实践本体的符号研究材料是不同的。依据实践需要进行的对符号和符号实践进行的讨论，以及符号的运演、变换，应是符号使用实践的组成部分。但那些超过实践需要而进行的运演，则应归为符号研究，而不看作符号实践。例如，在小学数学中，我们对某些使用符号进行的运演，就必须区分上述情况。如比较万以内的数的大小，实际上学生通过他的日常生活，已经可以在没有比较法则的情况下感悟到结果，如“几千和几百比，当然是几千大”，“八千多和七千多比，当然是八千多大”。这时我们没有必要设置比较的条文，而只需让学生在“做”中习惯，反之，如果一定要加上条文而转变为符号研究，就会显得多余。类似的，文言的学习也不必对其语法现象作何评论，例如，对“秦赵战于长平”不必归结为“状语后置”，没有什么人是依靠语法条文读懂文言的，等等。一般地，对于学生的符号实践动作，可以有几种级别的对待：“做中自悟”级（如上述万以内的数比较），“举例促悟”级，“列出条文”级。采取何种级别，完全视符号实践的需要而定，否则，就会成为冗余，滑入符号研究之中。这种情形，如同对于我们的日常生活，譬如走路，不需要来一番如何走路的论述与说教一样。

四是学生在符号实践中发生的人格的塑造、思维能力的加强、方法的提升，是课程的功能甚至是目标，但不是课程的本体。

五是符号研究只是指对符号及相关实践的一种超级处理方式，它同学生在学习中用研究的态度或方法对待符号实践没有什么关系。例如，现今常说的“研究性学习”（尽管对它也有不同的看法，比如，严格来说所有的学习都应带有研究性）同我们这里所说的符号研究就是不同的范畴。

两种课程本体有如下区别。

一是不同的基本内容。符号实践本体的基本内容是符号的建立以及使用的实践，它涉及符号与外部世界和人的内部世界的互动，这里所接触的符号可以看成是第一性的。而符号研究本体，涉及的是符号和符号活动的相关知识，是对于符号体系（包括符号及符号化的活动）进行形而上的描写，它着力于似乎是美妙的但对学生并非那么必要的，甚至是无用的文字研究、作文研究、语法研究、题型研究，它本质上是研究符号的符号，是第二性的符号体系。

二是不同的儿童观依据。符号实践本体承认教育的儿童主体观，始终尊重学生的生命存在、需求和活动规律，尊重基础教育阶段的素质教育及生命提升的本质。而符号研究本体忽视学生主体，漠视学生的生命存在，在符号自身的形式把握上超越学生的需要，但在形而下的实质把握上又显得贫乏。

三是不同的符号观依据。仅仅认识人是符号的动物，认识人借助符号而产生的与动物的区别，仍然是不够的，把人类的全部文化都归结为“自然的符号系统”这一“先验的构造”，而不是历史的创造的符号理论，带有唯心主义色彩，用卡西尔自己的话讲，他的哲学是“作为一种文化哲学的批判唯心论”。符号研究本体正是这样地把给予儿童的东西局限在符号体系及其研究的内部领域，忽视符号的两个来源：外部世界与人的内部思维活动的加工。而符号的实践本体认为，符号来源于外部世界，是人的头脑进行加工的产物。符号体系存在的终极意义是使用，尤其是用在生活的需要上。无论是符号化带来的前瞻判断，还是符号带来的人文和文化的提升，或者甚至是似乎远离生活实际的被认定的难题猜想的证明，其实都离不开围绕人的世界的需要。例如，研究某某数学猜想，可能是生活提出的问题，更有一种可能：它不是因为具体的生活需要或者是数学自身的需要，其潜在的作用仅仅是为了说明人的智力，并联系到民族、国家或个人的智力地位、荣耀。而其中，对基础教育有意义的思想和方法，主要分布在符号的建立（含约定）、改造和使用的实践中。

四是不同的符号性质。符号实践中由于有实践的界定和筛选，需要的仅仅是基本符号。而符号研究本体由于缺少实践的界定和筛选，除了基本符号之外，还会产生大量对基础教育对象不必要的生成符号以及相关体系。例如，操作教条化、行动技术化、对知识的多余评论、过度分析、题型归类、解题技巧描述等。

五是不同的实施方式。由于符号实践课程本体是符号为中心的实践，它本质上是源流方式，因而提供了学生活动的基本条件。而符号研究课程本体是对符号或其实践进行的研究，它本质上是截流方式，在实施中表现为对符号和活动的描述和说教。例如，符号研究本体的英语课程，不是进行听说读写的实践，而是烦琐的语法系统的叙说。我们曾经指出生本教育采取的是“源流式教学”，而师本教育则是“截流式教学”，其根源即在于课程本体的不同。

当课程本体从后者转换为前者时，去除了对第二性的符号研究的沉重冗余，学生获得学习最必要的第一性符号的时间和空间，从而大量地接触人类的符号创造物，并用体验和感悟的方式去取得其中的营养。现代教育要求我们在两者之间进行选择。近年来，我们在一批生本教育实验学校中实行了符号实践本体的课程，结果表明，它带来了授予性课程的大量精简，保证学生自主性课程的时间和空间，普遍出现学生积极、欢乐、高质的状况。广州市天河区体育西路小学和昌乐小学的实验表明，让学生在自主状态中学习，相当部分的一年级学生可以正确地演算千以内的加减法，相当部分的三年级学生可以画出关于 20 天内的气温统计分析图，这些事例都充分表现了他们的综合活动能力。

符号研究化趋向

从基础教育课程的本源来看，它的本体应该是符号实践。无论是远古先民两辈之间的技艺相传，还是封建社会提倡的“六艺”，或“道而弗牵，强而弗抑，开而弗达”①、“小立课程，大作功夫”的教导，都是强调人通过直接的符号实践获得感受或感悟，而不强

①《学记》。

调以对实践的描述性说教来取而代之。这样的朴素教育延续了许多世纪，才出现了以对符号实践的再加工来取代符号实践的课程现象。这种再加工原本是为了提高符号实践质量的环节，然而由于它具有超基本符号的性质，具有任意发展的优势，具有深度文化的品位，容易被专门化，成为专家的长项。而从古至今专家有着对基础教育课程的无可争辩的发言权，于是，教育开始脱离“完满生活准备”的目标，从“六经注我”演变到“我注六经”，有意无意地以溢余和深加工的方式走向装饰性。

如同斯宾塞所批评的，在社会的急促发展时期比较强调实用，而社会的平缓时期则强调装饰。随着整个教育从实用性走向装饰性的过程，课程本体进入了符号研究的误区。符号研究不重视符号建立和使用的实践，而崇尚对符号实践的再加工，把“那些受人称赞的知识放在第一位，而那些增进人的福利的知识则放在第二位”，“同给儿童装饰身体一样，我们也随着时尚给儿童装饰心智”。

斯宾塞实际上指出了一种长期以来藐视儿童的生命存在的思潮。它来源于局限于符号内部的世界对教学较为“方便”和符号进行逻辑繁衍的自身吸引力，以及学科专门化的力量，逐步地成为一种约定传统。它符合以下传统的可教性的种种特征。

一是可充填性。对于忽视儿童自身这一重要教育资源的师本教育来说，符号研究是课程虚体生长的不竭源泉，它摆脱了实践的制约，而理论上可以无限地延伸，这就造成了非实用课程的扩张，为漫长的学制提供了足够的单向传输性教学内容。

二是可计划性。容易编制教学程序，可以按部就班地教，使教学有条不紊。

三是学术性。它符合理想化研究的科学方式，适合以学问方式进行生产，可以成为一种教学技艺。

四是可展示性。符合通常的教学管理的展示性的要求。

五是可评价性。这也是最重要的，特别是方便于书面的“客观性的”评价，形成完美操作的项目测定，符合科学化的管理原则，适应客观考试的需要。

此外，这种方式同时保证了儿童的获得有所交代：儿童掌握了许多学科的骄人的知识（尽管是与儿童发展不那么相关的）。这些特征，恰好是符号实践所不具备的。但如此美妙的一切，却掩盖了一个事实：它们主要是为教而考虑的，而不是儿童第一需要的，儿童迫切需要的不是对于符号活动的研究。上面所说的“好处”，都是以儿童缺少学习自主秉性的假设为前提的，难以发挥儿童的天性和潜能。就以其中的“可计划性”来说，这是一种学科系统，它和符合儿童的学习本性的学习性系统是不一致的，教得越严密，儿童的精神就越压抑，思维和行为就越僵化。另一方面，很明显，它离开了学以致用的原则，从而离开了社会的真正需要。

综上所述，符号研究本体课程导致了虚体课程膨胀，学非所用，远离人的生活，严重压抑人的学习积极性，阻碍了教育质量与效率的提高。在这里，每个知识点都凝结深思，高深而典雅，令我们流连忘返。问题在于，它对于儿童是非生产性的知识，而不是生产性的知识。除了考试所用之外，儿童不能借此获得什么对未来生活或学习有所帮助，它不是基础教育所需，而只是某方面的专家所需。问题更在于，它的膨胀和充塞挤压、破坏了符号实践，使儿童最终不能真正地、充分有效地进入符号化活动。它实际上否认了基础知识的普适性，即在学生的生活中处处可以遇到基础知识，否认了学生具有情感和经验的基础，否认他们是天生的阅读者，否认他们具有一种领悟的机制，否认人需要整体和有意义的学习生活。符号研究本体的实施必然导致同人的内部自然的对立，从而浪费了教育的最重要的资源，进而导致课程实施费力低效。

举例来说，就数学而言，一旦建立了概念和相应的符号，的确可以在这样的符号世界中无限地发展下去，直至形成高深的数学，这就是数学科学家的任务。不言而喻，应当有人从事这样的发展工作。但是就基础教育来说，数学是作为生活中一种可运用的语言进入课程的。数学语言是对事物数量关系和空间形式的刻画，人们把生活转变成数学语言，在数学的符号世界中进行一定的运演，形成更为简约清晰的语言，为人们使用。因此，从数学发生的本源和本质来看，它都是一种工具，它决定了满足人的数学素养的最低限度需要的基础教育数学课程，仍然是数学实践课程。其本体是数学语言（符号）的建立和使用实践。但实际上，在传统数学课程中，数学语言的建立和实践被放在十分次要的地位上，我们更多看到的是它以“掐头去尾烧中段”的课程样式被演化为数学研究课程，符号的来龙（产生过程）和去脉（应用）被掐断了，课程在符号世界中繁衍和发展，数学符号领域的过度运演和原本仅仅是为了熟悉符号而设置的题目被作为最重要的内容。于是过分的演练取代了儿童从实际出发又回到实际中去的活动过程。数学符号成为无本之木。儿童学到的有相当部分是无用的数学，而真正要从实际中抽象数学问题，通过必要的有效的运演，又回到实践中去解决问题的过程缺失了。

我们常常，尤其是在数学教育中，把对符号的认识狭义化，认为符号离开实际空间越远越有教育的意义。这种纯符号的课程，尽管简练、系统和精确，但是，对于学习者来说，它是缺少根系的支持的，犹如豆芽，好看却脆弱。相反，我们需要的是在符号实践中获得大量感受，拥有坚实基础的、黄山松式的、根系发达的那样一种符号素养。

从宏观看，改造符号研究本体的课程，对激活和扩充教育资源，进而发展人力资源，具有重大的现实意义。今天我们处在社会经济急速变化的时期，在这种时期中，教育的质量和效率日益成为重大的问题。然而，发展高中以上的教育仅仅靠重视或靠常规的加大投入是不够的，还要另辟一条思路，这就是减少长期符号研究本体的课程带来的巨大浪费。我们要回归到教育和课程的本旨，实行课程的符号实践体系，促进生本教育体系的实施，把亿万学生的潜能发挥出来，极大地提高教育的质量和效率。

回归符号实践

课程本体从符号研究回归符号实践，这是一项重大的变革。然而，一个自然而然的问题是，为什么要在今天提出符号实践课程本体的问题？符号实践体系能完成学习人类丰富的间接知识的任务吗？能够培养人的深层素质特别是思维素质吗？采取符号实践的路线，会不会因减少课程的容量和深度而降低教学质量？它符合人的需要吗？总括一句，能完成基础教育的任务吗？我们从下面几个方面来看。

一、课程的符号实践本体促使教育回归到人的本体，是时代的需要

从生产力的角度看，今天社会变革的本质是增强了人的能量发挥的容量，在这样的条件下，人自身的实践空间和功能极大地增强，过去认为学生——未来的社会人所不能为的自主活动，现在已经视作平常，这对教育本体向人作为实践主体的回归发出了呼唤。

课程受三方面因素的制约：社会、知识和人（学生）。但在这三者之中，人是学习的主体，是诸因素中最核心、最活跃的能动的因素，是教育目的之所在，其性质、地位与其他因素相比都是不能同日而语的。人的发展最终使得教育为社会和知识服务成为现实。在改革开放前的时期，个体被看成与社会对立，加上学校教育中对儿童的被动化认识，儿童在既有学科面前无所作为。而改革开放的本质就是人的解放，它促使社会对人的活动能量极大扩充，人被看成中心，人的价值、意义、潜能、天性、学习框架，都被重新评价。特别是，人们认识到一个事实：人作为社会的细胞或单元体，其自我实现必须在社会的投影中才获得意义，这就使得人与社会的

关系在人的充分发展中取得和谐，教育从社会本体、知识本体转向人的生命本体，更多地考虑人的生命发展，并且人必须在自身的生命活动中才能得到发展。

而课程本体由符号研究向符号实践回归就应运而生。符号实践实际上是考虑了学习者自身在符号化活动中获得发展，并使之学以致用，为社会服务。教育的现今策略应转变为通过依靠生命自身的活动来提升自己的生命，而符号实践就承担了这样一种使命。

基础教育是公民素质教育，即使在基础教育的各个学科中，也并非进行学科专门教育，而是学科基础教育。基础教育学科对人的主要要求是：（1）为成人生活作准备；（2）为学习其他学科作准备；（3）为本学科的继续学习作准备；（4）欣赏相关学科，例如欣赏数学或语文；（5）学习相关学科的思维。这些任务归纳起来有两方面，一是实质性的准备，二是精神的提升。就此来说，符号实践的课程本体，是必要的，又是足够的。

这是因为，无论学科的思想还是方法的精粹，都集中表现在用符号克服混沌而形成和建立学科体系，以及用符号来实现人类有目的的改造活动。儿童只要在这样的层次上活动，就足以最大限度地获得人类在学科方面的基本素养，从而省力高效地实现上述学科教学的质量要求。

例如，对语文来说，汉字的识别给儿童打开了语言文化的大门，由此，如记录、阅读、成篇、交流、欣赏等等，都立即成为可以达到的现实。儿童由此可以同人类的智慧创造物对话，熟练符号、运用符号、形成思想、交流思想。整个语文学习在某种意义上都可以看作是认字和用字的过程，这就迅速把握了语文教育的主干。借助于主干性，不是要减少语文活动，而是可以方便地让学生自主地、更大量地投入语文的自主学习，成为语文的实践者，并进入对语文相关知识的自觉把握。而关于字词句和篇章的深入描述和研究，属于训诂、修辞或文章学的范围，是相关专才关注的范围，它同语文文字的实践活动没有直接的关系，不应作为基础教育课程的本体。

再如，在数学学科或其他理科学科中，新的概念的形成，其实就是一个新的思想的产生。新的概念覆盖了以后的相关知识。抓住了概念语言或符号的形成、（必要的服务于符号使用实践的）改造和使用实践，就抓住了学科思想和方法最闪光最高级的部分。基础教育学科需要有必要的运算、证明，但拒绝过度的运算证明的演练。过度的另有所图的演练，表面看来会直接训练解题能力，实际上只是一种“圈子里的解题能力”，而不是解决实际问题的能力。它对儿童智力发展和人格塑造作用并不大。正如一个研究报告所说的，棋类活动依赖的主要不是智力，而是经验。数学也是这样，在大量解题运算和证明中重复着的一个老经验——化归，对学生来说，更多的是依靠经验而不是依靠智力，也就难以发展智力。而与此相比，在知识产生和应用的符号实践中，儿童能更密集地体验人类新的思想、动机和方法，能更有效地获得数学学科的精神营养。进而言之，过去我们一直认为棋类活动是智力活动，然而我们终于没有选择它作为培养智力的通用教学项目，而推崇数学作为具有工具性，又有思维培养功能的教学科目。其原因之一，就是数学可以同生活结合，从而能摆脱局部经验，保留其创造的活力。

符号研究最被欣赏的地方，就是它能发展人的智力，但它是高成本的，要付出太大的代价。我们有许多学科的独特方法，需要通过教（传授对学科本身的研究成果）才能学会。但是我们认为，对于儿童，这类所谓学科的方法，一般在他们的符号实践中更可以得到发展。人类所有高深思想的产生所需要的一切，其实早就隐含在儿童的生命模板之中，只是在于它有没有机会、在什么样的情境和时间内被调动和激发。我们的课程的本体，不是从告诉儿童如何做出发，而是要有利于创造条件让他在活动中聚焦并得到激发。这样，反而让他们在自然的情态中更好地开展智力活动。

在欣赏学科和形成学科的思维能力方面，也应当而且可以在符号实践活动中充分获得。至于儿童的人格修养的提高，更是需要在与实践联系的积极活动中体现。我们的生本教育实验中，无论何种类别的学校，学生通过全情投入的生活化的符号实践活动，热爱学习、热爱学校、热爱班级、热爱社会，自信大方，积极向上。反之，如果不依靠符号实践活动，而是把它变为对符号实践的研究，就会在传授描述性的条文的海洋中，湮没人的自主向上的精神。

二、符号实践课程本体把握了“人是符号的动物”的正确含义

人类所使用的符号系统是在大量感受的基础上建立的，并因其代表了广大的事物而获得生命。作为基础教育对象的儿童，不仅仅要直接掌握符号，更要理解符号，并接下人类建立符号的火炬。为了学习符号，应当拥有大量的感受的基础，进而把握思维的最富创造性的部分，它是攻克学科堡垒、形成学科思想的转捩点。在基础教育教学中，常常出现一个问题：把学习变成学生的一系列活动，学生能否学到基础知识和基本技能？实践和研究表明，这一担心是不必要的。所谓基础知识和基本技能之所以是基础的，恰好是因为它分布在众多的事物和过程中。每一个符号化活动或生活实践活动，都必然接触、动用到基础知识，而且都要经历符号产生、发展和应用的最活跃的部分，即新旧结合的部分。此外，我们还可能认为，设置大量的题目或题型就是为了发展人的学科思维，发展相关学科文化。但是，真正的学科文化，只能在众多的反复操练的题目中体现出来吗？比如，就数学来说，真正体现其文化的精彩之处，就是抽象概括、化归和系统。基础教育的对象所能从数学中获得的，是无与伦比的抽象精神与方法。而浩如烟海的数学题反复告诉我们的就是化新为旧的化归策略，以及在一个系统中如何寻找它的最小独立子系统（类似公理体系）。而这些内容在数学符号实践中的隐含，比数学符号的研究要更为集中、突出、清楚和充分。严格来说，符号研究本体所含有的与实践相距较远的问题、题目、说

教、规划等，对基础教育的学科来说，实际上都是超需要的溢出部分。传统观念对这些溢出部分钟爱有加，而对真正的学科的智力因素却视而不见。

三、符号实践体现了符号与人的和谐，符合人的天性，适应学生的成长规律

符号实践质疑“人的发展是建构而得”的观念，而适应了“人的发展是生命通过生长而提升”的事实。符号实践的课程本体实际上是让学生的学习生活化，而符号来自生活，来自人类的需要。通过实践把人与符号连接起来，就把人类在久远历史中创造的符号与人和谐的关系的本质显现出来。我们所学的符号化知识本来就来源于实践，在实践中去学习它们，就会使这些知识拥有自身的生命，呈现与人的友好界面，使学习知识的过程变得轻松愉快。突出的例子是，语文学科从研究语文变成实践语文之后，汉语特别是汉字的优越性更为凸显。现在通过生本教育实践我们可以说，由于汉字的源远流长，汉字与人的和谐默契是举世无双的：汉字自身可以成词，又可以构词，3 000 个常用汉字就可以大量成篇，这使我国八岁儿童能读会写，三年级的儿童可以作文。而且，特别可喜的是，儿童的天性在他们最热爱的实践中获得张扬，他们在符号实践活动中欢乐、积极、高质地学习。

一般来说，基础教育学科是人的发展的组成部分。它虽然有着学科的界定，但又紧密联系着人的整体活动。而人的整体活动具有个人意义，可以激发人的整体生命活动。例如，在语文学习中的最令人积极欢乐的阅读和对话交流，在数学学习中的课题活动、做数学的活动等。生命一旦投入，它的整体、自然、内在的功能就会对人类符号活动进行体悟、感受、理解，补偿不足，激扬精彩，从而完成基础教育学科自身的和发展人的任务。

四、符号实践体现了符号与人的深层底蕴的一致性

人能够沟通，解决问题，做好文章，完成任务，有所创造，十

分重要的原因是人存在情感和悟感。比如，我们的数学、物理的初始概念，不加定义而可以共通，甚至还可以其为基础建立集合论、高等几何、理论力学的逻辑大厦而不倾颓，所依靠的正是我们每个人头脑或身体中的百万年来的相同的秉承，我们不加言说而灵犀相通，心神相会。然而悟感不是用研究和描述方式可以教会的，只能由学习者自身体验和体悟，也就是说，通过符号实践的机制，就可以把这一深层的人与符号的联系在头脑中建立起来。它使得符号的教育作用得到更深刻的发挥，实现对基础教育之基础——情感与悟感的补救和落实。这是离开符号实践的符号研究机制所不能企及的。

综上所述，符号实践本体可以去除符号研究本体带来的不需要实践检验的无限扩张，从而大大精减课程；符号实践含有学科的高级思维活动，拒绝无意义的形而上重复，省力而高效；符号实践体现了符号与人的和谐关系，以最优方式激活符号为人服务的本质，同时又培养了整体的人、全面的人；特别值得注意的是不仅落实了基本知识、基本技能，更重要的是培养了人的悟感和感情，补上了基础教育之基础。以符号实践为本体的课程将促成人对符号的认识、理解和把握，并形成个体自身对符号和符号实践的经验、见解、主张，形成个性化的符号文化，使之具有在新的领域中进行符号创新的能力，实践表明，不刻意教之，反而带来对符号文化深刻理解的惊喜。这时候，儿童拥有的，就不是同他们疏离的符号研究知识，而是他们生命活动所必需的对符号的吸收、内化和驾驭。这正是一个社会能够不断向前跨越的创新之源，也是教育所追求的美好境界。

生长知识与小立课程

当前基础教育教学的一个突出的问题是，传授性或接受性课程占据了太多的分量，而学生缺少时间、空间，也没有精力去进行自己能体会意义的活动，导致学生的学习主体地位成为一句空话。为此，需要大力压缩授予性或接受性的课程，腾出时间、空间，并保证学生的精力，使他们投入对自己有意义的学习活动，即所谓“小立课程，大作功夫”。① 这是教学改革能否达到一个新水平的关键，也是一个艰难的过程。审视知识学习和人的精神生命生长的关系，有利于我们勇于改革繁杂的课程，从而实现课程的真正变革。

教育体系的改革要求对课程进行改革，其方向就是朱熹所说的“小立课程，大作功夫”。指的是教给学生的基础知识要尽可能地精简，腾出时间和空间让学生大量地进行活动，在活动中获得透彻的知识、相关的悟感（如语感、数感等）和探索进取的勇气，即在整个教育教学过程实施“教少学多”。

“小立课程，大作功夫”是必要的，也是可能的。可能性既由于原有课程有着删减的空间，也由于学生拥有学习的潜能和品质。学生拥有学习的天性、潜能和先天的学习框架——例如乔姆斯基所论及的关于人类语言学习的框架，以及皮亚杰的“三种结构”的学习框架，等等。这样，学生就可以通过他们的自主学习活动，去获取反映了人类高深智慧的知识。比如，有的学生认字到了一定的程度，进度会忽然加快，有不少老师还没有教的字他们自己就认识了；在数学学习中，学生忽然找到了老师和课本都没有提及的方法；在语言学习中，比如学普通话，学生用普通话说出一些词语之后，忽然能说出全部词语了。这种举一反三、见微知著的提升过程，同牛顿看到苹果落地却悟到了万有引力的过程是类似的，都是依靠某种力量，从而超越了面对的事物，获得认识的提升。

① 郭思乐著：《教育走向生本》，人民教育出版社 2001 年版，第 105—107 页。

这给我们以启示：之所以可以“小立课程，大作功夫”是系统功能在起作用。在系统中，总有一个最小的独立子系统，由这个最小独立系统，可以得到或生成整个系统。可以作这样的比喻：这就像一个班级，班主任只要掌握一个由组长组成的独立完全系就行了，通过各个小组长就可以把信息传达到全班。一个语言体系也是这样，在其中必然有一个最小独立完全系，在汉语里，汉字就构成了这样的独立完全系。在一个人学习某种语言时，他实际上是在建构自己的语言系统。这一语言系统的最小完全系，是由他自己的语言活动中的一个有限系统逐步发展而成的。比如，他最想要表达而可以表达的东西，就是他当前的有限语言系统。这个有限系统日益扩展，有一天，依靠它可以完全表达主体想表达的意思了，它就成为整个语言系统的最小独立完全系了。借此，主体不需要外力帮助，就具有自行发展全部该种语言的可能性。

从现象上看，知识的这一系统功能，即一个最小的独立完全系，可以决定整个相关的知识系统的功能，似乎是知识自身的性质，但它其实来源于两个方面：一是知识所来自的生活本身的统一性，二是来源于知识的主体——学习者的所谓悟感。我们在本书“基础观”部分中已阐明悟感是人的智慧结构的重要组成部分，在基础教育中，悟感是指儿童的语感、数感、道德感等等。悟感在人的精神生活中大量存在，而且起着广泛的基础的作用。悟感把人接受的信息加以处理而回归事物的本体，它就像人的精神生活中的强力融合剂，消化、补偿、再生着外部世界传来的信息。悟感对于儿童来说，来自先天，而且只能在自身的活动中产生和发展，不能靠教。“小立课程”，就是借助了人的悟感，以及在人的“大作功夫”的活动中发展悟感，从而使人的认识发生迁移、顿悟和感悟，更强有力地认识事物的本体。

在流俗教育里，要求所有的基础知识都靠教，或者只要是成人想得到的知识，都要从儿童教起，这就是忽视了基础知识这个大系统有最小独立完全系，或者说忽视或低估了儿童的悟感机制带来的自主认识能力。事实上，我们只要抓住这个最小系统，就是抓住了整个基础知识大系统，只要依靠了儿童的悟感机制，就可以借助并不完善的（事实上，所有的语言表达对于被表达、被描述的本体来说，都是不可能完善的）信息，去把握事物本体。这样，我们就从满打满算的教育，转变为教少学多的教育。其结果，不仅仅可以节省教育者的行为能量，更给了学生自己去发展自己，在自身努力中提升人格、获得智慧的空间，使教育省力高效。事实上，未来的人所得到的信息大多数情况下是不完善、不充分的，而要由他们去主动获取，不断自悟。

人的学习知识过程的生命性和知识本身的生命性，常常被课程的编制者忽视。例如，小学生学习了多次的除法式子，里面有被除数、除数和商，有时候我们又把它称为分数，有时候又称为比，还有百分比，等等，但对于学生来说，它们本质上是一样的，为什么要反复地学呢？我们不能简单地说这是因为考试需要，也不能只说“循序渐进，只得如此”。其实，比是有生命的。你只要拿一张 A4 纸，沿着长对折，再沿着宽对折，得到的新的纸张和原来的大小不同，但形状是一样的。再对折，也是这样。为什么，你能揭示吗？什么叫作形状一样呢？原来是所有相应的线段之间的比是一样的。这样，不管 A4 纸沿着长和宽对折多少次，纸张的长和宽的比总是 $\sqrt{2}$（即 1.414 2…）∶1。再有，剪出一些长方形，让学生投票，看他们喜欢什么样的长方形，这样就展开了黄金分割的话题。总之，我们把知识变为有生命的对象，然后与儿童的生命活动相结合，就会使例如“比”这样的知识收缩到一点，而使学生想到、找到的变得最多。这就是“小立课程，大作功夫”，数学如此，语文、英语也是如此。

教材观：可动态

当教学走向生本以后，经常发生的问题是，教学的预设会同学生的学习产生矛盾。而教材就是一种最常见、最确定的预设。过去，我们的教材通常很难考虑到各种学生和各种不同的课堂，于是预设都是为了教的一方的。但在生本的教学中，更多的是依靠学生自己借助于原有教材的启示去观察，收集资料，研究书籍，思考讨论交流。也就是说，教材的作用演变为引起和容纳学生活动的框架，除了确定的教材之外，学生还会通过自己的活动形成适合他们的教材。这样，生本的教材应当具有以下几种特性。

首先，教材具有个体性。每个人实际用到的材料，既有固定的统一编印的部分，更有适合其个体的部分。例如，课文是简单图形，我们可以让学生从他们喜欢的图形开始探讨，如从活动“有趣的正六边形”开始。

1. 说一说这种图形的特点。

例如：它的角怎么样？
它的边怎么样？
它的角与角之间的关系如何？
边与边之间的关系如何？
它的各个角的和是多少？你是怎样知道的？

2. 你能想办法把它画出来吗？
3. 阅读下面的资料，能读懂多少就读多少。

蜜蜂建筑师

上面的种草网格，其实和蜜蜂的蜂巢的形状是一样的，都是正六边形柱体组合成的。经过 1 600 年的努力，数学家终于证明蜜蜂是世界上工作效率最高的建筑者。公元 4 世纪古希腊数学家帕普斯提出，蜂窝的优美形状，是自然界最有效劳动的代表。他猜想，人们所见到的截面呈六边形的蜂窝，是蜜蜂采用最少量的蜂蜡建造成的。不久前，美国密歇根大学数学家黑尔宣称，他已破解这一猜想。蜂窝是一座十分精密的建筑工程。蜜蜂建巢时，青壮年工蜂负责分泌片状新鲜蜂蜡，每片只有针头大小，而另一些工蜂则负责将这些蜂蜡仔细摆放到一定的位置，以形成竖直六面柱体。每一面蜂蜡隔墙厚度不到0.1毫米，误差只有0.002毫米。六面隔墙宽度完全相同，墙之间的角度正好120度，形成一个完美的几何图形。人们一直存有疑问，蜜蜂为什么不让其巢室呈三角形、正方形或其他形状呢？隔墙为什么呈平面而不是呈曲面呢？虽然蜂窝是一个三维体建筑，但每一个蜂巢都是六面柱体，而蜂蜡墙的总面积仅与蜂巢的截面有关。由此引出一个数学问题，即寻找面积最大、周长最小的平面图形。黑尔证明了由许多正六边形组成的图形周长最小。

读过上面的资料之后，你会不会联想到下面的几个问题：

1. 蜂房的面积一定的话，如果仅仅是一个蜂房，哪种形状的周长最小？反过来，如果周长一定，怎样的图形面积最大？

可以做一个实验：用一个信封，往信封口装塑料小棒，装得越多，信封口就越鼓，越接近圆形。你边做边可以看到这样的事实：信封口周长不变，圆形装的小棒最多。这说明在周长一定的图形中，圆的面积最大，如果图形不是圆，那么越接近圆的面积越大。

2. 如果蜂房是连成片的，那么，圆形的蜂房之间就会造成很多缝隙，这样就不省料了。要省料，就要把蜂房的形状变成可以镶嵌成一片的形状，这种形状还要比较接近圆。于是，蜜蜂“想到”蜂房应当是正六边形，或正方形，或三边都相等的三角形（也叫正三角形），这是为什么呢？正六边形的一个角是120度，而正四边形的一个角是90度，正三角形的一个角是60度，它们都能整除360，所以用相同的这些正多边形都能镶嵌成一片平面。

3. 但是，比正六边形更加接近圆形的正七边形、正八边形、正九边形等，它们的一个角是多少度，能不能整除360呢？这又是一个可研究的课题。为此，你先要研究一个三角形的所有内角，加起来有多少度。有兴趣的，可以每人研讨后在小组交流，看看能不能得到结果。

4. 如果那些边数比六多的正多边形的角的度数，都不能整除360，那么，正六边形就是最省料的图形。蜜蜂正是选择了这样的图形做蜂房，所以被称为高明的建筑师。

这样，学生就可以从他们最喜欢的图形开始，学习远远超过固定教材的边、角、平行线、内角和的知识了。

其次，教材具有动态性。如果“以师为本”或“以（教科）书为本”，教师也会对教材进行处理，但可处理空间是非常小的，基本不变的。而我们提倡的生本教育的教材的动态性，指的是在一定框架中的随着学习者的不同状态而变化的性质。在生本教育中，我们可以依据学生学习的需要变换一项教学内容的形态，它可以是一个问题、一个课题、一个游戏或者一个有趣的活动，同时，也可以把若干项内容组合起来，容纳在某个课题研究或活动之中。如果我们觉察到原有的教科书的编排并不适合学生的实际，就可以对它进行调整。例如，学生的活动需要有一种主干性，即他们的活动必须沿着他们容易把握的事物的逻辑展开，而不是沿着人为的学科逻辑展开，不能有过多的头绪，我们要及时地调整原有结构，把学科的结构打散重组，使学生容易把握，容易进入全身心投入的境界。比如，在历史“商朝”的章节中有若干知识点，过去我们是去研究这些知识点及其后的命题方式，结果把课堂变得支离破碎，但如果只抓两点：一是历史事实，二是历史思考，我们就会腾出大量的时间让学生占有资料，他们可以去读课本，去读参考书，去上网，自己做笔记、文章等等。这样学生会知道许许多多的历史故事，东周列国、酒池肉林、比干剖心等，他们寻找其中的历史，再整理自己的思考——当然也包含了课本原来的所谓知识点。总之，动态和变动，是为了使教材成为可以自己学习的材料。

再次，教材具有开放性。教材应当有一部分，我们说是大感受的部分，是开放的。需要开放，不仅仅是知识的宽广性决定的，更是学生的自我主宰性决定的。基础教育工作者应当认识到基础知识的外延就是生活的外延，学生的整个生活世界都可以调动起来、利用起来，成为基础知识的载体。那种把基础知识狭隘化的思维应当改变，要形成豁达宽广的基础教育观。这样，学生就可以在任何课堂上找到自己熟悉喜爱的事物，或者说，自己喜爱的东西永远具有与课程的联系性。一位生本教育实验老师对班上一个学生在自己命题写作或发言时喜欢谈的话题是“游戏”大为不满，感到他好像还没有长大。我们说，他喜欢游戏，你就可以让他当游戏专家，研究游戏的种类、好处和坏处，向同学介绍自己喜欢的游戏，查阅古往今来的游戏资料，比如高俅踢球也是一种游戏，高俅玩游戏当了大官。这样学生就在自己的领域里大显身手，学习语文和数学、物理。当物理学讲到斜抛物体的距离的时候，他比任何学生都要明白，当抛出角度是 45 度的时候，物体抛得最远。

此外，教材有生成性。教材只是引子、话题，留有空间，学生大可由此生成新的内容，一篇变多篇，使课堂内容十分丰富生动。例如，一个小学教材中的英语小剧，可以由学生自己演变出各种相关联的小剧，从而消除沉闷，在学习中高潮迭起。在数学中，学生可以有机会在教师授课之前自己读自己想，自己把整个相关的体系建立起来。例如，通过模拟天平的游戏活动，把整个一元一次方程的解法都熟练掌握；通过式即数的意念，自己解决整式的运算问题。而所有这些，都要求教师对所教内容的要点有所把握。比如，教师要知道抓住《离骚》“路曼曼其修远”这句去提纲挈领；而探讨平行线的性质与判定的时候，教师只要抓住一个问题：如何知道平面上两条直线平行，不要面面俱到，也不要把三线八角全都说遍，应当让学生自己去解决。把握要点，找到学生活动的突破口，这是教师的基本功，也是生本教育下教师提高的一个方面。

七、教师观：生命的牧者

在一次关于《教育走向生本》的研讨会上，有人对我书中的“把教育的一切价值都归结到学生身上”发出质疑说，那么，我们教师的价值又表现在哪里？我的答复是，他所引用的这句话本身就是回答。正是由于旧的教育模式与儿童格格不入，教育者把自己的价值和学生的价值分离开来，我们才要加以这样的强调：在教师的职业——教育范围内，教师的价值是在学生身上反映出来的，我们已经有了最丰富的价值，而没有孤立的价值。当然，除此之外教师也可能有溢余价值，诸如他有何种出色的业余爱好等，学校也有多余价值，诸如房子修得很气派、校产很多等。这些多余的价值，可能会提高我们的素质，或者优化我们的社会形象，这或多或少地有益于培养人的事业，但作用太间接。另外，学校设备是培养人的必要条件，但是离开培养人的需要的物质过剩，并不能有助于教学质量的提高，况且豪华常常是对人的另一种压力。今天不是有许多学校虽然豪华气派，但教学质量并不高吗？总的来说，这些都不是教育职业范围内的价值，另当别论。我们回到关于教师的讨论。上面的话题指向教师的地位的改变，在生本教育中，教师应当怎么做？

是“纤夫”还是“牧者”

像牧者那样地管理生命的思想，古已有之。在中国古代就有“牧”的官职，例如刘备就当过益州牧。牧者不去包办羊群的食物，而是把羊群带到水草丰盈之处，让它们自由地吃草，这意味着既管理着羊群（当然也负着安全和保护之责），又尊重着羊群的独立的生命活动。古代职衔的设计者视黎民百姓为被牧的对象，承认日子是靠老百姓自己过的，而官员所做的事就是类似于“放牧”的管理，让老百姓自己更好地生活。这多少表现了一种人本的思想，无为而为，这种意识及方法，对今天我们认识教师和学生的关系仍然有着启发作用。

我们认为，相对于学生生命体，教师同样应是一个“牧者”。教师对学生学习的管理，应该是为了学生的自主有效的活动。然而长期以来，教师的职能却远非这样。我们对学生一点一点地教，要他们亦步亦趋，教不厌细，日清月结，把学生看成需要拉动的逆水之舟，而我们则成了“纤夫”。不同的是，过去长江边上的纤夫拉的是自身没有动力的船，而今天我们牵动的，却是一艘自身有动力的“船”，这艘“船”完全可以自己开动，扬波而去，更严重的是，长年依赖“纤夫”拉动，这艘“船”的动力机械因为得不到使用而日渐锈蚀。这是教育的悲哀。

事实上，教师是“纤夫”还是“牧者”，不仅是工作方式或工作强度的问题，更是对学生是否为学习生活主体的认定，这种认定并不容易。原因是，在某些阶段，对于教师有某种依赖是学生学习生活的组成部分。这同真正的牧羊人完全地置身羊群之外，也置身于水草之外有所不同。在这种情况下，如何认识教师的地位呢？

无论在何种情况下，始终不变的是，我们的工作对象是拥有万年之功的生命本体。对于这个本体来说，我们的教，不过是为个体成长服务的较为重要的或必要的外部条件而已。在本书的前面章节，我们已经阐述了生命的无限精美。这里我们还要强调的是，让生命进入人类的文化领域固然是需要推动的，但是只要有了最初的入门推动（或引导）和最必要的知识基础，生命就可以尽其可能“夺路而出”，去使用可以占有的资源，以实现其自身的提升。

生命的这种跃动、进取的特质，是由所谓“红色皇后”现象刺激形成或演化形成的。① 数百万年来，人类的确在进步，但这些进步丝毫没有减轻人类需要继续努力的程度。里德利认为，进步只是相对的，物种在进步，但进步带来反进步。在《爱丽丝镜中奇遇》一书中，女皇马不停蹄却没有前进，因为整体环境随着她奔跑。“你跑得越快，世界也跟着跑得越快，于是你的进步也就越小。”他甚至认为，进步只是“想要借助改进事物而维持原状”，只是“徒劳的努力”：“今天汽车在拥塞的伦敦街头行进，速度不比一个世纪前的马车快多少。电脑对于生产力的提升也没有抵达的效果，因为人类惯于把已经简化的事情弄得更复杂。”这些话似乎印证了当年章太炎的俱分进化论：“若云进化终极，必能达于尽美醇善之区，则随举一事，无不可以反唇相讥。彼不悟进化之所以为进化者，非由一方直进，而必由双方并进。”“若以道德言，则善亦进化，恶亦进化；若以生计言，则乐亦进化，苦亦进化。双方并进，如影之随行，如魍魉之逐影，非有他也。”他认为，“进化之实不可非，而进化之用无所取。”如果我们不是从消极的方面而是从积极的方面去看待，其实这就反映了人与环境的竞争永无休止，而生命体不努力，就不能保持原来的状态，甚至被淘汰。由此造化了生命体努力提升自己的品质，即人之初，性本学。人是天生的学习者，天生的阅读者，天生的计算者和思考者，天生的感悟者，进取是人的本性。

因为有了主动追求的特质，学生可以自己完成其提升的核心部分。学生需要教师的帮助，但是这种帮助不是核心部分的，而是非核心的、辅助性的。整体而言，教师帮助的意义仅仅是激发和引导，教师的作用就像是在点燃火把，而不是像过去的观念那样是灌满一壶水。这也就决定了教师可以成为“生命之牧者”。

---

① ［英］马特·里德利著，范昱峰译：《红色皇后——性与人性的演化》，四川人民出版社 2002 年版，第 15 页。

现在我们更可以来回答“生本教育是否关注教师的生命活动”的问题了。我们认为，生本教育取代师本教育就是对教师的生命活动的最大关注，因为我们为教师正位：从拉动学生的“纤夫”，转变为生命的“牧者”。我们的教学，就是为“羊群”的成长服务，我们要作出规划，把他们带到水草丰美之处，让他们吃好吃饱，然后又到另一处。风暴来了，我们带他们找地方躲避；狼群出没之处，我们要事先有所警惕；他们过不去的小河，我们要为之搭座小桥……总之，我们是他们的服务者、帮助者、保护者，唯独不是他们的任何动作的代替者。所有这一切，都是为了保证他们的生命独立性。而这个时候，教师的职能就发生了巨大的变化。教师不再是过去的知识传授者，而是抛砖引玉者、穿针引线人。教师的作用是提出学习的主题与需要解决的问题，维持必要的教学秩序，给予学生支持、鼓励，还有及时的、恰到好处的引导。教师不会急于判断学生表现的好坏对错，更不会以知识的代言人出现。知识是靠学生去寻找、发现的，与学生的经验、感悟相连，这样获得的知识才是有意义的、根深蒂固的，同时又具有极强的迁移能力。学生对教师不再感到畏惧或敌意，而是信赖与依靠。他们不再认为自己是什么都不懂的弱者，而是完全可以借助自己的先天智慧与学习机制自主学习的人格独立的学习者。同学之间关系的本质不再是竞争对手，而是共享学习欢乐、互相促进启发的学习伙伴。所有这些变化，不是仅仅存在于人们的美好遐想之中，而是已经发生在生本教育一百多所中小学的课堂上。教师在这样的教育教学生活中精神面貌焕然一新，教育生涯变得十分美好。

教育与启蒙

上面说到如何看待启蒙，是明确教师的工作本质的关键，我们还要深入地探讨它。儿童之初是蒙昧的，要通过教师来启迪他，开化他，这就是启蒙。即使在今天，这样的含义原则上仍然是适用的。儿童确有一段需要启蒙的学习，这时教师是人类的知识和智慧的把握者，是知识信息源，是解释书本信息的权威，儿童需要跟随教师学习。教育需要启蒙，但教育不仅仅是启蒙。启蒙只是点燃和照亮，只是教育的一个重要的但是很小的一部分。

学校教育教学中的启蒙有两个含义。一是文化发展的启蒙，儿童从自然人走向社会人（注意，永远是社会—自然人）的时候，需要接受既有的人类智慧成果和社会规约，从而需要知识的启蒙。就这个意义来说，启蒙就是使初学者得到基本的、入门的知识。另一种是精神解放的启蒙，就是实现人的精神解放，让人感受到自己的精神力量。

这两种启蒙，本质都是唤醒人的学习本能，使本能得以调动并在新的领域中工作。其中，比较具体的、牵动我们内心的是文化的启蒙，我们传统的启蒙观念基本上都集中在这个领域。近百年来，这种观念逐步演变为认为整个教育教学过程都是启蒙。这种演变的过程其实伴随着机械知识观的形成，是教育远离生活实际以及儿童的思想实际，脱离儿童的认识本能，剥夺儿童以自己的本能参与到学习过程的优势的过程。

比如，语文教学离开了语文听说读写的实践，转变为“语文学”的学习。这样，教师不仅要教学生认字，而且要教每篇课文，以及如何写作、如何分析文章等，直到最后形成题目，可以应付考试。这样做的原因在于认为语文能力是由语文的部件——字、词、句、段组成的，学习就要沿着这样的顺序积累构建，每个部件都是需要教的，而且是可教的，于是知识被分解为“知识点”，并重新拼装为知识。这种机械管理观和机械知识观的思考方式，实际上来自统考文化。例如，许多管理者通常不愿意仅仅考察语文教学的终端——阅读和写作，因为这两种项目太模糊，不能给人以确凿的证据说明被考者处于何种位置，也就不利于控制性管理。而且，分成点状的知识容易安排为课堂的内容，容易进行课堂的管理，用题目的生长点来确定知识点，容易备考。

这样的一种知识观违背了知识的真正本质：它的所有的抽象以及应用，都来自知识的“根”——生活本身以及人的心灵或脑海中的活动，都同学生的生命相联系。同时，以频考（注意，不是指高考或中考，而是指从低年级起频繁的或导致频繁的统一考试）为核心的教育丢弃了知识自身的生命性和儿童的生命性。儿童在这种缺少生命性、无从发挥生命性的文化中只能被动地、单调地跟着教师一步一步前进。这就形成了“整个教育都是启蒙”的思想——在一般人的观念中，教育同启蒙很难分别。人们不承认知识有入门和高级之分，而儿童得到入门的知识之后，就可以依靠它推动高级的知识的获得，而不需要另作启蒙。

这种思想来自：

1. 人的学习方式的物理的、线性的或简单化图景的诠释；

2. 工业生产的控制性管理方式向教育的迁移；

3. 机械知识观。

下面我们再就文化启蒙和精神启蒙作进一步探讨。

一、文化领域的启蒙

上面提到的文化领域的启蒙，主要是符号领域和思想领域的启蒙，更具体一点说，是以把握基本符号和思想端倪为内容的启蒙。其目的在于使生命进入一定的文化范畴并开始活动，同时把握活动的工具——既有的人类基本的符号（注意，只要有了基本符号，就足以由儿童自己学习非基本的、高级的符号，这是生本教育实验获得的法则）和遵循一定的线索，以减少摸索的时间，提高人的学习活动效率。实践表明，无论是在符号建立前的表意活动还是符号建立后的语言活动中，学生都表现出以简驭繁的学习本能。即简单的启蒙加上自主学习，就会使他们逐步形成强大的认识能力，进而可以凭借自身的高级本能和丰富的文化的或一般的生活，去同人类和世界对话。也就是说，知识原来就拥有来龙去脉，带有生命性，能同儿童生命活动相结合，而在学习中，当儿童只要把生命活动和知识生命结合起来，就可以触类旁通，举一反三，灵活应用，在问题解决中心清似水，“冰雪聪明”。启蒙不过是对两种生命做了一个基本的工作：“介绍认识”，而后是儿童自己进一步结识知识。到这个时候，教师的作用已经不是启蒙，而是对学习的协助和保护了。

就这样的过程来看，过去我们过分强调的教师对信息的占有或垄断，其实并未真正存在过，何况在今天教师更没有必要也难以包揽所有的信息。实践表明，就语言学习而言，除了儿童的相关学习的、思维的、语言的、情感的本能之外，他们所处的母语环境、人文世界、网络条件、阅读海洋和音像技术等，带来了信息源的极大扩张，使得儿童在信息获取上迅速取得与成人平等甚至是优势的地位，因此有人说我们正在进入一个对大多数人来说信息资源平等的时代。在这样一个巨大的变化中，只要学生获得自主学习的机会或条件，他们的学习就会发生加速运动。

比如，澳门高美士中学由黄老师执教的初一年级地理课，教师让儿童自主学习相关知识，开始时大约是三节课相当于普通班两节课的量，到一个半月以后，实验班进度已经超出普通班一章之多。澳门中葡职业中学杨美雅老师上的高中语文课，课题是“你争我辩道家思想”，学生对这三个问题进行分组辩论：“自然学习可以增大学习效益”、“追逐名利可以推动社会的发展”、“知识不是可靠的”。学生在讨论中大量引用老子、柏拉图、洛克、阿基米德、笛卡儿等名人的论述，以及秦始皇、武则天、曹操、慈禧太后等人的故事，涉及的信息量很大。我们看到，学生入学成绩和原来的学习习惯都较差的学校，同样能够在上高中短短的一个半月中，就迈入较高效率的自主学习之路，这是特别令人欣喜的。再过了一个半月，我们在这个班看到的课堂景象变得更活跃了。有一堂课的学习内容是徐志摩和闻一多的诗歌。学生从《徐志摩全集》、《闻一多诗选》中找了许多诗歌，自己又创作了一些，课堂内容很丰富，令人兴奋。下面所列的是其中一个小组集体创作的诗篇：

音乐给我的快乐

澳门中葡职业高中一班第五小组集体创作

音乐你真是使人陶醉，
音乐，音乐充满我心灵；
那么请各方不要嘈吵，
风不要呼，雨不要下。

音符轻快地跳进脑海，
节奏明快有序又铿锵；
不管老天风吹和雨打，
也带我进甜蜜的梦乡。

也许有时我会有哀愁，
看看随风点头的杨柳；
再听到你亲切的问候，
便唤醒我无神的眼眸。

将欢乐之声传遍各国，
给我们带来无限快乐；
借着悦耳动人的乐章，
情感触动全球每个角落。

澳门培华中学初中一年级的学生更是别有创意。他们上了一节“与名人交朋友”课，连课题的选择都是师生协商的结果。同学们兴致勃勃，分别找到一位名人，同他们进行虚拟通信，例如居里夫人、哥伦布、拿破仑、达尔文等，三十多位同学找了三十多位名人。正像他们的阮宇华校长说的，一堂课就会“形成一本小册子”。下面是其中的两则，看，写得多么生动有趣！

诺贝尔：

你是否仍为哥哥要你写自传一事感到烦心？你对他说：“我不能写自传，在宇宙漩涡中有恒河沙粒那么多的星球，而无足轻重的我们，有什么值得写的哟！”我想你还是别烦好了，我相信你的谦逊会令你哥哥搁置此事的。

另一方面，你看见自己发明的炸药用于战争，感到十分痛心，故你说你会用毕生的努力呼吁世人把火药用于和平。这个问题你也不用担心，因为世上每一个人都喜欢和平，听到你的呼吁后，他们一定会和睦相处，更会将火药用在对人类有益的方面的。

最后，你想用你的巨额财产成立基金，奖励给世界上对物理、化学、生物、医学、文学、和平事业有杰出贡献的人。这个构想实在有意义，我作为你的朋友会支持你，同时也敬佩你。

友：子谦

巴斯德：

你好！我看到你的来信了。有一艘轮船停在波尔多，原因是船上的乘客患了黄热病。你得知后，立即赶往那里，希望能在黄热病中发现一种新的细菌。有人问你：“你这样去，难道不怕危险吗？”你不迟疑地答道：“为了能使其他人活得更好，我愿意用自己的生命做一次实验。”

你到了波尔多，雇了一只小船找到了那艘载着传染病人的轮船。港口检疫所坚持不让你靠近这艘船。但最后他们还是被你的舍己救人的精神所感动，让你上船。

我觉得你很好，你为了救人不惜冒着失去生命的危险，你这种舍己为人的精神应该推广出去，而你的勇敢也令人佩服。如果我发现新病毒一定第一时间通知你！

友：树森

萧伯纳：

很久没见，你想念我吗？前天收到你的 E-mail，我得知你的新书将要推出，可以透露一点内容给我吗？

你虽然有司机，却喜欢自己驾驶汽车。有一次，你一边开着汽车，一边和司机兴致勃勃地谈着你新近构思的一个剧本。就在你讲得眉飞色舞的时候，司机突然抓住了方向盘。“你怎么啦？”你惊讶地问。“请原谅，因为你的剧本太好了，我真不愿意让你在没有写完之前就把命送掉！”

记着，小心驾驶！

友：逸嘉

这些短信对于我们是有趣的，对于作者——学生自己，则是弥足珍贵的。世界上会有许多使他们感动的东西，但他们自己创作的作品则是其中的瑰宝。一位记者看了说，也许老师会帮他们润色。就算是这样又有什么问题？教师就是让他们每个人闪亮登场，并为之鼓劲加油，促使他们看到自己。让他们真正地在文化生活中感受自己智慧的成长，这比许多空洞的赞美和发给奖品要有力得多。特别是，这是“主要依靠教”的做法所难以比拟和难以企及的。

再如，顺德区容桂初级中学的陈志娟老师在上单项式的乘法一课时，就没有按照通常的教材去讲同底的幂的乘法，而是直接向学生提出单项式乘单项式的问题，并要他们自己写出结果。这样，学生为了自己发现乘法，“一不小心”就解决了同底的幂相乘的问题。

就在这堂课里，学生不但解决了单项式乘以单项式的问题，而且解决了单项式乘以多项式，还接触了多项式乘多项式的问题。老师布置的课后作业是：每人编两道单项式乘单项式的题目，并解；每人编两道单项式乘多项式的题目，并解；解 $(a+b)(m+n)$。同学们一看到题目，就议论开了："老师，$(a+b)(m+n)$ 不就是两次运用乘法分配率吗？"也就是说，这一堂课，学生所接触的东西和自己学会的东西，远远超过了过去的教学。这不过是一个课堂上的小小的例子。如果我们坚持这样做，我们的学生就会充分发挥大自然赋予他们的潜力，会变得多么强大。

同样地，广州市荔湾区的张小红老师让学生自己探讨：用气垫导轨能做什么实验？学生反应热烈，一下子提出了九种实验。其中一位学生说，可以做自由落体的实验，原来，他把气垫导轨用于斜面的实验，然后用三角函数求出相关的重力加速度。这种热烈有效的学习状况让老师惊喜不已。

但是长期以来学生的这种独立认识事物的能力，却常常被教育就是大启蒙、大控制，以及教者信息垄断的观点所遮掩。教育否定了学生取得信息的广阔渠道和能力，而固执于原有的信息占有方式和权重。它采取了说教的方式、纯粹学科体系或考试体系，却远离了学生的生命自主投入的那样一种生命提升体系，阻断了学生自主学习的通道。产生这种做法的原因是复杂的，例如可能是教育中的某种偏见、习惯势力、权威势力等等。它并不符合教育的实际，同时，也违反了教师自身的希望学生生动活泼地成长的愿望。今天那种愈来愈严重的竞争和不得不采用的师本教育方式所产生的负面影响，正在催动着广大教育工作者自身的觉醒。

教育同启蒙完全等同的思想，滋生了师道尊严的观念，而后者又强化了前者。实验和研究表明，正常、文明和人道的教育不需要师道尊严。放下师道尊严，放弃那种压抑儿童的权威，丝毫也不表明教师的重要性有所降低，而恰好在更高和更潜在的形式上，在儿童的蓬勃发展的状态中，体现了教师的有为，也体现了教师真正的价值。香港一所几乎专门招收后进学生的中学，有一支在全港中学中打得最好的球队，他们的体育教师的基本经验是，依靠学生自己组织，自己解决全部训练、竞赛的问题，而教师站在后面支持和帮助他们。但是，这位教师有一句非常要紧的话："没有我们站在后面，他们（同学们）的活动会一塌糊涂。"这样，教师作为"牧者"，同样要分清什么是儿童可以做的，什么是教师要给以帮助的。师本教育和生本教育的分水岭在于儿童在多大程度上有独立性。生本教育认为，尽管儿童需要启蒙，但是教育最终和基本上依靠儿童自己。教师的帮助，只是为了儿童能更好地依靠自己，而不应超越这种限度。

二、精神的启蒙

儿童是大自然的最美好的杰作。他们先天地拥有解决问题的极其广泛的可能性。我们在通过文化的启蒙去促使可能性变为现实性的同时，必须使儿童逐步地感知这种可能性。这种对儿童学习本能的唤醒，同样是一种启蒙，这种启蒙更潜隐，更附着在教育教学的具体行动中，但清晰地构成教师的另一功能——唤醒儿童的学习本能的精神启蒙。

不妨借鉴 17—18 世纪欧洲的启蒙运动中的若干见解。这一运动强调思想的自由和个性发展。康德描述道："启蒙运动就是人类脱离自己所加之于自己的不成熟状态，不成熟状态就是不经别人的引导，就对运用自己的理智无能为力。当其原因不在于缺乏理智，而在于不经别人的引导就缺乏勇气与决心去加以运用时，那么这种不成熟状态就是自己所加之于自己的了。要有勇气运用你自己的理智！这就是启蒙运动的口号。""懒惰和怯懦乃是何以有如此大量的人，当大自然早已把他们从外界的引导之下释放出来以后时，却仍然愿意终身处于不成熟状态之中，以及别人何以那么轻而易举地就俨然以他们的保护人自居的原因所在。处于不成熟状态是那么安逸。如果我有一部书能替我有理解，有一位牧师能替我有良心，有一位医生能替我规定食谱等，那么我自己就用不着操心了。只要能对我合算，我就无须去思想：自有别人会替我去做这类伤脑筋的事。”

上述理论给基础教育的启发是，儿童同样有精神启蒙的问题。儿童秉承人类百万年生命的发展，拥有语言、学习、思维、情感的潜能。就远古以来的人类发展的轨迹和趋势来看，人类借助这些潜能，天生地可以认识周遭的世界。而从0～3岁儿童的成长来看，儿童的本能正常发挥的关键，在于他们的自主发挥。也就是说，儿童天生就拥有认识这个世界的能力，对此如果不加启蒙，儿童自身也许可以认识到，但为时漫长，唤醒儿童的这种精神内蕴是学校和教师的使命。这就是一种精神解放。

今天我们最重要的不是关于人的发展的说教，而是需要设计一种经常性的自我唤醒的行动机制，需要我们在每一堂课、每一个教学活动中贯注这种精神。在生本教育中，学生能够自己做的，都让他们自己做，不能自己做的，创造条件让他们自己做，让他们在自己的成功中看到自己，发现自己的能力。

精神的启蒙具有潜隐性，需要自然的学习生活。只有自然的东西，才能够和我们永远在一起。在生本教育的班级，儿童普遍地自信乐学，勇于进取，这是生本教育培养起来的儿童最可宝贵的品质。实践证明，我们固然也需要给儿童讲一个人如何需要凌云壮志，讲爱因斯坦，讲居里夫人，但我们更需要借用学习生活的无形的手，去帮助他们经常地处在不自觉的开放向上的心态中。办法就是让他们自己去过正常的美好的学习生活。比如，我们让他们先做后学，先学后教，本身就是让他们处在创造之中——既是先学，又是创造。一个个无时不在创造的儿童，一个个天天创造的儿童，一个个在基础教育十二年，就进行十二年的创造的儿童，他们将会如何地虎虎生威，随之我们的民族将会怎样地虎虎生威！而这，只需要在我们的课堂上，用我们改变了的教学方式去让他们进行自我的、无形的、最自然的精神启蒙。

教师——儿童学习生活的组织者

我们把精神启蒙和文化启蒙的含义弄清楚以后，对于启蒙的时间空间占有就有了较为清楚的认识。实际上，文化的启蒙是少占时间的，它开启了儿童的多占时间空间的自主活动，而精神的启蒙更是附着在学习过程之中，只要学习过程是自主的和有效的，儿童就自动地得到了精神启蒙。当然，在这样的过程中，教师的说教和鼓励也会起到锦上添花的作用。这就是说，教师的工作已经不是传统意义上的教，而是以组织儿童的学习生活为中心，在短暂启蒙之后让学生尽可能地自己做、自己学。具体来说，教师的工作体现为以下三个方面。

一、规划儿童文化发展路径

总的来说，学生的学习需要由教师作出规划。今天，在规划中我们经常遇到的问题是，学习知识的过程应当具有整体性，而学科似乎又是对整体性的破坏，人们甚至以此来否定学科。事实上，人类知识浩如烟海，必须进行系统的整理，并借助于系统进行传承。学科就是对知识进行整理的方式。在学校制度下，儿童的文化发展既是整体的，又总是具备学科的形态。整体性并不意味着不要学科，而是说，学科学习必须密切联系整体。这种联系主要在于以下几个方面。

首先，学科来自生活，是生活的一部分，而生活是整体的、生动的。我们总可以找到学科和生活的中介。常见的是找到相关的模型和例子。比如，海水的咸淡就是溶液化学的生活模型，也是海水的某方面的理想化抽象。借助于它，学习的一头同大海的整体联系起来，另一头同溶液的知识联系起来，就能使对海水盐分的把握进入自觉，进而到达学科的领域，同时又保持同生活的联系。儿童可能会产生这样的联想：大海波涛汹涌，海水的盐分分布应当是均匀的，海水一定溶解着许多矿物质，而当把海水和糖水之类置于一起的时候，我们会注意它们的共同点——都有溶剂和溶质，于是，事情指向抽象和本质。其实，“人注定记不住条文，而只能记住故事”。我问过许多人，他们是怎样记住了“左”和“右”的——“左”和“右”只不过是一种规定。原来，小时候每个人都有自己记住它们的方法。比如，我就是靠别校章的地方记住了“左”的，另一个人靠吃饭拿筷子的手记住了“右”。知道了“左”，加上除了“左”就是“右”的规定，作出了推论——另一边是“右”。于是，就有了一个微型的学科，它有着生活的基础（别校章的地方），又有着基本概念（“左”），再加上基本的公理（除了“左”就是“右”），就得到了推论（另一边就是“右”）。就这样，生活引起的思维的活动，形成了各种各样的微型学科、微小分支，再结合为较大的学科。学科就是生活世界的深刻反映，是解释和揭示整体事物的内部规律的方式。联系整体是学科本质呈现的需求，也是学习的需求。

其次，学科是整个发展人、培养人的教育的组成部分，对于学科的学习，是培养人的世界观、方法论、科学的精神态度的平台。今天，课程编制的规定不断发生变化，时而分科，时而整合，时而模块，时而独进，如何对待这种变化呢？我们认为，不论课程编制如何改变，但其应包含的学科和儿童生活的联系总是不变的。科学的叙述是认识从现实本体中的升华，借助学科或不借助学科，都不能改变这种联系。借助学科有利于相关科学内容的系统、深入的阐述。即使以学科的形态出现的真善美，也处处联系着整体事物，联系着全部生活。想要保持知识学习与生活整体的联系，不需要否定分科课程，而是要依靠生命自身对事物和知识的整合力量。而为此，教学就要做到重心下移，尽量扩张在概念抽象之前联系生活去认识的时间和空间。这样，我们就能既依托学科的系统，又广泛深入地联系生活，并贴近儿童心灵，从而使学习具有整体的特征，发挥在整体中依托生命力量的学习优势。否定学科的想法，虽然有它某方面的意义，但缺少可操作性，原因是它基于对学科和整体的关系的误解。简而言之，我们可以分科为经，而以生活为纬，推动儿童掌握基本知识，并发展人的强大能力。

除了初始的符号的启蒙，在儿童学习过程中，教师还需要规划在思想突变点上（注意，不是日常所谓的知识点，而是新旧思想的结合点）帮助学生接触某种新思想的端倪。例如，从个别的化学元素的认识进入元素周期的认识，从测量的实践进入对角的性质——三角函数的需求。一般来说，儿童（特别是低年级）不会自发地找到这类思想突变，而需要由老师带入门，“道而弗牵，强而弗抑，开而弗达”，促使儿童自己形成思想的突变，用自己的思想享受前人的思想。要注意的是，既然承认儿童是主体，我们就不要进行所谓的“计划教育”或“预成的教育”，即不应该代替儿童制订学习计划，例如，常见的把儿童思维展开的估计也都开列在内的细致教案等。

二、帮助儿童顺利地进行自主学习

教师必须改造课程，使之方便于学生的自主学习。由于生本教育的整个思路是“小立课程，大作功夫”，因而在统一编制的课程目标之下，学校和教师仍有课程设计的空间。首先，教师要采取的行动是改变一点一点教、一点一点落实的教学形式，因为这样的形式使知识失去整体性，从而失去生命意义，也就不能同儿童的生命相吻合。儿童的学习总是由粗到细、由整体到局部的。而且，在整体逗留的时间长，联系生活的可能性就更大，用心灵感受的机会就越多。过去的流俗教育，恰好就去除了整体感悟的部分，例如，语文没有大量阅读，数学没有积极感受，英语没有语言实践，一头扎进细部和局部里不能自拔。其次，教师应当选择儿童喜爱和有效的活动，并在这些活动中始终关注文化和创造的因素，因为文化和创造是对灵魂的最高待遇。例如，对语文学科而言，这样的活动就是以大量阅读为中心的带动听说读写的活动。课堂应当成为阅读、思考和交流的文化盛宴（请看我们在本书以上章节中所列的课例）。最后，教师要在学生自主学习的前置学习、基础知识准备、讨论安排、把握时机等方面，为学生服务。

三、组织儿童的学习生活

教师应当研究儿童的学习组织，动用组织力量，帮助学生形成生动活泼主动的学习文化。特别是加强小组的建立、骨干培训、交流等等，增强小组意识，发挥小组的作用，强调对小组的激励，鼓励小组合作等，注意个体、小组、班级形式的灵活转换。在生本教育中，小组具有重要意义，没有小组，就没有面向全体学生，就没有强大的班组文化，就没有众多的小老师以构成强有力的互助网。

在东莞塘厦镇塘厦一小，教师们为学生营造了大阅读的良好氛围，他们是这样做的：

1. 营造书香班级，呈现读书文化特色

由学生捐赠，建立“班级图书角”和“好书交换站”。充分利用好“班级图书角”，选好图书管理员，“让爱书懂书的人荐书管书”，每天定期向同学们开放图书。同学与同学之间、班级与班级之间可建立“好书交换站”，定期举行“好书换着看”活动。

围绕读书进行个性化布置，开辟班级“书香栏”，内容为“好书推荐”、“阅读快递”、“读书感悟”、“每日一句”、“小诗一束”、“故事园地”、“赏诗品月”等，体现浓厚的文化氛围，营造班级的书香味，激起学生读书兴趣。

设计班级读书标识、读书宣言、班级格言。将班级标识张贴于教室门前的班牌上，每位学生都要会背诵班级读书宣言与班级格言。

2. 开放学校图书室，让学生有书可读

学校图书室现有图书近5万册，藏书量人均60册，依据适时性、综合性、主体性、发展性原则，不断充实学校图书室，订阅体现时代感的报纸杂志，购进一批适合学生阅读的各类读物。分低、中、高年级段开辟藏书室和开放阅览室，实行微机管理和全天候开放，学生可以随时来借阅。

除了开放性很强的大图书室，学校还实行开放性的图书摆放。利用一切可以利用的空间，将阅览室放到餐厅、走廊，给人一种视觉的冲击，使老师、学生置身于书的海洋，随手能够拿到书，有书读。

3. 开辟“绿色书吧”，使学生向往阅读

在休闲长廊，开辟了一间可爱的“绿色书吧”。书吧中有两排长凳，西边摆放着各种绿色植物，让学生感觉自由轻松。书吧中设立了几个专题阅读区，有“童话世界”、“英语角”、“中华经典”、“科学宫殿”……这些主题从人与自然、人与社会、人与自我三方面设计，合理布局，定期更换，扩大学生视野，综合发展学生能力。“绿色书吧”长期开放，由学生自主管理。课间，在悠扬的古典音乐和轻音乐中，学生悠闲静读，把阅读真正当作一种快乐、一种享受。

4. 创建“绿色网吧”，拓宽阅读视野

以计算机网络为核心的现代科学技术提供了大量的阅读资源。学生可以运用现代信息技术，以最快的速度去获得最新、最高的知识，使阅读的视野拓宽到前所未有的广度。目前，我们从小学一年级起开设信息技术课程，指导学生上网阅读，向学生推荐合适的、优秀的读书网站，充分利用学校电脑室和电子阅览室，开设电子阅览课，为学生上网阅读提供保证。学校利用校园网信息交流便利的条件，实行网上书目推荐，图文并茂。还利用网络，组织同学们自由发表阅读感受，开展“我最喜爱的书排行榜”之类的好书评选活动。在评论中让学生去感悟什么样的书是好书，自己应该读些什么书，把学生领进阅读的殿堂。

5. 发挥校园广播、电视、宣传栏等的宣传作用，营造读书氛围

随着校园网的建成，充分利用校园网进行阅读动态的宣传。通过红领巾广播、闭路电视播送优美的散文诗歌、经典的小故事，推荐好书新书，报导学生中爱读书的榜样，现场直播读书活动。信息技术带来的集文字、图像、声音为一体的立体式宣传使宣传效果更直观、更形象、更生动，营造出浓郁的读书氛围，唤起学生对阅读的关注与喜爱。同时，学校通过招聘、培训红领巾广播员、红领巾电视台小记者、小主持人等锻炼了学生的口头表达能力和综合实践能力。学校还开辟读书宣传专栏，展示学生读书成果。如“芳草地”、“飘香园”、“佳作欣赏”、“智慧树”、“数学之窗”、“英语角”、“我创我作”等，“读书活动星星排行榜”则是全校师生关注的焦点，各班级每周、每月的读书成绩以学生喜欢的方式予以公布，“比一比，看谁星星多”的读书竞赛活动在全校掀起读书高潮。楼梯口、教室门口、休闲长廊布置的每日经典诵读的诗词、名言警句、名人画像，启迪了学生的道德思维，对学生进行艺术熏陶，成为该校一道独特的亮丽风景。

6. 成立“校园文学社”，展示阅读成果

学校组织爱好阅读与写作的学生成立文学社，学生自己主办校刊或小报（电脑小报）、建立作文网站、设计班级主页甚至个人主页，综合利用校园网的浏览、查找、传递、下载、设计等功能展现阅读成果，锻炼了学生的书面表达能力。

此外，教师还是儿童自主学习的保护者。教师要保护儿童自主学习的健康、有效，而保护的基本办法是尽可能发挥儿童的自主性，让他们有一个正常发挥的条件。儿童生活在社会中，也会受到各种干扰。教师可以让儿童把生活中遇到的各种问题带进课堂，带

到小组和班级，进行讨论甚至辩论，让儿童自己找到解决办法。实践证明，儿童之间的相互帮助具有强大的力量，可以克服各种过去依靠说教难以解决的问题，形成自我保护的态势。

下面是广州市番禺区洛溪新城中学参与生本教育实验的丘晓晖老师处理“手机事件”的案例。

我班是学校的“生本实验班”，总共有学生57人，学风班风良好。我担任本班的语文教学工作，在教学上运用生本理念，希望在班级管理方面也能尝试贯彻生本理念。

科技的日益发达，生活水平的提高，再加上常有的“再苦也不能苦孩子”的观念，促生了庞大的学生消费群体。手机、MP3、电子词典……都是学生热衷购买使用的。特别是高中生，因大多在校住宿，家长为其配备得也更加齐全。但随之而来的是管理问题。如何引导学生正确使用此类物品，也是教师面临的一个新问题。我在教学管理中也遇到了这样的问题。

某个晚自习，一片寂静的教室里响起了悦耳的手机铃声，大家都把目光集中到了一处，Z同学手忙脚乱地关掉了手机。我略加考虑，说：“学校没有明令禁止你们带手机，但今晚你的手机响的时间不对，地点不对，所以你违规了。这段时间你的学习状态似乎也不是很好。这样吧，手机我暂时保管，你自己想个办法来弥补这个过失，解决问题吧！”这件事情还没有完，第二天，另一位同学L又出现了类似的情况。怎么办呢？按以往的处理，不外乎批评，然后写一份检讨；或者通知家长，一起批评引导劝说；或者网开一面不了了之。但效果呢？只是一般，更何况现在并不是一个学生的问题。对象是未成年的学生，“堵”不是解决的办法，“导”则更加重要。何不让学生自己去调查、了解、判断这一问题呢？解铃还须系铃人，学生的问题归根结底还是要由学生自己解决。于是我给Z同学和L同学安排了一个任务，分别调查班内男生女生的手机使用情况，作调查报告，要求有表格有分析有判断。

一周后，我收到学生的调查报告，L同学的调查报告如下：

2005年度高一（7）班女生手机调查报告

一、调查结果

高一（7）班34名女生中，拥有手机的大约占女生人数的44.4%。一个班的女生竟然差不多一半有手机，可想而知，手机的需求量在高中是比较大的。经济发达，新款的多功能手机越来越受欢迎，不少高中生也会因追求信息时代的方便而购手机。

二、拥有者是否为住宿生

调查对象：15名拥有手机的女生。

住　宿：　9人

非住宿：　6人

调查结果：拥有手机的住宿女生占全部拥有者的60%，非住宿女生占拥有者的40%，很明显，住宿生拥有手机的百分比大于非住宿生。

三、手机的用途

调查对象：15名拥有手机的女生。

多用于与家人联系，占总人数的12%；

多用于与朋友联系，占总人数的69%；

多用于上网、发信息，或娱乐，占总人数的12%；

其他用途，占总人数的7%。

调查结果：高中女生的手机用于与朋友联系的占比例较多，而与家人联系的只有12%，更让人疑惑的是，还有7%的女生用手机来干什么呢？看来，高中女生拥有手机的是利弊兼有。

四、家长的看法

调查对象：15名女生家长。

赞成购买：3 人

不赞成购买：12 人

调查结果：大多数学生家长都不赞成学生买手机。

原因：1. 手机不是多用于与家人联系；

2. 每个月的电话费太贵；

3. 害怕孩子误交损友，耽误学习。

还有其他调查项目。最后，这位同学作出评论：这是一个追逐潮流的时代，很大一部分的高中生都在追求信息时代带来的方便与乐趣。拥有手机的高中生不少，而且极大一部分是住宿生。高中生的手机多用来与朋友联系，而用于上网发信息的比率竟和与家人联系的比率一样多。很多同学并不了解家人的忧虑与担心。

虽然很多家长并不同意给孩子买手机，但在孩子的坚持下，家长最后还是屈服了，有些家长还定时每个月给钱充值。学生不节俭乱花钱，家长的纵容也是一个因素。

综上所述，高中生使用手机的弊远远大于利，例如上课发信息玩游戏，直接导致成绩的退步。随着经济的快速发展，使用手机的学生将会越来越多，因此为了孩子们能够健康成长，家长们和老师们还得多多给孩子们指导。

这个案例的处理方式未必是最好的，但它告诉我们，我们可以利用生本的方式让学生自己去处理自己的种种问题，从而收到比说教好得多的效果。

教师的核心能力是组织学生自主有效地学习生活

过去我们认为，教育教学都是以教为主的，教师的核心能力集中在如何教，或如何组织教学，着重在控制能力、驾驭能力、自身的表现力、自身的知识水平等。而随着我们对教学的本质是学的认识，教师的核心能力将发生根本的变化。教师的核心能力应当是组织学生自主、有效地学习生活的能力。那么形成这样的核心能力需要哪些因素呢?

一、教育工作者应当具备爱心和激情

其中包括对人的成长的激情，对大自然的激情，对人类社会的激情。这种激情来源于对人、大自然和社会的洞察和对其中的美的感受。奥修说:“你只要听你自己的心，那是你唯一的导师，在生命真正的旅程当中，你自己的直觉是你唯一的导师。你有注意去看直觉（intuition）这个词吗?它跟教学（tuition）这个词的词根是一样的，教学是老师所给的，它来自外在;直觉是你自己的本性所给的，它来自内在。你的内在可以指引你，只要具有一些勇气，你就永远不会觉得你是没有价值的。”教师是人之师，而人的自然是大自然的一部分，人又组成了社会。我们的直觉会认识人的神奇、大自然的神奇以及由其所支配的社会规律。但为了保持自己的直觉，我们必须保持对于事物的本体的考察。要经常地思考人是什么、人与自然的关系、教育是什么这样一些根本问题，这样就会保持我们对于教育事业的激情。

试想一下，我们的宇宙框架是如此的美好，一切都安排得至善至美。我们每天都有一个清晨，而夜幕在晚上降临，让我们作息;人类的孩子拥有大自然的赐予，可以适时地学习语言;人类之间可以通过语言而激发其本体式的联想，从而激活本体的影像，借以作心有灵犀的沟通;山间流水中的卵石，都有着和水流一致的流线形，看起来那样的和谐，并给我们叙说着存在如何变得合理的故事;三角形的内角和永远是180度……而这些美好的规律全通过我们的启蒙和帮助，使儿童得以领略，让他们获得享受，心明如镜，才具纵横，这是何等美妙的事情。而教师必须永远抱着对此欣赏、珍重的心情，去点燃儿童的热情。换句话说，如果你自己都没有对三角形内角和的规律性的激赏和感叹，怎么能设计一种能够承载激情的学生对此的感受活动呢?

二、教育工作者必须具备教育专业思维

我们平常所说的观念更新，严格来说应当是教育工作者的专业思维。教师喜爱自己的专业，忠于职守，对学生有爱心，这还不够，不能说明他已经可以胜任教育工作。教育工作者和非教育专业人士的区别在于其专业修养。比如，在下面的问题上，专业工作者和一般群众应当有所不同：教学的本质是什么?从低年级就开始进行统一考试对吗?德育的基础是靠说教吗?应不应当提出减负的口号?在高考制度下，能不能进行素质教育的改革?对于这些问题，可能都会有一种可以说得过去的见解，但这些见解并不一定反映了事情的真相。

再如，关于教学的本质，通常的见解是，教学是双边活动，教学是师生交往或对话；关于从低年级开始进行的统考，通常的回答是，有不利的一面，也有有利的一面：不利的是使学生过分紧张，有利的是可以使学生巩固基础知识，形成学习上的循序渐进，保证以后的中考或高考取得优异成绩，等等。你也可能十分笼统地回答，任何时候都需要考试的，没有评价就没有教育！然而，上述这些回答都没有正确地反映教育的真实。下面我们试着来探讨，教育专业工作者应如何从教育本质去回答问题。

1. 教学的本质。教学既不是夸大了的启蒙过程，即单向传输的过程，也不是所谓师生对话或师生交往，抑或师生互动，而是在教师帮助下的学生的自主学习。这一概念更新的原理是儿童的天性、潜能等本能领域的作用。这来自教育实验研究的成果，区别于过去的一般结论。它之所以进入教育工作者的专业领域，不是依据既有的言论，而仅仅是因为它符合事实。

2. 频考（从低年级开始的频繁的或导致频繁考试的统考或变相统考）的本质。即如何看待频考。一般人士往往只看到它带来的教育紧张可以提高学习绩效的假象，而看不到其严重的弊病。认识的关键，是把高考、中考等社会性的终端考试（下称总考）与频考区分开来考察。通常认为频考就是总考的配套措施。但是教育科学实验的成果表明，频考特别是低年级的频考与总考没有必然的联系，而且可能反过来妨害总考。这是一个极为值得注意的情况，它带来对频考体系和频考文化的质疑。

自古以来，教育阶段终端的考试，如古代科举和今天的高考、中考不可避免，且有积极意义：它公平地向社会选择人才，营造全社会重视学习的风气。学校关注总考可以理解，但值得注意的是，这里所说的“应试”，却往往并非直接应对总考，而只是应对频考。多年的穷于应付使人们开始质疑：总考真的需要依靠从低年级开始的控制性的频考吗？这样的频考会不会改变教育路线，破坏人的素质发展，最终损害总考成绩？如果放弃频考（尤其是义务教育阶段），能否和如何依靠发展人的素质的策略，取得更好的总考成绩？显然，不正视这些问题，就不能深化素质教育。

频考文化或有其存在的原因，但它通过权威的比较机制，使整个教育进入否定生命体系的甚至也否定学科体系的考试体系，变异为日清月结的非生命方式，把激扬生命的教育转变为控制生命的教育，把质朴无形的教育变为无限复杂的可视和可比性的教育，把教育最终才开花结果的机制变成每月开花的机制，以致最后却得不到丰硕的成果。它造成全社会貌似有意义实则无意义的教育紧张，使教师依赖考题而教，学生步步依赖教师而学，使所有旨在发挥人的力量的改革裹足不前。专业教育工作者还应当更深刻地从儿童的权利、人道、素质教育伦理等方面去揭示频考文化造成的灾难性后果，并指出其善意的但是落后的、非文明的、不合理的、事与愿违的特征。学生负担过重的问题，其实也是频考文化的必然结果。而令人充满希望的是，频考文化是可以调节甚至主动消除的。消除了频考文化，又代以什么样文化呢？我们说，是生本文化，是把教尽可能转变为学，最大限度地发挥儿童生命自然的力量，用于解决我们教学中遇到的这样那样的问题，这是通向美好教育之路。

三、教育工作者应当对自身的教学领域融会贯通

过去教师所执行的是“师本”或“本本”方式，工作长期处于“日清月结，点点落实”之中，教师的专业能力也仅仅在于解释教材，或限于对教材的深度理解。而对基本上依靠学生自主学习的生本教育来说，由教师出发的内容应当紧缩，做到“小立课程，大作功夫”、“宽着期限，紧着课程”，此时教材与课堂的灵活性、可动性和个性大大增加，教师对教学内容的核心把握就显得更必要了。教者应当做到在以学定教的任何形态之中，都能联系和实现基础知识的教学，这样，教师就要对所学内容融会贯通，把握住课程内容的线索和灵魂。

比如，教师应当对语文的线索有所了解。就学科体系而言，学生认了字就可以读书，而读书就可以获得大量的语文知识和形成语感，同时也顺便获得语文研究性的知识。而一旦把握了学科的线索与灵魂，就可以舒放自如，可以时而春郊纵马，时而收紧缰绳。下面是《信息时报》刊出的报道广州市南武中学生本教育实验教师张华获奖文章的一段话：

> 生本教育提倡“以学生为本”，把教学重心从老师转移到学生。“就是把学生看作教学资源，而不是教学对象，”张华解释说，“例如，如果学生觉得这篇课文不好，我就不教，哪怕它是名家名作。但如果一篇课文是大家都喜欢的，要一个星期才上完，我们就学一个星期。”
>
> 学校的封校长告诉记者，因为张老师的教学方法比较“标新立异”，不少学生家长都担心会影响孩子的正常学习，纷纷要求转到其他班去。但不久后，事实证明“生本教学”确实保障了学生的最大利益：中考时，张华班上学生的语文平均分接

近110分，总分平均分超过了600分。“有几个学生本来可以考上一类学校的，但就因为有张老师在，他们选择了升读本校高中。”封校长说。

长期以来，我们要求中学教师有大学学历，小学教师有大专学历，但是实际上我们往往感到学历过剩，原因是师本的教学仅仅是就本本论本本，以本为纲。而今天，我们了解了，我们学那么多东西，融会贯通了相关的知识，似乎就是为了可以通过抓住学科的线索和灵魂来适应生本的教学。广州四中（普通中学）的周伟锋老师就是这样。他采取“学生内部问题内部解决”、“快步走，多回头”等策略，发挥了整体把握数学知识的线索的优势。这样，什么时候学生要“快进”，什么时候学生要“慢进”，老师都能听之任之、督之导之，都能随时调整。在2005年春天，他的实习生带的高二学生，在一次高三模拟考试中已经超过了五所市重点学校的平均分。更重要的是，学生对这样的教学十分满意。

站在太阳的下面才能托起明天的太阳

如何调动学生的积极性？“差生”的积极性能调动起来吗？如果作一个比喻的话，就是我们要站在太阳的下面，才能托起明天的太阳。不管太阳有多低，我们都要比它更低。下面我要讲的故事，是增城职业中学的赖振波老师如何让他的学生学会写作文的故事。可以说，赖老师的学生能做到，就几乎没有什么学生不能做的了。他写道：

我教了两届工艺美术专业和一届学前教育专业，现转入教汽车运用与维修、电子专业的语文。两者对比，我觉得现在所教专业的学生语文基础很不好，学习态度、积极性不高，尤其是作文的水平“太低”。在批改作文的过程中我发现主要存在这几方面的问题。

一、没内容，工科类专业学生的作文很短，写来写去，只有那么几句话，干巴巴的，挤不出“汁”来。

二、表达不清，即使只有百多字的文章，也是东拉西扯、前后矛盾，理不出头绪，因而有的教师说：改一篇作文，不如自己写一篇。改作文，耗时，费精神。

三、抄袭成风，抄同学的，抄作文宝典的，有的抄几段，有的抄整篇，交上来的作文千篇一律，差不多一样的“面孔”。

总之，学生不愿做作文，为了应付，有的就胡乱写几句，东拼西凑“剪贴”成文，完成任务；教师不愿改作文，评语也没好声气，这样形成了恶性循环，师生都很累。

怎样改变这种现状，让学生从反感做作文，到喜欢做作文，这是众多语文教师思考和探索的问题。

我的实践：把生本教育理念引入作文教学，“放飞”学生，“放松”自己。新学期我有了一个新的设想。

新学期的第一节作文课，我在黑板上写了大大的“作文”两个字，同学们的反应也同两个字体一样“大”：“唉，又要写作文了啦。”那个“又”字是无奈，是叹息，“啦”字拖得很长；有个同学“砰”的一声把书合上，我望了他一眼，没理会；胆大的同学说：“老师，不会写哟！”其他同学，有的在附和，有的在议论。我望着他们不出声，待他们静下后，我在黑板上写道：抄一篇400～500字的文章，不必抄原文，把你认为写得最好的几段抄下来就可以。要求在课本上找（讲过的课文不在内）；文体是记叙文、散文、小说；标明课文题目、作者。我边写边听学生的反应：“抄课文？没听说过。”“第一次，真新鲜。”“这还不容易，抄！”待我写完后，很多同学已在翻课本了。

在巡查时我发现，同学们的欣赏能力还是很高的，有的选了朱自清的《匆匆》，有的选了翦伯赞的《内蒙访古》，还有的选了鲁迅的《药》、金马的《蝼蚁壮歌》。奇怪的是一位同学选了方苞的《左忠毅公逸事》这篇文言文，他是几个班中唯一一位选文言文的同学，因为大部分学生都不喜欢文言文。我上前小声询问："你怎么喜欢这篇文章呢?"这位同学笑了笑，"有缘分吧，我也说不出来。老师你认为这篇文章好吗?""喔，那你抄吧，这篇文章很不错。"那些选错文体的同学，我就指出他们的失误，让他们再选。

其间，我上了趟洗手间，在走廊里想了想今天的作文课，大约有三分多钟吧，走回教室门口，教室里很安静，没有喧哗声，学生没有走动，都在抄写"作文"。以往的作文课上是不可能有这种现象的，即使有教师指导，学生也不愿动笔。下课了，课代表抱着厚厚的作文簿，高兴地说："老师，交齐啦!""是吗?"我不太相信，以前作文都要教师催，陆陆续续三四天才能交上来，而且还交不齐。今天不用催，却交齐了。

抄"作文"，使我受益匪浅，改作文轻松了，好改、好批，节省了时间；经过两到三次的"作文"，学生在不自觉中熟悉了课文，不用在课堂上"逼"他们预习课文，争取了更多教学时间。

几周后，我要求学生在课外找"作文"，扩大学生的阅读量、知识面，学生抄的"作文"水平越高，得到的奖赏——评语就越好，心里也高兴。一个学期后，不用布置写作文，学生都能主动积极地完成任务，有的找到好文章，还送给我一起欣赏。目的达到后，我要求学生动手写自己的"文章"，要求不高，写自己感动过、经历过的，有感而发的真情告白，字数不论长短，写清楚就行。学生写起来没有压力，限制少了，自由发挥的空间大了，作文也慢慢"好看"起来。我还鼓励他们大胆投稿，有的同学的文章在《增城报》、《中学生报》上发表了，在班里引起了不小的“轰动”效应。学生不时有文章交来，叫我修改，有的还写诗、写小说。

生本教育理念中的由浅而入、由易而难、为学生着想的理论救了教师，救了学生。职中的学生的习作能在报纸杂志上发表，说明不是他们不会写、不能写，而是以往作文教学中的条条框框约束了学生，压制了他们的个性，让他们无所适从，写不出，不能写。

我在许多地方介绍“赖老师工作法”，许多人都受到了感动，更多的是使教师们树立了信心——没有教不好的学生，问题是教师是不是充分依靠学生。

教师在学生的发展中成长

生本教育的一个很突出的特点，就是教师成长十分迅速。教师在学生的解放中得到解放，教师和学生一起成长。他们在生本的课堂上悟到了教育依靠学生的真谛，感到了儿童生命的灿烂，精神面貌焕然一新。

下面是老师们的感想：

经过生本教育实践活动，我对生本教育反复强调学生学习必须与生活、与自然界相互融合，让学生走出校门，到“人类思维的源泉”——自然界中去获取真知、获取对事物的理解、获取智慧有了深刻感受。这让我的教学实践找到一种更为坚定的信念，找到一个更为坚定的支点。通过对生本理念的不断反思、理解、借鉴和比较，我深感这种教育理念是正确的，是有效的，也是现代教育发展的一种必然趋势。

生本有其产生的源头，有其生存的活力，更有其存在的阳光空间。所以，我愈来愈深刻地从内心深处接受生本的理念，感谢生本的实践。

——东莞市大朗实验小学　廖东燕

郭沫若先生在诗歌《凤凰涅槃》的序曲中写道："天方国古有神鸟名'菲尼克司'满五百岁后，集香木自焚，复从死灰中更生，鲜美异常，不再死。"参加"生本教育实验"一个学期之后，我就有一种强烈的涅槃感。虽然我不敢斗胆说自己的教学因此会"鲜美异常，不再死"，但是我却可以肯定地说自己真的有一种"死而复生"之感。

从教近十年，虽然也参加过一些教改实验，但是一直以来我还是以传统的教育教学标准来严格要求自己。再加上本身又是传统教育下结出的"硕果"，所以思想中一些传统的观念还是比较根深蒂固的。但通过一段时间的实践以后，我真真切切地体会到了"生本教育实验"的可行性，我也才会产生这种涅槃感，也才会像我的学生一样，有这种写作的冲动，要把自己心里的话说出来。

涅槃之一：不怕课堂"乱"了。

原来上课时，我就怕课堂纪律乱。因为学生一乱，课堂上就失去了严谨、有序的教学气氛，打乱了我的教学思路，干扰了我的教学进程，影响了我原定的教学计划。而且我还认为，课堂纪律乱是教学组织能力差的一种表现。所以为了寻求静，我不惜收敛起笑容，压制学生的思维，上课时全身心地关注着自己的教案，不敢越雷池一步，规规矩矩地完成教学计划。虽然我的教学成绩也很好，但是我总觉得学生缺少那种从心底对语文的爱，甚至有些学生对语文的喜欢，还要加上我是班主任的附加条件。

现在"生本"的课堂上，我不怕学生乱了。上课我就让学生以小组合作的形式进行学习，小组读课文，小组认生字，小组讨论，小组复习，小组生字过关，等等。而我则笑容可掬地来往于人声鼎沸的各个小组之间，参与他们的读书、讨论或游戏。虽然我的课堂乱了点，但是每个学生一听说下一节还是语文课时都会大叫：“Yes!”有的学生抢着写完作业，有的学生提前听完几课的课文，有的学生能阅读篇幅较长的书报，有的学生从第四周就开始每天交日记……这可是我原来的教学中从来没有遇到过的。

涅槃之二：不怕自己“闲”了。

“春蚕到死丝方尽，蜡炬成灰泪始干”多用于比喻老师，老师这份工作从来都等于“辛苦”，所以走上岗位的第一天，我就下定决心要打这场“辛苦的仗”。果然，一打就将近十年。那种身心的疲惫，相信不用我说很多同行都深有感触。身体的疲惫可以通过休息来调整，可是心理上的那种对学生的担忧，却使人无法“闲”下来。

刚领到“生本实验教材”时，我看到老师有的除了教学参考书之外学生全都有。学生通过预习什么都会了，这还要我们老师干什么？我岂不是很“闲”？但这种“闲”，就意味着学生自主自觉的忙，意味着他们在蓬勃地成长。

“生本实验班”的学生通过自己先学，的确可以解决传统课堂教学中所教授的基本知识。可是也正是由于这样，他们的智力开发也相应地较快。要在每个环节给学生适当的指引，就要加强自己的阅读修养，并且在课堂上要保护好每一棵稚嫩的小苗，还需要付出许多思考和机智。我还真就没闲着。

涅槃之三：不怕学生“错”了。

过去，我抓紧课堂上的分分秒秒，不惜口干舌燥地进行着传道、授业、解惑的工作。铺好了一条条正确道路，牵着学生的小手顺顺利利地走下去，心想决不看着学生自己在错误的道路上摸索前进。

“生本教育”的方法论之一是“读和做，缓说破”，通过学习我明白了，学生在学习活动中由于尝试、探索而发生某些错误，是完全正常的，错误常常是正确的先导。在一定意义上说，没有错误的认识，就显示不出认识的正确，学生正是在相互比较中，从不懂到懂，从不会到会的。

涅槃之四：不怕学生“慢”了。

“慢生”给老师的印象都特别深，到现在我还能清清楚楚地数出来我教过的每一届的“慢生”的名字，甚至于他们的个性特征。因为个别辅导他们的时间最多，和他们谈心的时间最长，与他们家长见面的次数最多，因为他们失去的荣誉最多。所以每遇到一个“慢生”时，我都使尽浑身解数，软硬兼施，用尽所有爱心去帮助他们，想让他们在我的帮助下迅速地跟上来。但是自己因为在这方面所花费的精力太多，就相应地忽略了“培优”工作，而且对“慢生”本人的心灵还是会有一定的影响。

“生本教育”理念提出儿童是天生的学习者，要相信学生的潜能，要充分挖掘学生自身的学习资源。本着这一信念，在实验过程中，我始终站在欣赏的角度去看待我的每一个学生，从他们的身上找到一个个闪光点，真诚地赞扬每一个学生的细微进步。认为那些“慢生”都是暂时性的，相信他们会像“丑小鸭”一样，春天一到就会变成美丽的白天鹅了。这样的心情使我自己豁然开朗，也给了学生充分发展的空间。仅仅一个学期，有些“慢生”的变化就突飞猛进了。

最后，我想引用《凤凰涅槃》中《凤凰更生歌》的几句诗来结束我的文章。“……我们热诚，我们挚爱。/我们欢乐，我们和谐。/一切的一，和谐。/一的一切，和谐。/和谐便是你，和谐便是我。/和谐便是他，和谐便是火……”“生本教育实验”不正是这涅槃之火吗？

——广东省中山市坦洲镇林东小学　叶秋玲

教师在业务上迅速成长，在思想上也得到提高、净化，充满教育的热情。上面提到的南武中学生本教育实验老师张华，毕业于广州大学中文系。27岁时，他正式升任学科组长，带领全校三十多位语文老师。他参加了全市“十佳语文老师评比”，从一千多名参赛者中脱颖而出，获得“十佳”称号。他十分热爱学生。2005年他的生本教育研究项目成果获得1万元奖金，第二天，他就把钱全部交给了学校。据了解，张老师每月的工资加上奖金还不到2 500元，这1万元几乎相当于他半年的工资！封校长说，当时大家都劝张华仔细考虑，但他坚决要把钱用来奖励学生。

生本教育的学校都有这样的体会：让教师“与书为伴”，用榜样引领学生。教师的读书是“一人读书，百人、千人受益”，读书是一道教师必须跨越的坎。华阳小学实验一班学生在四年级的时候，自主阅读量很大，他们向校长反映，希望老师也加强阅读，“否则就跟不上我们了”。何老师得知后十分不快，但很快就认识到学生的积极的状态正是自己的工作成果，为了让学生学得更好，他给自己定下了每天阅读一个小时的规矩。到了六年级，这个班在何老师的带领下成为最优秀的班级，何老师也成为全区和全市的优秀语文教师。

东莞市塘厦一小提出，在生本教育中，必须建构校园的书香绿洲，引领教师走进一片新的领地，让教师在读书中成长。为此，他们在以下几个方面作出努力。①

1. 读书条件上：教师书吧温馨雅致，教师办公室都设立了小

① 戴诗银：《东莞市塘厦一小生本教育改革的经验》，在生本教育体系语文教学交流会上的发言。

书架，学校每年购买价值 4 000 元的图书，开列新教育教师必读书目。

2. 读书实践中：我们对教师提出“三勤”——“勤读、勤思、勤写”。在每学期必须认真阅读五本以上由学校推荐的书目基础上，结合自身教育生活实际，每周至少撰写一篇教育随笔或读书笔记，并鼓励大家发送至“教育在线”、“一小论坛”、“教育信息网”等，通过反思促进提高。

3. 读书方式上：共读与选读相结合，思维的撞击能发出灿烂的光芒。大家平时忙于上课、批作业，多数是“办公室—教室”两点成一线，校园里缺少思想的交流和碰撞。我们组织教师“读书沙龙”和“教育沙龙”，一月一个主题。

八、生态观：无为的繁荣

生命自然与大自然及大社会的一致性

在本节中，我们阐述教育的生态观，特别是说明基础教育的无名态的本体性，有助于全面理解我们提出的大感受、小认识和先做后学、先学后教的方法论。同时，也为面向全体学生，解决差生问题找到一个基本的措施，就是尽量地利用无名状态，使学生充分享受自然的赐予，使他们不论优生差生，在无名状态的丰饶的土地上，同气连枝各自荣。

一位博士生问，你承认不承认生命是不确定的，有的人成为善人，而有的人成为恶人，有的人成为贤达，而有的人沦为乞丐，有的人睿智，而有的人愚笨？我的回答是，就自然的规定性而言，人之为人，犹如种子，通常都具备了它存在于亿万年的品性。你看窗外的绿树和鲜花，如果正常地得到阳光、空气和水，那么，它们就会那么生意盎然，绿得那么美，那么可爱。这蕴含了“人之初，性本善”。孟子的“性善论”不仅是出于劝善的权宜，而且是对事物的客观判断。人在百万年的发展中，在天择之中，保存了和而不同的两个品性，一是和谐，二是创造。一方面，宇宙的和谐凝结并铭刻在人身上，人可以适应它、感知它、趋向它，从而敏感于世界的和谐，包括大自然和大社会的和谐。在生本实验班里，我们已经看到了大量的儿童群体对文化和美，包括美德、美智的认同。另一方面，他们又有着学习和创造的天性。“生”的本质就是创造，“生生不息”就是对人的创造和发展形态的另类描述。和电路中的用电器一样，人也是能源消耗和转换的机体，人不可能不动作，不消耗或转换能量，否则人就陷入病态，或者发热，或者无聊，百无聊赖便是对于这一能量转换障碍的反抗。反之，人如果创造——细胞分裂，新陈代谢，思想更新，语言畅达，就会享受生命的愉快。这种创造越是高级，愉悦之感就会愈加强烈，即所谓的高峰体验。

还是如同树木花草，如果周围环境是好的，那么它们健康成长，而如果环境扭曲，它们也会发生变异，人的变异，只是周围环境扭曲的结果。教育通过自身的工作去推动社会的前进，但整个社会的发展还有许多因素来决定，所以，我们一时难以改变社会，来防止对人的生存环境的扭曲。我们听听抗战时期的《毕业歌》："同学们，大家起来，担负起天下的兴亡。听吧，满耳是大众的嗟伤，看吧，一年年国土的沦丧……"但是，同样清楚的一点是，教育得天独厚，有一方为社会认可的空间，可以保存和发展人与外部世界和谐及创造的天性。就这个意义来说，教育如何尽可能保持自身的自然生态，来使得儿童的这种广义的种子时期得到延长，如何借助于生命自然的强大内蕴，保证儿童以后在社会中安身立命的适应性和生命力，成为我们面临的重要课题。

狼孩的故事告诉我们，人需要启蒙，幼儿需要人类母体的共同生活。但是如果由此而得出结论，他们不能独立地思考，只能在襁褓式的教育中度过儿童时代，就显然是错误的。相反，为了儿童自身的发展，我们需要尽可能减少外部干预，使儿童天性的纯真去与自然、与人类社会的真善美汇合，融为一体，使美的德和美的道，更多地进入生命的层次，成为生命的本质的、自然的一部分。这个时候，教育就将起到更强大的作用，因为它有了生命的依托，"好风凭借力，送我上青云"。就这个意义来说，生本教育是一种强调教育依托生命自然的教育，是一种绿色的教育。它在近些年来的实践，它在学校中呈现的生态春木滋荣、竞相生长，使我们更感受到它的内涵，进而展开了更为广阔的思考。

提到绿色和自然，我们不能不借助于中国古代哲学家的见解。在农耕时代出现的中国古代哲学，特别是老庄的哲学，至今仍使我们获益。诚然，在那个时代，人为事物远远没有像今天这样的丰富和发达，人对自然的认识，也不可能像现代自然科学揭示得那么深刻。然而，尽管如此，当时的直面宇宙和直面人生的研究方式，却有一个今天看来意想不到的好处：在没有人为物质迷雾的笼罩下进行更全面、更直接、更透彻的思考。比如，现代研究工作者从具体的科学研究中认识科学的不完善，转而对研究方法进行批判，建立起复杂思想，并通过个别的学科中的矛盾，提出系统理论，研究整体与局部的关系，等等。同老庄相比，这些研究的差距就出来了：它们很难摆脱具体学科研究的或科学研究的局限性，例如，对系统的研究本身没有用系统方法去表现，难以描述整体的含义；对复杂的研究更是企图建立复杂科学，其实就是用了不复杂的方法去表现复杂思想；企图对一个本体作出一个非本体的定义，如把人定义为符号的动物——在卡西尔的《人论》中，对来自各种学科的关于人的定义作出了批判，但随即他又作出了人的“符号动物”定义，仍然没有摆脱他自己所批判的窠臼。

然而，在老子和庄子的著作中，这些问题都是不会发生的，并且最精彩的是，他们作出了相关的预见。例如，老子十分强调“道”的不可言说，甚至他在说到“道”的时候也要加以限制，说这是姑且名之为“道”。为奥修所推崇的庄子的关于“道数不可言传”的论说（借助于一位老木匠和齐桓公的对话）：“……得之于手而应于心，口不能言，有数存乎其间，臣不能以喻臣之子，臣之子亦不能受之于臣。”又如他在“浑沌之死”中暗喻过分地追求精细分析，导致精神生命衰亡的振聋发聩的论述：“日凿一窍，七日而浑沌死。”这其实早已蕴含了今天人们所揭示的局部和整体的关系，以及整体才具有生命、事物的复杂性等认识，同时也包含了本体论的研究方法的启示。

在老子的思想中，“无”是一个重要的阐述。今天我们要来探讨基础教育、生本教育和教育的生态，不能不提到“无”。老子说，“无名，天地之始”（冯友兰本）。这句话的另一种断句方式，是“无，名天地之始”（陈忠译本）。这两种提法，可以用某种说理连接起来。这里只取冯的提法，“无名，天地之始”。这说明，天地间原本是没有符号的，符号是人为事物，后来加上去的。这对我们有很大的启发。老子在符号学上的无名理论，在管理上的无为理论，在方法论上的无形理论，都值得我们深思和借鉴。

无名状态在基础教育中的地位

老子阐述的“故常无（名），欲以观其妙，常有（名），欲以观其徼”对基础教育有极大的启发。这里，“无名欲以观其妙”，就是在非命名的状态下可以观察整体之奥妙，妙不可言，而获得的方式是“莫名其妙”；“有名欲以观其徼”，就是在命名状态下，观察确定的、带有理想性和局限性的、可以言说的事物的存在与规律。“徼”，有侥幸、窍门、诀窍、技巧等意思。我们姑且从一年级小学生“识字”的角度，对此字作个文字说明（未必符合古人造字之义，却可以方便记忆）：“徼”字的双人旁说明它指的东西是可以传达、可以交流的；“白”字，是说它指的东西是清晰的；“方”字，是说它指的东西是遵守一定规则的；旁边一个“文”字，是说指的东西是进行了加工的。这就是“徼”的意思。我们也可以简单地说，“无名”指的是事物的本体，而“有名”指的是人对事物的认识。流俗的基础教育崇尚有名，忽视无名，也就是离开个体与本体的接触，急于把人类赋予的符号以定义、公式、定理、法则等既名形态给予学生，而忽视了更为重要的在教育生命活动中的无名形态，即包含了确定的定义、名称、规则所依据的人的活动，其原因在于有名状态是教育处于可视性境界的前提。后面我们会谈到，可视性是教育评价的前提，而它恰好影响整个基础教育的发展。所以研究无名状态在基础教育中的地位与作用十分必要。

基础教育的低龄段，同高龄段有所不同，同职业教育或高等教育又有所不同，前者更偏向于“无名欲以观其妙”，用以培养素质底蕴，为将来奠定基础，而后者更偏向于“有名欲以观其徼”，用于回答具体的、现实的问题。基础教育不仅要增长儿童知识，更要发展能力，由于基础教育成就的未来性、广谱性和发展性，在能力结构中，人的内蕴、悟感和情感等处于关键的、核心的、基础的地位。尽管人的内蕴是先天的，但对之不是无可作为，通过教育可以使它激活、发展，必要时形成若干定向惯性和敏锐化。所以，人的情感和悟感的内蕴是列于“双基”之前的“基础之基础”，是支配包括“双基”的动力、框架和机制。

那么，如何在教育教学中体现这种方针，即重在发展人的悟感、感悟和情感、感情呢？关键是使儿童更多地处于“无名以观妙”的状态。这时，儿童没有“名”及符号的压力和负担，暂时不需要为了适应名实总不相符的复杂运动而捐弃其实质性的、可以同生命本能紧密结合的思考，不需要去处理名与名之间的矛盾，于是在无名即无阻力的世界中如鱼得水，如鸟翔空。另一方面，儿童在非名时期，无名可借用，就只能运用自己头脑中的原始概念甚至是前概念去解读新的事物与规律，这时，他们就要更多地激发自身的生命底蕴参与工作，从而保持智慧方式的多向性、机敏性，并得到底蕴的提升。这犹如学习美术的素描阶段，学习者在没有颜色定义的情况下工作，直到能够“墨分五色”，再进入设色，就会大大提高对颜色的感受力。

在无名中孕育有名

珍重无名状态又是由名实（符号与本体）和妙徼的关系决定

的。卡西尔有一个著名的定义：人是符号的动物。然而我们认为定义和使用符号远不是人的全部本质，至少，人还表现了他对符号的能动性。人始终在名的基座下，保持着更多是无名的机制，无名蕴含着和产生着所有的名，它既是所有名的索引、依据或根蒂，又远远超出可描述的名，比名的领域更为宽广。如庄子所说，人类智慧的最精彩的部分是以无名态保存着的，是不可流传的。对这种无名态的珍重，正是基础教育工作者所需要的自觉。

珍重无名状态即不可视状态，不应该导致反表述或科学无所作为的悲观主义。这同样是因为无名态的功能。我们说，道不可道，名不能刻画整个世界，然而我们仍然可以在相当程度上依据名进行交流，依靠名去呈现观点，叙说科学、宗教等，不断地进行名化的科学研究和人文思索。这是因为，名不是仅仅作用于名，不是仅仅靠机械的反映去对人起作用，而是以作用于人们头脑中的无名世界来使自己得到解释，它激活了悟感—感悟、情感—感情的工作机制，借助于人的本能，在人的头脑中恢复名的本体生存，克服名的局限，使名能发挥作用。本书“基础观”一章中把无名态的这种机制称为悟感的还原性——它在人的头脑中把名还原为事物本体。今天我们教育观念转变的难处之一是，名的状态明亮辉煌，可以传递，可以考察，可以展示，而无名的状态朴实无形，很难被认识和被肯定。但是，无名态宽广而又无处不在，它同有名的关系远非仅限于时序，它依仗生命本能在流动着、滋润着，成为名之根底，是有名状态之母。

老子用观妙和观徼来分别描述无名态和有名态的功能。一般来说，观妙不可言，而观徼需要言。妙是事物的总体规律，即所谓道，只能感受或感悟。而徼是科学和学科的实在，科学与学科尽管也追求整体的妙，但由于它已经言说，已经命名，因而只能局部地得到徼，形成理想化的从而也难免有局限性的深刻，它是可以传递的。只有以观妙来驾驭观徼，才能使一个人有本性、本心和本明。

比如，奥运金牌得主最终的表现是本心，如刘翔对约翰逊的跌倒由衷地惋惜，这已经超越输赢，成为真正的体育境界了，至少在那一瞬间，他已经摆脱了具体的谁输谁赢的与人奋斗的境界，而进入了人类应当更有作为的与天奋斗的境界。这时候我们似乎感到“从杰出是怎样走向伟大的”，即使还没有进行决赛，我们也仿佛见到了“王者”，一个解脱了负担的人将会健步如飞。要培养全面发展的人，就必须坚持常无，依托观妙而察徼。

由于前者的基本性，基础教育自身的原有文化基本上应属于“无名欲以观其妙”的状态，它有两个含义。一是教育的基本过程依据人的自然而发生、形成及发展，儿童学习的内部过程对于教育者来说，是无名的，甚至是不需视也不可视的；另一个含义是外部对于教育的内部过程——这个过程最终和基本上在儿童个体身上进行，也基本上是不需视不可视的，应尽量采取不予名状的态度，在这种情况下，学生自身会把他最强大的自然力量调动起来，或者说，人受教育，人的生命得到提升这样一个为社会所规限但本质上是自然的过程，就回归它的本来样貌，体现大自然所提供的天然性、丰富性、内在性和有机性。同“道法自然”之说一样，奥修说：“当鞋合脚时，脚就被忘记了。”不教而教，处于教育之中而忘记受到教育，这是教育的最高境界。我们却往往在此难以摆脱传统的师道尊严和外力塑造的观念。惯习性评价就是不断地强调外部控制力量的存在，企图用外部压力去改变对象。特别是我们把最敏感的儿童的素质情况作为比较项，彰之显之，造成教育（其实是来自教育之外）威慑力，这种与教育真谛完全相反的行为，很难使人忘我地学习。当然，对于教育研究来说，可能有时是需要对人的素质进行量化考察的，但教育研究不是教育本身。教育本身的结果状态尽量推迟彰显性的判断和少名及至无名，是为了使儿童这位行者忘却自己的“脚”，而处处对之名状的以惯习性评价支配的教育，则使他处处想到自己的“脚”，显然，总是在路上顾“脚”自怜的人是绝对跑不快的。教育措施一再地让儿童记起“脚”，想念“脚”，为“脚”兴叹，顾“脚”自怜，这怎么能跑得快、跑得好呢?

珍重无名状态是儿童学习过程的需求

珍重无名状态是儿童学习过程的需求，也是合理的基础教育策略。我们强调无名，但不否定有名的必要，否则，我们不能确定地把握人类迄今为止的丰富成果，也不能参加任何选拔性的考试。但是，今天的问题在于脱离无名去说有名，粗暴地摒弃了无名状态，使儿童只能就范于既有的人类创造，而不能借助于大自然的赐予，去领略人类社会的精神成果和建立自己的精神家园，在这种情况下，即使是儿童的考试准备，也只能在低水平状态下进行。

问题的实质是，人类有非凡的智慧，但这一智慧的主要组成部分是不能被描述的；人类的下一代需要发展智慧，但这一智慧的核心部分是不能被传授方式，特别是不能以描述性的“名”而传递的。基础教育课程的一个特点，就是有名状态基本上可以被无名状态覆盖，在有名状态产生问题的时候，我们大体上可以回到无名状态去找到归依，而退到相应的无名状态中去。比如，假如要回答用 0 和 1 能写多少个数字可以重复的四位数问题，而我们熟悉的有名状态，却仅仅是一个元素不能重复的排列数公式，这时候，如果回到无名状态，即没有区分元素重复与否的把对象实际摆一摆的状态，我们就会回到通用的“树形图”或乘法原理，而很快地使问题得到解决。尽管我们的考试题总是把知识边缘化，即形成更典型的“徼”，但终归可以看到，在无名境界中的四通八达，是提供我们敏捷处理事理的契机和奇思妙想的由头。

对于儿童而言，教育的无名状态是大自然的赐予，而有名状态是人类的创造。每个儿童都可以享受大自然的赐予，都能在无名状态下有所作为。所谓差生的问题，一般都产生在缺少无名状态支持的有名状态下，而不大会产生在无名状态下，或在拥有无名状态支持的有名状态下。例如，在无名状态下，所有小学生建立起整个相关概念比如除法的体系，并非难事。给儿童 23 粒豆子，要他们摆出每堆 5 粒，看看如何。所有的孩子都可以摆出 4 堆，还剩下 3 粒，在这里，没有除法问题的名（一个数包含几个几，还余几），也没有除数、被除数、商和余数，以及除法式子的名，但这些在这个无名的活动中都包含了。比如，除法的式子之“名”（符号记录），我们可以用表格、连减方式（23－5－5－5－5＝3）、改进的连减方式（23－5×4＝3）、除法式、竖式、短除式等表示。更多地在无名状态下工作，是克服儿童学习的“两极分化”的基本措施，这时，儿童活动处在自己最熟悉的领域内，重心更低，自主性更强，任何学生都可以找到自己的位置。例如我们在一所入学平均分为 49 分的初级中学实验，用输赢球的记录（上半场赢 5 球，下半场输 6 球，结果多少之类），学生在短短两节课就用自己的输赢球语言学会了有理数加法，大为振奋，他们自己用输 3 赢 5 赢 5 输 2 输 7 赢 4 的简化记录式，就写出了－3＋5＋5－2－7＋4，并看出这是省略加号的加法式。

这是一个极大的矛盾：一方面，我们要让儿童学会思维，另一方面，思维又不可教——你告诉他思维，他已经不用思维了，教他思维，就要冒剥夺他的思维的风险。我们要让他去名状事物，了解世界，然而世界自身之道，特别是人的精神世界，又是不可名状的。尽可能推迟名状，其实就是保持对世界的生命性的体悟的通道，和儿童得以名状事物的最大的活力和主动性。教育由于它的培养人的特殊性，不仅要求我们尽量保持有一个比较长的对对象不加名状的时期，使得儿童能最大限度地依靠自身的内部思维去体悟事物本体的不可言说之妙，更要看到教育的最高境界，正是在于人的情感和悟感得到提升的潜在之处，“只在此山中，云深不知处”，遐想联翩，感悟无限。所谓教为了不教，教导致不教，不仅仅是教育的遥远境界，更是每段教育过程的即时需求。教不过是唤醒生命，启迪生命，激扬生命，把社会人生的既有的领域和发展方向以及智慧的端绪介绍给生命，而由它自处之，如此而已。正由于教育的本质过程的潜隐性和最终的主体性，带来教育文化固然有可视的一面，但更有不可视的本质的一面，基本的一面。它的不可视性，不仅仅是对教育状态的静态的写照，更是教育本质的决定性。这也就是生本教育文化同某些教育理解大相径庭的地方。只要你承认教育的成效是在教育对象身上存在的，承认教育的过程基本上是在儿童身上生长的过程，教育的最根本的场所是在儿童身上，而不仅仅粗浅地说是在课堂里或家庭中，我们就会认识到教育的不可视的本来面貌。

九、德育观：以儿童的美好学习生活为真正基础

基础教育研究越来越关注人的发展的基础，而学校德育的基础在于人的美好学习生活。如同我们可以研究某些植物的阳光、空气因素，也可以研究更基本的土壤因素一样，尽管作为教学生态的德育基础并不是完善一个人的德性的全部因素，但它是一种决定德育文化走向的重大因素，其原理在于教育的生命机制。它的效果也已获得实践证明，对它进行研究，将有十分重要的意义。本章将结合多年来生本教育实验研究，对此进行探讨。

教学生态的破坏和德育基础领域的失落

现实的外施性的德育面临的困难是它难以进入到儿童心灵深处，因而低质低效。为此，德育更多地关注从显性走向隐性，由他动走向自动，由预成走向生成，由规定走向选择等，这是相关研究希望走向本体的积极变化，但仍未真正解决问题。这是因为，今天问题的实质在于：学校德育的低效，来源于其真正基础的失落。我们常年把德育的基础建立在“塑造人”的单向性工作上，或就德育论德育，无视或忽视学校德育的真正基础——表现为良好的教学—学习生态的儿童的美好学习生活。我们过去所肯定的“教学的教育性”，仅仅注重诸如教学中渗透德育、教学中相关说教、德育课程设置、教学遵循道德规范等。它当然是必要的，可是它和整个既有的德育一样，都仅倾向于对儿童外施的、刻意的、有形的、知性的、可比较和控制的方面，它反映了教学和德育的某种关系，但只

是较低层次的非本质的关系，并未揭示儿童美好学习生活是德育真正的强大的基础，即使论及德育同生活世界有关，也只是指忽略教学生活的抽象性，或实际上仅是课余生活。

事实上，学习生活作为儿童生活的基本的、核心的部分，是儿童天性得以启动和发展，形成美好本性的摇篮，很大程度上决定了儿童自在的德性及其未来走向，并借以迎接社会对儿童道德成长的进一步要求。美好的教学—学习生活顺理成章地延伸了儿童先天的、和谐的、美的感受力，最大限度地享用了大自然对儿童道德和智慧的生成“扶上马送一程”的恩惠（犹如初生小鸡身负着鸡妈妈给的蛋黄），使教育得以发挥儿童的生命自然的精美、强大、和谐和美好的优势，充分利用“人之初，性本善”的丰厚资源。这是教育的生命机制的表现。

所谓教育的生命机制，是指教育最终和基本上依靠教育对象的生命自身。而人的德性的形成，高度依托人以本能为内核的生命自然，如同用“折筷子”的故事让儿童认知“团结”，未必能进入心灵，但如果让他们在学习中自主地进行大量的克服无知的个体或合作的活动，就会在和谐的、创造的、愉悦的本能下潜移默化，把仁爱、友善、合群融为本性。

儿童在教学—学习活动中的生活状态就是教学生态，也就是关系到儿童学习需求、机制等本能（或天性）得到尊重和满足，使生命活动处于自然和蓬勃的状态。在良好教学生态中，儿童在教师的支持下自主学习，生活在文化的、创造的、诗意的课堂，他们向真、向善、向美的天性得到充分发扬，与主流社会通过学校所反映的意志一致，以良好的精神面貌、人格魅力和对真善美高度敏感的方式呈现道德本性或道德感。在良好教学生态中生成德性的方式有别于常用的原发于儿童外部世界的晓理教育、制度教育、奖惩教育等外力或刻意方式（尽管这些形式常常是必要的）。其本质就是，我们不是主要靠外来力量改造儿童，而是让儿童在良好的学习生活中“自己成为好孩子”。

反之，如果儿童的“教学—学习”生活受到破坏，就不仅不能利用儿童学习天性的资源，还将扭曲人的生活而释放负面人性，对整个德育产生无穷困扰。事实上，多年来仅直接模拟应试的教学思考，使学校规避教学领域的任何改革，导致既有德育总是与压抑控制的教学生态共生，由于教学中问题不断，德育只艰难地停留在维持陈腐教学方式的水平上。作为主流社会代表的课堂，基本上是以师为本的，它压抑、控制教育对象的生命活动，违背儿童的学习天性，与生命的自然取向相抵触。特别是原本应当保护儿童学习隐私的教学评价，起了制造、强调、彰显，最终拉大儿童学习差异的作用，与儿童学习的实际（比如说儿童学习中出现某些错误的积极因素完全被抹杀）并不吻合，更与教育的本意大相径庭，这就使得教学领域反而成为德育的问题源，所有无心向学、灰心丧志、厌倦课堂、冷漠社会、不守纪律、互相争斗、辍学流动等常见“德育问题”，都可溯源到教学生态的扭曲变形。德育的主体部分成为游离于教学—学习生活之外的另类工作。儿童的教学—学习生活越来越难以成为德育的基础。

孟子给了我们很大的启示。他强调，民有恒产，进而有恒心（操守道德），管理者要给民以恒产，才能进一步导之向善；管理者不应“网民”——如同撒网，使人民无产无业，又在他无恒业则无恒心之际来惩罚他。用现代的理解，恒产就是恒业，是自己喜爱的事业。有了恒业，才有可能产生恒心，包括道德之心。这一在“人治人”中重视“人事业”的见解，启迪了德育思想的大改变：最基础的德育活动不是靠我改造你，而是靠给你创造“恒业”，让你在最喜爱的、有效的从业活动中，自己改变和提升自己。即学校的德育要使儿童处于良好学习生活之中，具有个体性（因而具有全体性）、根本性和随业性，形成德育自动机制。这就像一条离开水的鱼，除了把它放回到水中之外，绝无任何办法可以让它和谐自在地发展自己的全部优美。我们数年来在两百多所学校的实验和实践表明，发展新的生本的教学体系，必然带来教学生态的根本改变，从而成为最无形的也是最坚实的德育基础。儿童处在一种创造的、发展的、向上的氛围之中，形成了热爱学习、热爱文化、热爱学校和班级的基调，为整个德育提供了良好的机制和上行空间，这是外施性德育措施难以代替的，另一方面也为外施性的德育措施提供了十分有利的条件。

上述种种，都转向容易忽视的基本问题——教学生态对儿童德育的影响。它将带来许多有意义的思考，例如：德育的基础从外施性的、功利性的德性转向依托儿童学习生活的、自在的、素朴的德性；德育的真正主体从教方回归儿童自身；德育工作的领域从就德育论德育的“小德育”转向含有儿童学习生活过程的“大德育”；德育的形态从良好外部表现向内在精神和人格、德性与道德感的内蕴转化；德育的本体从有形的、刻意的德育工作向关注人在良好学习生活中的成长转变；德育的评比或评价的意义下降，德性提升的动力在于儿童对德性的感受性享受的内部启示。以上问题又可归结为我们在下面几部分将要讨论的：

1. 儿童在良好教学生态中能否自动形成素朴的德性？为此必须厘清素朴的德性的存在性、特征和功能。

2. 教学—学习生活在儿童的整个生活中是否居于核心的地位？

3. 良好教学生态产生素朴的德性的原理是什么？

4. 如何建立良好的教学生态？

良好教学生态产生的德性的素朴特征

研究表明，儿童在良好的教学生态中会自动形成德性，例如自信、合作、自爱、乐学、诚实、勤奋等。它和主要依托外部教化所形成的德性，在形成过程、主体、原理机制，以及基本形态、所处地位上，都有所不同，依据它的性态，我们称之为素朴的德性。认识素朴的德性的存在、特性和生成机制，是认识良好教学生态在德育中的地位的关键，同时也是德育从脱离儿童核心生活的“小德育”向带素朴生活基础的“大德育”回归的关键。

一、价值取向的简朴性

素朴德性来自生命和外部世界的和谐，是生命主要依靠自成的变化，它主要来自儿童的美好的学习生活，而不是来自外部世界的作用、说教和规定，因而它具有价值取向的简朴性，即非功利性。它的内发的来源，决定其产生和存在的依据，主要是内部成长的感受和与内部成长感受直接有关的外部因素，但不是外部功利，即在外部世界的展示、外部世界的评价、与外部事物的比较等需求。其简朴性还表现在它附着在生活中而自动地起作用，是生命深处的无形变化，老子说的“我无为而民自化”、“大道无形”、“道法自然”、“道不可道”、“常无（名），欲以观其妙”等，都可以看作是对素朴德性非功利的描述。

在良好学习生活中产生素朴的德性是儿童发展的特性。它与成人社会的德有所区别。一般来说，社会道德的形成含有发展物质生活保证人群生存的需要，而遵从社会道德也将为个体和人群带来某种现实利益，这都构成了社会道德准则的价值追求，从而也就形成了成人社会道德的功利性。但儿童处于由自然人向社会人转变的初始阶段，还处在成人社会的功利圈之外，儿童发展的纯真美好的动力主要基于人类天性和整个社会对儿童教育世界的保护，他甚至受惠于人类演化形成的“雏生期优裕”现象——即使不是性本善而只是染以苍则苍，染以黄则黄，也可以推断：只要环境有利，良好的生态自会形成良好的人格，这就是基础教育的特殊性。但是为处于功利地位的成人所把握的对儿童的道德教育极易进入利益世界，例如，把德性视作追求另类利益形态的自利方式，强调注重道德行为将带来心理状态、人际关系、成功率等方面的报偿（譬如“送人玫瑰，手有余香”），以及把德育变成一系列测评、评比、标榜，使之更具刺激性等，然而实际情况是对儿童的教育更应强调“不尚贤，使民不争”①，过多的强烈的评比会干扰和阻断德性成长的过程，就像某些不当的诊断措施却带来另类疾病一样。多年的生本教育研究的一项成绩，就是证明了采取这样的尽可能“不争”的路线，使我们看到了儿童生长的更令人感动的人之德性。

实践和研究表明，儿童的良好教学—学习生活产生的德性，不是来源于直接功利追求，主要是自成的，受人的本能及本性支配的。其产生、过程和目的，都表现为个体自身的提升和成长，表现为生命依据天性的、释放潜能的、享受和谐的、上行发展的愉悦。他们对自己的发展充满生产性的爱，同时也就对自己产生了强烈的生产性的爱的情感——自信、自爱。而获得这种高峰体验的本能，是人类百万年发展的成果。只要有符合他们天性的喜爱的事情可做——其中最高的享受是自主地发展自己，他们就会不倦地追求。儿童既不迫切需求，也因缺少阅历，而难以辗转地领受成人社会所叙述的德性的利益或自利，而且严格来说，德性的利益因素带有不稳定性和局限性，还不足以成为基础教育所要追求的人的德性的素养。

关于素朴的德的存在性，爱因斯坦在普朗克生日会演说中说道：“……有许多人爱好科学是他们在这种娱乐中寻求生动活泼的经验和对他们自己雄心壮志的满足。……另外还有许多人是为了纯粹功利的目的而把他们的脑力产物奉献到祭坛上的。如果天使跑来把这两类的人都赶出神殿，仍然会有一些人留在里面，我们的普朗克就是其中之一，这也就是我们所以爱戴他的原因。”类似的，居里夫人在给外甥女的信中说：“亲爱的涵娜，我们每个人都吐丝作自己的茧吧，不必问原因，不必问结果。”再如老子强调“圣人而

---

①《道德经》第三章。

孩之”，“孩之”，是指圣人总会像儿童一样处在前功利状态，即圣人同孩童一样疏离功利。这也是教人圣洁的基础教育必须而且可能向儿童学习，领略儿童的天性，在儿童的健康生活中发展淳朴德性的另一理由。类似的，儿童的素朴德性之可以存在，是因为他不需要成人社会的那种功利依托，而有着自己的淳朴的依托——成长的向往和良好感受。这也是我们所进行的生本教育实验的课堂教少学多，儿童取得令人惊喜的学习成绩和人格成长的原因。

良好的教学生态高度尊重儿童，全面依靠儿童，让儿童在其学习生活中自主地发现真善美，追寻宇宙和谐，使自身学习天性中含有的德性本质得以发扬，最大限度地发挥生命的功能，主要不是依靠人际竞争和比较，而是依靠文化的、创造的、交流的活动自身隐含的激励的、情感的因素（只有生命完整地参与，才能进行如此大跨度地融合），去深刻、强烈地调动人的积极性，促使人从斤斤计较的低级竞争中摆脱出来，使之具有宽广恢宏的气度、高远的志向、高尚的情怀和高雅的行为。我们在生本教育实验学校中，普遍地看到了儿童淳朴、进取、自信、和爱、稚雅的精神面貌，这正是良好的学习生活所使然。特别是，在课堂上他们对同伴的真知灼见由衷地赞美，反映了他们的心胸承载更多的是未来的为什么，而不是我自己怎么样，弦歌雅意，天籁心声，令人欣喜。

二、以人格养成和精神涵育为本体

在既有德育中常常注意德育的外显态或“成品态”，即可教的、可阐述的、可展示的、可评比的、可意识的和可科学地传达的面貌出现的道德认识、道德情感以及道德行为；但良好的教学生态产生的素朴德性并无外显目标，而是通过儿童的先天内蕴和后天的良好活动，在生命深处产生和发展，它不可描述，不可计量，不可直接地展现，具有无形的特征。这就像文天祥《正气歌》叙述的无形的正气那样，“天地有正气，杂然赋流形。上则为河岳，下则为日星。……”正是儿童成长的大量现象使我们看到，素朴德育的本体，是以道德感为内核的人格养成和精神生命的生长和变化。

如果按照奥修的区分，人的精神活动有的是在头脑中发生，而有的则存在于心灵。他说："头脑是生命里面最重要的东西之一，但唯有当它作为一个仆人而不是作为一个主人的时候才好。头脑一变成主人，问题就产生了，那么它就取代了你的心，取代了你的灵魂，而完全占有了你。这样的话，它就不是在遵循你的命令，而是开始在命令你。……我是在说要小心，不要让仆人变成主人。记住，是你的灵魂第一，心第二，头脑第三——那是一个真实的人的平衡人格。"他又说，"头脑可以给你面包，但是头脑无法给你喜悦，它无法使你在生命中欢欣鼓舞。"①

根据这样的区分，在外施性的德育中形成的功利德性，带有若干"算计"的成分，它储存和活动在头脑之中；而在良好教学生态中发荣滋长的道德感，却来自人类和谐与美的感受力，又在后天经验中发展，是心灵的一种本能，也是心灵活动的某种良好习惯。这种道德感常常在意识阈限以下存在，它不能以说教的形式直接获得，而是主要源于先天的美的感受功能和后天的感受活动的结合。它是德性的根基和高级境界，是道德情感和道德思考的共同之源，是人的情感和悟感的德性综合体，是人格或德性的基本构成，它为在面临事物变化中作出的道德反应作准备。人们的道德感有可认同性，出于亿万年发展的生命本能和后天阅历，人们形成了可以沟通的道德感。例如，人们在生活中可以心照不宣和互相激励。

三、在儿童的美好生活中发展

良好教学生态中的一个显著特征，是儿童的自主性，而儿童的自主，本质上是构筑他们自由奔放的思维空间，以利于不断创造。

---

①［印］奥修著，林国阳译：《生存智慧》，学林出版社 1996 年版，第三章。

生物哲学认为，人类生命的不断创造的意蕴是用以战胜危难保证繁衍，为此，生命本能就是不断创造，而且如前所述，其最精妙之处在于，创造总是伴随着人的愉悦。无论任何课堂，只要你想办法增加创造性因素，就会出现欢欣的景象，使活动极其丰富、极其活跃，使人的学习人格和思维品质提升。正是这种此起彼伏的创造—愉悦浪潮，构成儿童美好的学习生活。例如，一堂英语课，当儿童自己对小剧课文进行改编的时候，我们就会看到儿童的难以描述的踊跃和热情。流俗认为，人的学习积极性是要通过功利鞭策的，但对良好教学生态的思考则恰恰相反，认为增强人的学习自主精神的途径之一，就是把功利因素或人际竞争关系因素降到最低（令人痛惜的是，实际生活中惯习性的教育内部评价却不必要地扩大功利因素）。而功利追逐的减少，将大大扩展儿童的学习生活世界，即现实世界、历史的和社会的世界以及交往的世界。“当鞋合脚时，脚就被忘记了。”儿童全身心地投入学习之中，以宇宙和社会的真善美为对象，活动、实践、阅读、研讨、思考，进行着得到最高享受的学习—创造活动，这样的生态充满生命整体的光辉，成长与创造的欢乐大大超越了较低层次的竞争之乐。他们爱学习、爱学校、爱世界，感受悦纳自己，也感受悦纳他人，进而像尊重自己一样地尊重他人。素朴的活动带来素朴的情趣。即使儿童体会到了为善的快乐，通常也不是说教的结果，而是生活自身的教诲。他们美好地生活着，因而健康地成长着，处处体现着含蓄的力量——生活中的自成、熏陶，所形成的道德感比针对德性利益进行运筹的思考要稳定和深刻得多。儿童通过学习生活可以自己体会德性的美，它充满不可阐说的诗意，联结着活生生的精神血脉，培养着儿童的纯真、向上、美好、友善，并以这种积淀的、最不刻意的方式，形成个体的本性。

四、生产主体是生命自身

素朴德性最大的特点是由儿童自己生长而形成，主体是儿童本身。它不是外施性的“人治人”的听命之德，而是“人事业”中一种内发自在的德。在良好教学生活中成长德性的实际使我们看到，学校教育中，儿童才是德育的目的地，是德育变化过程的载体，是德育价值的体现者，因而是德育的本体所在，又是真正的主体。

儿童可以通过良好教育生态发展良好本性，首先是因为人之生命的向善的本质，同时也因为儿童这一阶段得天独厚：婴幼儿、青少年拥有大自然赋予的特强的适应外界的生命力，即使在德育这样一种领域里，也存在着“儿童特区”，儿童具有不需假以言说，不需借助形藏，可以最灵敏地体悟德性和智慧的和谐的美的力量，这既同他这时的经验缺乏状态相适应，又是大自然保护人类存在和发展的长期形成的机制。教育在这一阶段的无为，实际上是对人的生命活动的尊重与信赖，在学校教师的支持之下，依托人的生命内蕴，完全可以在追寻宇宙和谐的过程实现儿童“自化”(老子：“我无为而民自化”)。犹如处在山区的农村儿童形成的“老实巴交”的德性一样，真正的素质，是在他的健康生活之中，“质本洁来还洁去”，在平素之中形成，在变化之中持续和发展的。

依托儿童的教学生活的德育，是以人为本的教育的深刻体现，它真正实现了教育向以学生为主体的回归。其实教育以人为本存在两种不同的认识。一种是只看到儿童较低层次的需要，把人看成是物性的人，仅可进行外部比较的人，教育者对他们“只有想不到没有做不到”，需要什么给什么地度身定做。然而生命异常复杂，随着对人的认识越多，教育操作措施就越烦琐，“帮忙帮忙，越帮越忙”，这说明仅依据外部对人的可描述的认识，并非真正回到人的本体，仅依靠研究儿童的素质结构，采取我改造你的工作框架，用人为的设计和实施去使强有力的生命就范，是极其烦琐而又不能实现的，或者只是低标准的。另一种是真正的以人为本，它必须满足人的核心要求，这就是独立性、自主性、创新性（如上所述，广义来说，生命的生生不息就是不断创新)，人的最高的需求是自我实现。而生本教育研究的重要结论是，只有儿童最大限度地自主，才能真正发挥生命提升自身的作用。也就是说，德育本体应发生改变，把基本上是以教育者为主体，为之设计、实施、输入的德育，转变为让儿童美好地生活着，从而健康地成长着的那样一种以生活中自成的德性为基础的德育。

五、具有基本性和广泛深刻的支配性

人在复杂情况下作决定的“一刹那”，最终起作用的是生命的本性与外部情态的自然结合。犹如睡眠的最后一刹那，起作用的不是“必须安静”的说教或安静的“自我建构”（它反而是入睡的最大干扰），而是无意识的主管睡眠的生命本能。类似于此，在良好教学生态中日积月累和潜移默化的素朴德性，进入了人的本性范畴，在需要作判断的情况下默默地起着最后的决定作用。而这正是素朴德性具有基本性和支配性的根本原因。

素朴德性具有基本性和支配性的另一原因是，个体的素朴德性和社会需求存在一致性。任何个体的德性和社会需求的德性，共同之处就是止于至善，即“人类之生存、发展与繁衍”，因而可以相互融通。长期以来，我们强调“存在先于本质”并把它用于人性的刻画，仅仅把人的生命视作当代的现实存在，就难以领会个体与社会可以趋同于善。而生命原本是历史性的存在——亿万年演化的结果，通过千锤百炼的演化，先祖以基因方式而不是分裂方式把生命本能的信息传给我们，使我们能适应未来的变化，而这种本能的取向，应当是与外部世界的和谐，即人世间的善，我们就能认识个体与社会追求的同一。人类或族群的存在、发展和繁衍均是人的演化的推动力，这决定了人和社会都趋向终极的善，它们的追求之间总有通道，总能弥合。

人与未来、与社会的所有的融合都包含在生命种子中，等待着自主开花式样的释放。尽管人的未来具有不确定性，但是在基础教育阶段，在社会、学校提供的良好的教学生态中，儿童却本然地可以展现其人类花朵的风采。正如窗外鲜花总是那样的美丽动人，这是因为有足以适应后天世界的种子——这是亿万年进化发展之功；同时也因为有适合生长的阳光、雨露、土壤的条件，因而尽管没有人去刻意修剪它，没有人去特别照顾它，它也能够美好地成长（当然，我们再顺势而为，帮助和促进它，会使它更为艳丽）。“自然选择过程仔细设计了人性，以供两足直立、有社会生活的人类（最早是非洲类人猿）之需，而人胃就是为了杂食且喜爱肉类的非洲类人猿而设计的。”“……所以后代出生时，不带原罪。”① 人之为善，适应外部世界的和谐的环境，这是生命自身发展的特质。精力充沛的人犹如一台消耗能量的机器，他必须每日每时地把能量转化为行动，不让他行动，他就像接通电源的机器短路或断路，要么发热，要么发闷，百无聊赖，所以人的活动、游戏、创造乃是“天道”——自然的规定性，而社会的规约规律是“人道”。表面看来，这里所说的天道或人道是对立的，但事实上，如老子所说的“道法自然”，所有的表现社会规律的人道既是自然之道，也是社会这种“类生命体”自身运动的需求，并非与自然相悖的另类善恶。一个喜爱游戏的孩子，会比任何人都知道游戏规则的重要性，这同逐步承认社会的规约相得益彰。含蓄的和内在的素朴德性，可以使人获得更深刻的东西，可以同国家的意志、社会约定的灌输性的德育形成高度一致。

良好教学生态在儿童生活中的核心性

在惯习的德育和教学的关系中，教学居于次要的地位。认识教学—学习在整个儿童生活中的核心地位，是认识良好教学生态在德

① ［英］马特·里德利著，范昱峰译：《红色皇后——性与人性的演化》，四川人民出版社 2002 年版，第 15 页。

育中的真正基础地位的前提。事实上，在学校中，日常的、占用时间和空间最多的工作是教学，引起最普遍重视的、基本的、具形的工作也是教学。就像工人要做工，农民要种田一样，学习就是学生的业务，学习状况关系到人的发展，改变人的命运，甚至关乎国计民生，家庭幸福。全社会的重视显示了教学在学校工作中的核心地位。仅仅把这种关注斥为“应试教育”或“重智育轻德育”的影响是偏颇的，它固然来自经济社会要培养人才的功利需求，而更来源于人类生命发展必然需求的大众共同的悟感。

一、教学生态的核心地位基于人类发展需求

儿童的教学—学习生活与成人的业务活动相比，更具有“恒业”的特征，从而成为儿童的核心生活。良好教学生态意味着儿童自然的学习带有极大的广泛性，实际上可以与他的全部生活相联系。这就像蒙塔古说的，儿童仰看天上的浮云和俯视地上的蚂蚁，都是学习。① 正因为这样，我们依靠了儿童的学习生活，也就是有效地结合了儿童的整个历史的、社会的、生长的生活，阅读、思考、交流、实践活动延伸和扩充了儿童生活的丰富领域，是儿童学习的外延同时也是外部世界的外延。例如，儿童不是像成人仅仅在规定规则下活动，而是可以在活动中创造规则、发展规则。

然而更重要的是，人类的学习活动是生命自身的规定性，并在儿童阶段表现得更为活跃。人不像其他动物只是自然景观中的一部分，而是自然景观的塑造者。在肉体与精神两方面，人都是大自然的开拓者，是一种无所不至的动物，他在每一块陆地上不是发现而是用双手创建了自己的家园。在这样的活动中人不仅先天地丢弃了大自然的某些赋予，例如像某些海域的银鱼所获得的月圆之夜在潮水线上的海滩产卵，而在第二个月圆夜使卵回流到水中的那种赋

---

① ［美］波伊尔著，王晓平等译校：《基础学校》，人民教育出版社 1998 年版，第 4 页。

予，却强有力地发展了另外一些更为精美的赋予——发展了自己的思维的本能，并自然地形成了一个任务：必须长时间地学习人类自身的思想成果，继承前人的思想遗产，并磨砺思维之剑。人的思维和由此可以脱离原始自然的优势形成良性循环，一发不可收：人通过学习享受思想和产生新的思想，越来越依靠人自身的思维成果造成的新的无限的选择性，逐步远离原始的自然。正因为如此，动物的基础教育——例如老鹰教小鹰学飞，也许只要三天，而人类的基础学习要许多年。人类学者泰格说："从某种角度而言，天择过程作成的决定，经过数千世代的累积，必然限制、刺激或影响到人类。"① 于是，人的学习的需求和学习的框架，甚至进入到了基因的层次，儿童都有强烈的学习愿望，都是天生的学习者。这为 0～3 岁的婴幼儿的学习实践所证明，并成为人类可以铭刻的经验："虽有嘉肴，弗食不知其旨也；虽有至道，弗学不知其善也。"② 学习不仅仅是因为要考试才需要。为考试所标识的过度的对学习的追求，不过是学习的重要性和核心性的另一种形态的反映而已。

二、教学生态的核心性基于主流社会意志与儿童天性的一致性

教育教学是主流社会活动的组成部分，教学业务贯注了人类传承的意志、家庭意志、社会意志，甚至是国家的意志。主流社会把这一切托付给学校，学校、课堂就是主流社会的反映。但流俗的评价方式使教育者和学习者不协调甚至对立，学生不喜欢课堂，或者是课堂拒绝了学生，就产生了主流社会同儿童的内心世界的潜在的对立，学生就没有了恒业——自己喜欢而又有益的事业。儿童与课堂不和谐以至对立，成为儿童生活中的一种带根本性的严重问题。而生本教育之所以解决了这一问题，原因是它揭示和依靠了教育的

① ［英］马特·里德利著，范昱峰译：《红色皇后——性与人性的演化》，四川人民出版社 2002 年版，第 15 页。

② 《礼记·学记》。

真正本体和主体——儿童自身，从而使教育取得了体系性的、比较彻底的改革，实现了儿童的最大限度的自主，并在这样的基础之上，实现儿童对文化和社会的爱。

三、教学生态的核心性在于同儿童的未来紧密联系

就经济学或社会学本质来看，成人的恒业是安身立命之业，而儿童的学习同样为他们安身立命打基础。良好的教学生态是发展人的综合素质的关键，此中所有的儿童的自主活动，都同人的学习结合在一起，成为儿童自主学习活动的组成部分。儿童的生命活动中的学习和创新的本质，使我们得以充分依靠儿童自身去提升儿童的生命，它极有力而深刻地发展了生命，为儿童的包含素朴德性、一般德性和智力、体质的全面发展、可持续发展提供了条件与机制。我们进行了六年的中小学生本教育实验证明，“素质好，何愁考”，良好的教学生态在全面地发展素质的同时，显示了学生高质学习、知识透彻把握、能力极大提高的优越性，学生参加社会性选拔考试因而取得卓越成绩。

良好教学生态产生素朴德性的原理

在生本教育的课堂上，我们看到了在教师的支持下，儿童对学习的全身心的投入，课堂进行着文化的交流或科学研讨，没有庸俗、功利、低级的争端或活动，有的是追寻、探讨和思想的碰撞，充满诗意和科学的精神、态度，不断地给人以感动，生命自然而流畅地活动着、发展着，儿童向上、热情、友爱、自信、乐观、客观公正等，许多美德都在不经意地形成和发展，成为本性或素质的一部分。原因主要在于以下几个方面。

一、良好教学生态释放德智同一的美感与和谐感

良好的教学生态的特征，是儿童获得尽可能大的自主学习空间，从而最大限度地调动了情感和认知统一的本能。事实上，在实

际生活中，不同表征的德和智，在生命深处潜藏着一种同一性，它表现为美，也表现为人的潜能向着价值转化。这时候，一个活动、一种知识，对于生命来说，既是智育的，又是德育的；既是愉悦身心的，又是事物本体的、有生命的、知情意一体的。一种良好的健全的思维，同时也会带来美的愉悦。文化和创造的吸引力，同时也和德性的吸引力相通。在生本教育所造成的良好生态中，儿童在充分自主的学习中表现出欢乐、友爱、向上的情怀。无论是在小学生把两位数分解成因数的游戏中，还是在高三学生解题的课堂讨论中，都可以看到这种由于对知识的热爱带来的对大自然的神奇、对美好的人和事、对生活的赞美，而德性和智慧的起源都发自美感。正如罗杰斯所描述的："通过学生之间相互影响、启发，课堂上出现的一些领悟、启示和理解的时刻简直是震撼人心的。""在这种富有成果的时刻，你会看到一个人的内心世界简直奇迹般地展现在你眼前……班里每一个成员都沉浸在一种近乎神秘的温暖、高尚的情绪之中。……还有什么比把我们的全部自我、我们的内心动力、热情、态度和价值观全都投入进去更好的学习途径呢?"①

教育生本化带来的良好的教学生态，使儿童的潜能充分发挥出来，使他们更好地认识世界，同时也更好地认识自己。这是流俗教育中十分缺少的。布洛诺夫斯基说："人类是大自然独一无二的实验品，用来证明理性智慧比感性智慧更加美妙动人。求知是人类的命运。在我们的前方，是最终将使艺术的表现和科学的解释融为一体的人类的自我认识。"良好的教学生态使儿童充分自主地认识自己生命的力量和尊严，也尊重其他生命的力量和尊严。

二、良好的教学生态发挥知识过程的情感与认知统一的功能

过去我们不强调知识学习可以成为德育的一部分的另一原因，

---

①［美］马斯洛等著，林方主编：《人的潜能和价值》，华夏出版社 1987 年版，第 356—357 页。

是并未揭示和释放知识及其过程的本质意义，从而把人学习知识仅仅看成是灌输的过程。然而知识并非记录事实的断简残篇，而是人类生命提升的活动。知识是一种责任，使人类始终如一，并作为有道德的生物而保持自己的本色，即所谓“知书识礼”。知识和道德的汇合，来源于人类儿童期的漫长的知识学习过程和道德形成过程的本质的一致性。如布洛诺夫斯基说的：“人类行为的特征就是一种内在的延宕，以便为将来先后采取的行动作好准备。在人类漫长的童年和缓慢的成熟过程中，这种延缓的生物学基本原理贯穿始终。但人类行动的延宕远不仅限于此。作为成年人，作为决策者，作为人类，我们的行动受到价值观念的制约，我把这种价值观念理解为人们平衡对立冲动的总策略。……我们只能通过寻找指引我们行动的准则以形成我们的行为方式。我们设计伦理规范或价值体系，来确保短期内令人神往之事能与长远的、最终的令人满意之事保持平衡。”

良好的教学生态的特征之一，是和儿童的丰富生活紧密联系，从而保证了知识过程的情感与认知的同一性。每一个真善美的点，都依托着浩无边际的实际生活，对于它的追寻过程，都足以成为学生的享受之旅，这就是学校和课堂的强有力之处。人类全部知识形成的根源，是从已知之物推知未知之物，使思想跨越时空，认识迄今发展起来的人类自身的能力。学校正是在这一点上，通过教学去让儿童提升自己。在华阳小学五年级讲“圆的面积”的课堂上，孩子们把圆分成 16 等份，然后把每个等份看成一个底边是圆周长的十六分之一、高是半径的三角形（而这需要共同的极限过程的想象力），以这些近似三角形作为材料，拼出他们已知面积公式的三角形、平行四边形、矩形、正方形，并都求出圆的面积。尽管他们的论证可能走了弯路，但那种学习的创造气氛催人奋进。

三、良好的教学生态为完善德育提供了强大的基础和保障

当个体的提升成为核心追求，而外部德育措施成为核心追求的

保证的时候，就会出现最和谐、最有效和最简约的大德育。

在良好的教学生态中，教学本身会对班级成员提出维护班组小社会利益的相应要求，如规则、荣誉、奖惩等等。当整个教育教学以儿童为本的时候，所有这些都极容易被儿童理解、执行，容易被他们认可为自己事业的需要。教学生态作为儿童的生活的核心，作为儿童遵从大自然和国家社会规约的活动的基本状态，作为儿童成为教育教学主人的重大改革的本体，对德育是自足的。人格培养和德性发展都由此打好了基础。

教学生本化是形成良好教学生态，建立德育真正基础的关键

纵观上述，良好的教学生态对德性形成具有基础意义。我们强调教学生态的作用，并不是不采取德育的种种措施，不是不要制度、不要说教、不要严格要求，我们是说，教学作为学生业务的生本化，是这一切的基础。当教学进行了生本的改革，整个班级就有了最基本的向心力：他们爱学习，爱班级，爱学校，天天做着自己喜欢的事情。这时候，教师对学生的种种要求就有了基本的承托的力量。在生本的教学中，学生的个性张扬了，但是他们的思想也变得丰富了；学生的阅读广泛了，他们的道德思考也显得复杂和深刻了；学生的创新意识增强了，要为他们人生方向作指引更需深思熟虑了。在这样的情形下，并非不要班级的管理、道德教育和性情熏陶，只不过所有这一切，还是得以生本的理念为原则，全面尊重学生，一切依靠学生，密切关注学生。在生本教学所形成的强大的班级文化中，学生的自主活动就会像是布朗运动，表面上是复杂各别的，但本质上是有序的，总体上是和谐的。

生本化教学的特征是最大限度地发挥儿童的天性、潜能、学习和思维等本能的作用。过去的许多改革总是很难使儿童真正成为学

习的主人，原因是我们的习惯，我们原有的关于教育、教学、教师、儿童等的种种观念，都不能摆脱师本教育的框架。我们总是认为教育的本体在师生授受之间，而不能接受它在学生身上，基本上是生命在外力的帮助下提升自身，这就是问题的症结。这又源于教育存在的一个基本问题：使命承担者和使命真正实现者的非同一性。教育者是教育使命的承担者，而儿童是使命的最基本的实现者，儿童以自己的生命提升作为教育的本体，而以自己生命的拥有作为教育的最重大的资源。由于这种使命活动的转折和模糊性，教育者常常夸大自身的意志、愿望，忽视儿童在教与学结构中的重要地位。

其实，教育本质上是（在教师帮助下的）儿童发展，教学的本质是学，因而最终和基本上是儿童自身之事，我们却长期极其艰难地在把我们的越来越精细的虚体设计同一个活生生的生命实体的活动进行磨合。两个不同性质的体——虚体和实体的相互矛盾，带来了极不和谐的生存状态。要使教育适合儿童，只有尽可能地把教育回归到儿童的自主活动，“物归原主”，这样才有可能把一个体现主流社会意志的课堂，转变为儿童喜欢的课堂。

在改革中，容易出现的问题是，人们的讨论常常归结到要不要学习基础知识，要不要规章制度，甚至是要不要教师、要不要管理等浅层次问题上。事实上问题的实质并非这些，而是是否建立了以儿童为主体的、以儿童提升为本体的教学体系，进而建立了相关的教学生态。这也是流俗教育最难割舍的领域。

常见的认识障碍是，在考试环境下（就社会性考试即中考、高考制度来说，目前是难以改变的）不可能有适合学生自主发展的教育教学生态。事实上，高考仅仅是一种制度而不是整个教育的体制，也就是说，想要提升高考成绩未必要把平时教学也变为高考模拟。今天包括生本教育教学实验的大量事实表明，恰好相反，存在一种通道，它能使人的素质得以提升而进入“俯视考试”的境界，而且这也是取得更优异的考试成绩之路。生本教育实验证明，我们的教育完全可以创造这样一种人的整体生命投入的生态。回归“人的自然”的生本特征的学习生活，对于儿童的发展不仅是基础的而且基本上是自足的。活跃的、健康的学习生活，将会有力地促进儿童形成自己的世界观、人生观和方法论。

儿童对自身潜能和价值的“自我意识”具有重要意义，它有助于形成良好的学习以至交往的人格，使儿童自信而积极，克服自身的弱点，使儿童的道德意志变得更加坚强。生本教育对儿童人格、道德的培养具体表现在以下几个方面。

一是自主带来素朴的责任感。今天世界的发展变化要求未来的人具有更强的责任感，如同布洛诺夫斯基说的：“我们都感到害怕——为我们的自信，为未来，为这个世界。这就是人类想象力的本性。个人的义务、智慧的天职和感情的承诺，合而为一，促使人类不断上升。”这既是人类生命先天的取向，也是后天的现实社会的需求，这种责任感需要在自身生命提升的责任承担中形成和发展。人适时的责任承担是生命能量得以发挥的需求，是生命的价值和尊严的体现。流俗的教育状态剥夺儿童的自主，由外部世界设计和实施儿童发展的每一个细节。例如，我们把整个课程本体视作对符号活动的研究结果，而不是基本的符号活动——符号建立和符号实践本身，把儿童的发展转变为可为外界监视或监控的过程，凡此种种，在爱和慈的名义下，不仅使儿童失去自己主动发展的机会，更使其缺少责任的承担，儿童逐步养成依赖性，进而缺失了责任感。一个长期受外界强力支配的个体，似乎是严谨的、循规蹈矩的，而其内心往往是懦弱的，缺少素朴的责任感——在其精神世界中只有狭小的责任疆域，因而在“负责任”的自我感觉之下缺少真正的责任行为。

二是非人际竞争的环境培养高尚格调。生本教育的实践所形成的良好教学生态表明，儿童学习的最大吸引力，不是来自不断的统一考试，而是来自文化的和创造的力量。这就把人的注意力从人际的低层次的无谓的竞争，转向对人自己的提升及人与自然和社会关系的关注，与客观世界对话，与大自然对话，与人类社会对话，与自己的心灵对话，关心自然的和谐与人类的命运，关心自己的成长与发展。于是人就从狭窄转向宽广，从紧张转向愉悦，从粗鄙转向高雅，进而形成健全的心理和正确的价值观。一个处在最适合他的教育生态之中的儿童，即总是获得自由和自主的儿童，会经常忘我地学习和生活。

三是自由思考带来对世界和谐的深刻体认，形成坚信和谐、追寻和谐的恒心和博大的胸怀。人的周围世界的亿万年发展形成“存在即合理”的和谐，万事万物发生的各种各样的变异，不过是更广泛地表现其深刻的和谐。而人的使命恰好是不断感受和认识和谐。在良好的教学生态中，儿童大量阅读，深入思考，积极交流，获得大量的信息，有大量机会全面地了解情境，从而对世界产生更完整的体悟和认识。只要保持“生本”状态，不断地开发学生的认知能力而不是封闭它，只要始终保持情景的适度挑战性，只要让学生有适应其年龄特征的舞台，只要永远使他们学习带有与其个体相联系的意义，在他们认识到的越来越多的事物的比较和启示之下，他们求知的要求就会越来越强烈，他们的胸怀就会越来越宽广。古今中外都有许多例子可以说明这种人类文明的召唤力，如何使得人不断地提高他的抱负和能量。正如颜回形容孔夫子：“仰之弥高，钻之弥坚。”再如，根据华阳小学的一节五年级语文课“兵马俑的个性”的调查：一节课 40 分钟，师生表达总长度约 6 200 字，40 名学生全部发言，表达长度约 5 100 字。据不完全统计，学生发言涉及典型词汇近百个，语言流畅，精彩的句子不断涌现。这节课中，学生对课文的感悟深入，情感丰富。其中有对世界第八大奇迹的自豪，也有对造俑者遭遇的同情；有对兵马俑雕刻艺术的感叹，也有对秦王残暴和愚蠢的嘲笑；有对文章优美语言的赞美，也有对自己研究成果的自信；有对作者思想的认同，也有对生活的联系与反思。学生的情感、态度和价值观都在这一节课中得到了较为全面的陶冶和提升。①

四是学习天性的充分发扬和学习情感的充分满足，是儿童在人格方面回归自然生命的规定性。生物哲学家对生命体的生生不息进行研究，认识到创新是生命赖以维持与发展的必需，由此可以解释，生命的新陈代谢、细胞的分裂、个体的繁衍、人类思想的创新、文化的建立都相应地产生愉悦或高峰体验，而学习更是人类的本质需求。流俗教育的问题是使人的学习天性和学习情感不能宣表和激扬，于是造成各种各样的德行问题。我们有案例表明②，所谓“德智双差生”其实可能是“灵生”，他们比一般儿童更敏感地（尽管往往不自觉地）对压抑性、控制性的教育有所抵触而成为“差生”，而在生本教育之下，他们的被人（包括家长和自己）认为泯灭或不存在的学习天性被激发，闪现在“一塌糊涂”文章中的诗意星光被看好，创造力得到发挥，此时如灵根着地，枯木回春，完全可以在不长的时间内成为学习勤奋的好学生，厌学现象得到有效的改善。由此我们产生联想：一棵树之成就美丽，基本的条件是其生长的天性不被压抑，而人的这类天性则包含了精神的成长、发扬的因素，当教育立场、“教育心”、“教育眼”回归到激扬人的生命的时候，整个德育就会形成坚实的素朴的基础，生命之流就会顺畅，就像不拥塞的河流不会漫溢一样。

五是自主的交往形成儿童的美好社会体验。在真正以学生为主体的良好教学中，儿童在稍加启蒙之后，主要的工作就是自主地学。而学的形式多样，其中最强调的是个体的学习和小组及班级的

---

① 张翔：《生本——语文教学的新天地》。

② 郑虹晖：《生本理念下的班级管理策略》，生本教育体系研究课题组编：《问渠哪得清如许》，汕头大学出版社 2004 年版。

学习，也有同社会、家庭的交往。其中有大量的游戏、活动、工作，个体的学习思考融入小组班级的活动之中，他们会遇到许多各种层次、各种领域的问题，也会遇到人际的问题，这就构成了一个小社会。这种小的学习性的社会细胞与过去的学习组织不同的地方在于：一是更多的自主，因而有类于大社会，儿童在这种需要自己采取立场和负有责任的交往之中，会对个体的独立价值（包含自己的和他人的）和对于任务的合作的力量有强烈的体验，形成乐于合作的品格；二是在合作中形成高雅的态度与风格；三是获得一定的社会体验，例如大量的游戏规则、与人为善、学者风度、合作技巧、解决矛盾的正确态度和方法、对待自身和同伴的成就的态度等等，同时也包括正确地对待必然存在的人际竞争。

综上所述，人的德性主要不是靠教，而是靠自身的良好的活动，因为借此我们可以诉诸生命，去发展和丰富美好的自我。而所有的一切，无论是研究的还是实践的结果，都指向：生命不仅仅是现实的存在，更是亿万年历史延续到今天的存在，即历史之存在，人的生活就是其存在的一种形式。借助于此，我们将对教育和教学提出“我们是不是在教人之本能”的重大问题，如果不是，我们应当如何借助人之本能，创造一种崭新的让儿童在学习生活中自动地形成德性的德育文化？让儿童充分自主地学习，就是一个最简单和最根本的办法。这样，我们就形成了生本教育，同时也就形成了生态德育，这是德育思想的深刻变革，也是有意义的新思考。

十、评价观：从控制生命走向激扬生命

在这里，我们要来谈一个主题，就是我们要从教育内部的惯习性评价导致的可视性教育亚文化回归到真正的教育文化，也就是把以控制生命为特征的教育转变为以激扬生命为特征的教育。

这里有几个关键词语，一是“教育内部”，二是“惯习性评价”，三是“可视性教育亚文化”，四是“教育文化”。

“教育内部”指的是除了中考、高考等社会性考试之外的，在学校教育进程中的，由“教育人”——教育行政人员、校长、教师和家长可以依据教育规律来主导的那样一种范围；“惯习性评价”指的是带有比较性和控制性（即所谓监控）的区域性或学校的统考，或变相统考。

为了教育目前所公认的公平方式，我们要长期地在中考和高考的体制下工作。因此，对基础教育的有意义的研究，都不能离开中考高考存在的前提，但除此之外的所有评价，都是“教育人”（即教育者）自身，包括主管教育的领导、教育行政部门、校长、教师、家长可以探讨和改革的。为此，我们需要对整个教育评价思想进行审视。我们在多年的实验中发现，改革的瓶颈在于区域性或学校的统考或变相统考中呈现的控制性。只要这样的管理方式不改革，所有的有现代意义的、为了人的思考力和创造力解放所进行的改革都要受到极大阻碍。而这样的改革的迟滞，并不在于中考和高考的存在，而在于没有认识清楚教育的本体和真正主体。我们认为，传统的惯习性评价的危害，在于它导致了可视性教育文化取代了简约有效、依托生命的教育原有文化。就像我们吃饭很简单，但如果转变成要“给人看的吃饭”，就变得无限复杂一样，我们的课

程、教材、教法和管理，都受制于这种可视性的教育亚文化，这是一个极为严重的问题，也是我们实行教育改革的关键。

惯习性评价的基本问题

我们不反对中考和高考，但决不认为那就要用教育内部的统考来配合，恰恰相反，我们要分析教育内部的各种统考带来的问题（社会考试前的备考性的统考除外），要借助于我们的实践及思考，来说明我们对儿童学习过程中的“知道欲”，会如此地改变教育的性质，使普通、简约的教育文化变为无限复杂而多余的可视性的教育亚文化。就像我们“让人家在没有看到的时候也知道你喝过了水”和“喝水”完全是不同的一样，前者把不需视的事情变成可视性的，使其变得无限复杂而低效。这正是教育无法进行改革，教育模式始终陈旧的原因，也是教育愚昧的总汇，更是生本教育六年实验的主要成果——揭示了“素质好，何愁考；为了好，偏不考（指过程中的统考）”的道理。我们的实验记录是：小学，五年不鸣，一鸣惊人；初中或高中，两年不鸣，一鸣惊人。最后考出来，不是一般的好，而是卓越的好，我们靠激扬生命培养素质，却同时培养了考试的“必胜客”而不是“偶胜客”。

为此，我们要特别感谢为我们创造实验条件的各实验学校所在区域的教育行政人员，他们在复杂纷繁之中，以学术的风度和尊重科学研究的精神，保证了我们良好的实验环境。如广州市教育局主管教育教学的陈茂林副局长，他多次向我表示会关注和支持“非出口班级一律不统考生本实验班”，如果实验有什么问题，可以随时和他联系，使我们这些科研工作者们感到十分温暖。近年来教育科学研究中重要的进展之一，是已经有确凿的事实证明，对于自觉的教育来说，所谓“高考指挥棒”并不一定能起作用，合乎规律的教育可以使学习者的学习超越中考和高考，既获得素质的提高，又在相关社会性的终端考试中获得更优秀的成绩。相反，如果把从小学到中学的漫长的教育教学过程变成考试模拟，就会极大地破坏人的素质发展，并且不断消磨人的学习热情和创造能力，从长周期看反而会降低或难以提高人的考试适应能力。这一实践和认识的进展，揭示了社会性考试与教育内部评价的联系并非简单模拟或线性方式，从而给教育内部的评价改革带来了积极的思考。

以区域或学校的统一考试（或变相的统一考试）为主要形式的教育内部量化评价，是区别于中考和高考等社会选拔评价的教育过程中的评价。由于这种以统一考试或变相统一考试为特征的教育内部的评价被普遍采用，因此也可称之为惯习性统一评价或惯习性评价。惯习性评价作为旧的教育模式的配套措施，在稳定教学秩序，组织教育资源，保证基本的知识传授，解决管理方、校方和家长、社会的沟通联系等方面，起了一定的作用。因此，在教育还缺少根本性改革的情况下，管理者往往借助于这种评价方式来防止教学质量下滑。但是，惯习性评价的目的是实现教育活动主体之外的人对学习者学习情况的把握和监控，它广泛而深刻地影响着教育教学的模式，因而与教育中人的解放的改革总趋向形成强烈反差，理所当然地受到某种遏制。今天的问题在于，我们对惯习性评价产生的原理缺少关注，而它依托着极为牢固的习俗或传统，导致在义务教育阶段此类统一评价屡禁不止，一些地区甚至愈演愈烈，形成了变异的教育亚文化。显然，解决这个问题，不能仅靠行政命令，更要探讨问题的实质。

事实上，当前素质教育与这种惯习性评价的矛盾，已经成为教育改革的瓶颈。随着对教育的本体和主体问题的认识，人们更重视教育的生命机制，希望教育更多地激扬生命，这时候，这种惯习性评价控制生命的本质就鲜明地凸显出来：它带来教育模式的陈腐化，波及整个社会，导致教育的全面紧张状态，剥夺儿童自主地以生命的整体活动发展生命自身素质的机会。特别是，在教育过程中，惯习性评价被认为是天经地义的，研究者对这种评价的质疑，通常仅限于方法学上，如指标、权重、操作、题型、考试实施等，缺少对其本质和存在意义的质疑和追问。因此，对教育内部评价的本质和本源进行讨论，明确地揭示惯习性评价的控制性本质及其把整个教育文化改变为可视性的教育亚文化带来的种种危害因素，进而认识教育的非控制性的本质，把控制生命转变为激扬生命，无论对评价改革还是对整个教育改革都具有十分重要的意义。

惯习性教育评价的基本特征

一、评价主体的外在性

就一般评价来说，主体的外在性是由评价的意义决定的，而且教育绩效最终要接受同样来自教育外部社会实践的检验，但教育活动的核心是促成学生的自主学习，教育非常强调独立性、个体性和自主性的过程，在教育中让儿童获得充分的自主和自由的思考机会是他们的生命特质得以发挥的关键，也是全部教育改革不懈努力的指向。在教育领域中，任何评价都必须有利于儿童自主学习状态的形成和发展，使儿童有足够长的跑道去奔跑，并保证教育的文明和公平——不依靠提取人的学习过程信息作为压力去组织教育，而是调动人自身的动力与资源去取得教育绩效。实现这一切的关键是评价的主体必须与教育的主体一致，应当尽可能把评价权交还给学生(在某种情况下也包含执教的教师)，即通过评价的改革，实现教育的“主体模式”。

学生是学习的主体，而所学的对象，就是他的直接客体，学生自主地、直接地调节学习过程，采取的就是主体模式。而惯习性评价则把学生的学习状况反映为一个由考题和分数构成的数量集合，通过外界包括上级行政人员、校长、教师等对这种评价结果的强调，学生要依靠这个数量集合来学习，就像郑人依靠尺寸买鞋一样，把整个教学活动交由直接客体之外的同时是非自然联系的客体来指挥，成为客体模式行为。

对教育对象的外部评价自古就有。孔子说：“贤哉，回也!”就是对颜回在“贤否”的价值体系中的一种判断。然而，教育评价如此经常地以及系统化、制度化、权力化地渗入到过程之中，则是近百年间的事情。原本应该极为活跃、积极、丰富的由生命活动构成的教育，也要通过评价形成外部世界的压力，使教育的具体过程实时地听命于外部机构，这是惯习性评价发出的最坦率的信号。惯习性评价导致教育最终依赖于教育活动的外部的客体，而不是主体，这是一个陈旧的观念和行为。它所产生的问题在于破坏了学习主体的生命自然，招致了诸如厌学和高分低能这样的人之自然的报复。我们为时十几年的中小学生本教育实验和思考，其中一个内容就是希望形成一个模型，说明在去除权力性的惯习性外部评价，把评价主权回归教育具体工作的主体（主要是指学生，如果确认发自教师的评价不至于成为人为压力的话，也包括教师）的情况下，生命机制的教育才能真正形成，并发挥令人惊喜的积极有效的作用。

评价主体的回归其实是沉重的话题。我们已经十分习惯于依靠外部评价才能提高教育质量的思维，涉及评价的改革通常都不是“要不要评价”层次的，而是“怎样评价”层次的。比如，“形成性评价”和“全方位素质评价”的评价改革，前者用形成性的指标去影响教学进程，儿童不仅要应付原有的结果性指标，还要面对新的过程性指标，后者则把儿童置于更庞大体系的数字和指标网中，使其思维和行动受到更大压抑。这类改革表明“教育即评价”、“评价靠外部”、“没有评价就没有教育”等观念根深蒂固，而且评价的设计者极少从学习者的角度去考虑问题。教育其实是这样的境界：学习者更需要的是在整个学习过程中充满生命的乐趣、创造的甜美和文化的喜悦，而不是外部要说些什么，也不是指标体系，如奥修所说：“你必须工作，不是为了要被承认，而是因为你喜爱工作本身。”想要达到这样的境界，我们就必须改革教育，使之具有深刻浓厚的儿童个人意义和工作乐趣，而不是相反。

二、方式的可比性

惯习性教育评价要求把评价的标的物转化为具有可比性的对象。可比性要求评价对象具有客观性、可测性和确定性。

所谓客观性，指的是不依赖于评价者和被评价者的个性或主观性，以满足公平性诉求。而在教学进程中的公平性其实是一种过度的非自然诉求，它通常来自三个方面：一是带功利目的的社会评价（如中考或高考）模式的惯性；二是教育内部产生的伦理性或功利性的公平要求；三是从学术意义上要求正确地反映学生的学习情况，以便采取相应措施。但从这三方面看，大体都未逾越学术性范畴，不必诉诸“公平”与否。学习是一种个体行为，在自然状态下，日常教学的学习成绩竞争，功能只在于刺激学生本人的个体学习，它甚至只带有游戏的性质，并无实质性的功利意义（个别在平时教学中就设置奖学金的除外）。然而实际情况是，现实教育内部评价的客观公平性诉求十分强烈，命题严格保密，交互监考，交互评卷，气氛紧张。显然，这类安排，其意蕴远远超出学术需求，而是充满了功利因素。令人不安的是，之所以在平时教学中也出现激烈的竞争，是因为某些管理因素的深度介入，由上层下达的考查的功利性力量立即被分解为对每个学生的压力。

评价的客观性的本质要求被评价的事物与主体剥离。这对于一般的物的评价，当然是应有之义。但对涉及人的教育成果评价来说，问题却变得十分复杂，因为儿童的学习绩效依附于生命，并非可用书面或其他方式完全剥离出来的。例如，人之感悟，或悟感发挥的水平，就不能从主体剥离而被完全客观化。一个拥有两千万字阅读量的儿童，同一个只有一百来万字阅读量的儿童，他们的知识、悟感或感悟的拥有状况和水平是完全不同的，然而这些不同很难用外部以及间接测量考试的方式反映出来，客观性、可比性的要求和实际操作的复杂性，又决定了我们不能直接测量阅读，这样一来，在考试中，后者完全可能因熟悉考试方法而比前者相去不远甚至更好一些，这就是所谓的高分低能现象。可见，上述所谓客观性是一种假性的客观性，它在观察视角上的确远离了主体的主观，却并不能正确地反映对象的真实。

除了视角的客观性之外，可比性还要求对象的可测性。然而，人的智慧结构和人格结构是非线性的、混沌的、复杂的和深不可测的，考试实践只好选择其可凸显、可测量的部分来进行测量，而这样的量数并不能反映人的内蕴。

再有，可比性要求测量结果有同维性和赋值的确定性，即测量的结果应投影到同一维度上，并且必须是确定的、能判断真伪的，才能进行比较，分出高低。然而人的精神生命活动是无穷多维的，其过程与结果常常只是呈现出不同的价值取向，不适合进行真伪判断，强行归化为同维及确定性判断，就会把许多有价值的精神活动筛去。为了区区可比性而捐弃人的生命活动，丢失生命自然的依托，显然是一种弊病。它意味着儿童在不触及根本对错的情形下，也要依照外界的规定去发展，而不是依据人的生命规律去发展。

三、功能的控制性

通常惯习性评价者是管理方，是具有权威性的客体，它主管着学校地位确定、人事调动、教师升迁等，也就是说，惯习性评价把客体评价和客体权威结合在一起，就起到了极强的控制作用，使得教育主要听命于外界，而不是听命于教育本体，导致教育走向客体模式。教育的客体模式的最基本的形态，即所谓的“师本教育”。在这样的从教育评价到确定教育走向的过程中，可以看到以下若干事实。

第一，由惯习性评价的严格性所反映的控制性功能。一般来说，评价功能无非是：(1) 控制与管理；(2) 了解与改进具体的教学；(3) 让学生进行一定的考试练习，以便准备中考或高考等社会性考试。显然，后两种功能都不必诉诸如此严格的（惯习性）评价方式，特别是不要求有高层次的评价主体，由此可见，控制是惯习性教育评价的本质功能。

第二，评价的控制性通过“排位反应”而实现。公开或者变相的排位联系着学校声誉、教师声誉、学生地位、家长的期望实现等，再加上评价者的权威地位，引起了最强烈的刺激。对于教师和学生来说，这种刺激以外部动机的方式反映出来，其强度大大超出内部动机的强度而湮没了内部动机。也就是说，与这种外力相比，教育自身的、文化的、创造的吸引力黯然失色，它用以打动儿童内在的、拥有生命感染力的东西下降到旁门左道的地位。而且，“排位”之所以夺人心魄，还在于它的核心指向是儿童思维素质的比较，从而毫无顾忌地暴露儿童的素质隐私（而且这往往是一种被扭曲的暴露）。

第三，学生的学习信息成为管理工具。学生的学习信息应当是学生自身的资源，它除了提供学生自身反馈或反馈教师的作用之外，如果移作他用，就要考虑使用的效果，尤其是要考虑对教育教学自身会否产生不良效应，这犹同可以把一般器物借给别人，而家门钥匙则要慎重一样。通常学校如把学生学习成绩用以管理教师，教师就常把教学转向带有短期行为性质的应试。

第四，惯习性评价的直接效果是把行政管理延伸到教育教学之中，使教育教学行为带有浓厚的行政管理的特征。然而教育过程并非通常的行政行为，它和行政管理无论在性质任务上，还是在结构、内容、机制上都有区别。教育过程为教育对象的生命规律所制约，在不涉及基本原则的情况下，不需要直接的行政机制干预。惯习性评价把日常行政管理的实时制约方式贯注到教育教学中去，脱离教育教学自身的规律，其付出的善意的巨大努力，最终因为压抑生命的潜在负面效应，导致教育教学不能获得最大效果，使行政管理的提高教育教学质量的目标难以真正实现。这是教育过程中最可深叹的事情。

第五，个体的教学行为转化为社会公众性行为。个体的教学行为通过教育的出口呈现社会意义。而在非出口（非中考与高考）的平时教学来说，教和学都应是由其主体自主把握的，应是个体的行为。社会应当允许他们在这一时期依据学生自身的需求和教师个人的风格进行有效的教育和教学。管理部门的评价或评估，应以不影响他们的个体活动为原则。然而，惯习性教育评价的这种单纯分数的考查，恰好就改变了学生和教师的教学活动，使之成为适合公众对教学质量的世俗方式的需求，而不是依据人的身心发展的或者教育规律的需求，其后果是教育教学失去专业性，听命于社会的公众的自然规定性，世俗的诉求成为实际教育遵循的原则。学习者的生命活动是具体的，教育者的活动也是以个体活动为基础的、具有学校个性的活动，而为外部服务的惯习性教育评价实际上否定了这一切。

惯习性教育评价使教育文化蜕变为可视性教育亚文化

一、教育原本文化的非外视性源于教育的生命机制

就教育过程（而不是教育研究）而言，教育可以观察而且有必要观察的部分（例如儿童对某一技能的掌握情况）是可以由外部检视的，但其高级的、本质的、核心的部分，即人之感悟—悟感、感情—情感之提升是不可外视也无须外视的，这就是教育文化的非外视的基本特征。

教育的非外视特征来源于教育的生命机制。所谓教育的生命机制，是指教育的本质是提升生命，教育对生命施加影响，而最终和基本上依靠生命自身完成其提升的任务。生命的发展是内在的、整体的、有机的，正因为如此，教育的主旨不是展示性的，而是实现

人的身心素质发展。在这一意义上，生命拒绝形而上方法的计量或描述。教育文化应呈现由生命主体决定的主宰、整体、内蕴、深邃和以非传讯方式为主的种种非外视性特征。

教育生命机制的核心是人的学习和思维的本能。教育的非外视性源于学习与思维本能的非外视性。就生物哲学而言，生命在学习过程中的主宰性的意义，其实就是保证了自主地调动人之高级思维的、学习的本能。而对学习的和思维的深度本能在人之智慧结构中的存在和功能的认识，又是决定如何看待一系列教育问题的关键，是思考教育评价的转捩点。事实上，自然的人在转化为社会的人的过程中所具有的不变特质——学习的思维的本能，在儿童学习中所起的作用远比我们想象的要大。如史迪芬·平克所著《语言本能——探索人类语言进化的奥秘》一书阐述的："当研究者随便选一个文法规则，看小孩说话时符合这个规则有多少次，违背的又有多少次的时候，他会惊奇地发现，三岁小孩中符合文法的占绝大多数。而且是任意一条文法规则都是如此。……百分之九十的情况，孩子说话是正确无误的。英语中的助词系统（包括 can，should，must，be，have 和 do）很复杂。大约有 2.4×10^{20} 个可能性去组合助词（例如：He have might cat. He has been cating)，但是只有 100 种是合文法的。心理语言学家史壮斯渥分析 13 位学龄前儿童在口语中使用助词的情形，发现在 6.6 万个句子中竟然没有一个错误发生！三岁儿童不仅在质上有正确性，在量上也有。"这一判断实际上被三岁以下的婴幼儿学习语言的大量事实所证明。有趣的是，没有谁对婴幼儿的语言活动进行任何评价，然而他们学会了全套母语。儿童靠什么排除如此大量的错误而趋向正确的？仅仅由于后天生活经验或听母语的经验吗？显然不是。可能组合数量如此巨大，仅仅是他们短时间内的后天的、具体的、当代的经验，还不能解释他们为什么少犯错。儿童有这样的语言能力，是与生俱来的语言框架作用的结果，是生命本能的力量在起作用。生命通过天择形成如此具体的本能。

毫无疑问，作为自然人的儿童需要启蒙，即由长者做最低限度的工作，把他们的智慧活动激发和导向于人类社会已有的可交流的智慧活动圈。然而，在漫长的基础教育中，儿童大部分时间并非处在受启蒙阶段，而是启蒙后依托本能的可自主活动阶段。比如说，他们认了字就可以读书，进而大量阅读，走上语文教学的自动化的道路；他们学会了数数，面对一把豆子，就可以扣开建立四则运算的门扉。儿童主要凭借学习的本能去获得不可思议的更多的东西，取得进入广阔丰富的文化世界的通行证，同时不断加深加广对于生活世界的认识。外部教育条件尽管此时仍在起作用，但作用性质已退居“二线”，转为对儿童自主学习的帮助性工作，有时儿童甚至并不总需要教育者在身旁，这其实是进入了教育的高级境界。可以说，所有儿童都是人类百万年发展的结晶，都应开出他应当开的花朵，然而常常没有，原因就是我们的“教育等于启蒙”的观念，使控制性教育以越来越强大的手段来“帮助”即控制儿童，藐视和抑制了儿童的自主学习能力。

在儿童的本能加工之轮转动的时候，教育只是在为生命的活动作准备，在提供引导，在激扬生命，从而变得十分简约而有效，“此时无声胜有声”。教育者的任务，是要认识人之学习本能，并千方百计地依托学习本能去教育，坚持教育的非可视性，就是保护了这种学习的本能效应。

近年来我们从生本教育研究中清楚地看到，儿童不仅是教育的受体，更是一种予体，人类发展的璀璨成果——儿童，拥有包括一系列思维的和学习的本能，从而成为自身生命提升的最重要的资源和动力。儿童自主活动应当也可以成为教育活动的主要承载物，儿童是教育的真正主体。教育要依靠符号，但基础教育的课程的本体，是儿童自身的生命活动需要和可及的符号实践活动。这样将会在教育世界里实现更多的公平、效率，更好地实现有教无类。而这些都同恢复教育的非外视性息息相关。

与此相反的是，长期以来，与社会评价相交织的教育内部惯习性评价活动逐步凝聚和形成了教育的可视性亚文化。教育内部惯习性评价的强烈和系统的呈现方式造成一种秩序：儿童的学习过程必须完全地、全方位地、实时地处在外部客体的视野中，并借助于客体的反馈进行匡正，或者得到鞭策或激励。由此带来的潜在规则是：一切教育行为可进行的前提是它的可视性。教育不仅仅是为了儿童的发展，而且要符合可视性的要求；教育在乎的不仅是儿童是不是学习，更在乎儿童的学习是否能被外界知道。因此，人们在谈教育时首先必须谈到如何评价，没有评价，儿童发展的存在性和合法性就会受到质疑，甚至不能被承认。于是，教育就变成了“给人看的教育”。评价的数字体系同机构权威相结合，教育评价覆盖或改造了教育本身，进而取代了原本的简约、自然、有效的教育文化，使教育完全改观，退向授予化、分析化、机械系统化、建构化，压抑、控制、繁重、艰难而低效。

追求客观化的惯习性教育评价，其方式是线性的、可书面化的、可传达的，它同时也就积淀为教育的可视性亚文化的价值观。所谓线性，就是认为人的智慧的生成或道德的建树是前后相叠，以细小的部件拼装而成的，对于教育的现象都可以赋分——在习惯的思维中总是出现物理图景，并且形而上地加以运用，有时仅仅因为考试标准化的需要就改变课程与教材的编排，使之利于书面考查和传达，从而抹杀了生命活动的规律。然而人的精神活动是一个模糊的、发展变化的存在，人自身的思维的感悟的秘密，并非仅仅用后天活动的效果就可以诠释和分析。人的语言本能和感悟的本能是智能活动的基础或根本，离开了对这种本能的肯定，就不能全面地描述人的智能活动，但对于生命的生长活动的本能层面，我们不可能清晰地加以描述。生命深处的不可描述性，生命的智能和情感的深邃性，是大自然的性质。正因为我们对于人的含有强大本能的智慧结构有了全新的认识，对于人的智慧的内蕴的不可教、不可言传、不可线性描述和考查的性质有所知晓，我们才更加清楚地看到，所谓客观性评价——为了客观，我们不得不捐弃智慧的灵性的部分，而着重检查可以言传的部分——不能真正评价一个人，包括人的学习活动和学习成果，也就是说，可视性的教育亚文化含有对教育的扭曲。

二、可视性教育亚文化的本质在于控制生命

教育的可视性亚文化否定教育的生命性，是流俗教育忽视、压抑、离开生命活动之根源。

其特征之一是强调教学方式的间接性，从而否弃儿童成为学习主人的可能。传统的评价不过是把学习变成可视的一种技术。可视性的要求首先把教育的获得（包括过程性获得）投影到评价空间中去，使教育的过程成为可视物。为此，它否定课程的整体性、混沌性和直接性（学生直接体悟）的一面，夸大了基础知识的间接性、演绎性、可分解性和有序性，用线性方式取代复杂方式，用授予方式取代体悟活动方式，切断了教学活动与生命活动的联系，使教育性质从人相转为物相，它强调过程与内容的分割性和微格性，以及极为细密而严格的时间限定性，等等。事实上，个体的学习在某种意义上意味着形成自己的思想，而产生有活力的思想需要时间，而且学生之间的生命的节奏不同，速率也不一样，但惯习性评价带来的统一的小步子和碎节奏，就规定了节奏慢的（可能是有宽广、独特的思想特质的）儿童进入所谓“差生”的行列，进而陷入恶性循环，难有出头之日。然而如果让这些学生有较长的自主调节的过程，其学习拥有了与生命吻合的方式，就会得到生命力量的强大支持，他们的思想就得以产生和成长，“差生”就会消失。大量事实表明，如果学习被可视的规定所虚体化和支离化，儿童就不能依仗自身生命活动的种种优势，只好靠着教者亦步亦趋，这就是流俗性的单向传输的教育模式产生的原因。也就是说，惯习性评价导致教育远离了生命的自主活动，耗散了生命活动的强大动力，抹杀了生命活动的核心因素，改变了依靠生命活动的教学方式，损失了生命活动的高质高效，养成了离弃生命活动的思维方式。

特征之二是导致课程质的高幂次改变——从符号实践转变为符号研究。所谓高幂次的课程，就是越来越远离生活和对于生活加工本身，从而摆脱人的自然活动。我们不妨回顾语文如何被分解和炼制成“语文学”的。就语文学习而言，完全可以让学生在以阅读为中心的语文听说读写的实践中学习，并且这种学习被证明是高效的，具有强烈的生命色彩的。然而为什么会出现变异，把它肢解为琐碎不堪的字（法）、词（法）、句（法）、篇（法）、语（法）、修（辞）、逻（辑）、文（章学）呢？变异的原因是语文实践不适合于可视性的潜在要求——一个精神生命的跃动滋长、语感的形成、感悟的产生、情感的蕴蓄等，是整体的、不可分的，它不能同儿童主体本体剥离而进入“客观化”系列，难以拆分为外力按时作业的系列并加以查看，而只有当它转化为可分解物的时候，才有可能被记录、被呈现、被比较，而且具备科学的面貌、学科的风格和权威的姿态。这正是课程本体从符号实践转变为符号研究的原因，这时，知识的来龙去脉的灵动生命，生活和知识的不解之缘，学习知识过程的生长的本质，都由此而隐退了、消失了。

特征之三是课程量的改变——从简约话语系统转变为烦琐话语系统。学习作为生命的生长活动，其机理是异常复杂的，而其中的大部分机理是不需言说和难以言说的，甚至如果转化为言说，是不完整的、导致偏见的。然而可视性的教育文化要求把这种过程都进行可传讯方式的呈现，都要从原本的生命的、实践的过程中分解出来，加以明晰化，犹如喝水原本是生命自在的活动，却转化为教你喝水的外为的活动一样，课程内容变得极为繁杂。这也是学生的课业负担繁重但效率低下的原因。

特征之四是惯习性评价中的等级划分。教育通过可视性文化形成的激烈竞争和等级划分，无形中给差生和中等生背上了影响学校和班级声誉的沉重包袱，使相当部分学生因不满教学的师本化、刻板化而厌学（初中学生更是这样），绩优生也因其自主性受到压抑，不能在更高层次上充分发展，从而大大抵消了教育的功能，造成教育力的极大浪费。

特征之五是惯习性评价带来的可视性、可比性意蕴弥漫在教育行为之中，造成教育行为中的追求可呈现性和可控制性的浮躁，丢弃了教育依靠生命、润物无声的精神。例如，一种教育措施立即被转化为统计表格和展示材料，如儿童的阅读或日记，立即变为阅读量或日记量的评比，还要加上家长签名，层层督促。结果，学生的自主阅读成为被动阅读，原本满载情趣的日记成为额外的负担，而且千篇一律，了无风景，使人厌倦。成长记录本来是可以自我欣赏或交流的材料，但它一旦成为评比工具，就像家庭相册用来评选“五好”家庭，它所拥有的对文明生活的追求的意蕴却成为“照相技术”之类的物性追求一样，改变了事情本身的性质。如果学校到处是物性的评比，教育依靠生命自身的机制就被大大削弱了。

改革：从控制生命走向激扬生命

综上所述，教育依靠对象的生命自身，而过分强调对生命的控制是传统教育的致命伤，惯习性的教育内部评价则是使教育处于控制方式的症结。我们面临类似于采取上古鲧的“堵”的治水方针还是禹的“导”的治水方针的抉择。我们为时十几年的教育实验表明，把惯习性“评价”转变为“评研”，从而使考评的主体回归教育的主体自身，使可比性的评价结果淡化为可研究性的评研结果，去控制性，使教育回归儿童的生命机制，也就是说，使教育的任何措施（包括整个课程、教材、教学方式和检测、管理）都保证儿童以自主的、最有效的、生命投入方式的学习，就可以使教育出现激扬生命的全新的局面。

一、联系儿童学习实际，走出“事必评价”误区

虽然儿童的学习必须接受成人给以指教的信息，但归根到底学习是生命的内部运动。儿童自身的学习机制的内在性、自然性、私密性和自在性，否定了“事必评价”的观念。比如，如果对蒸熟馒头的过程实行“开盖主义”，不断地开盖窥视，馒头就反而蒸不熟了。儿童的学习也是如此，它是儿童自身的生长性的活动，是他们的一种生活，我们要为了儿童、尊重儿童、依靠儿童，就必须珍惜他们学习的精神生命活动的自在性和自为性。我们如果要改变惯习性评价文化，就要重新认识儿童，对他们的学习天性，对生命自然在学习中呈现的力量有所了解。这也是我们在十几年实验中深受感动的事实。我们看到实验学校的学生在没有惯习性评价的状态下，如此热爱学习，学得如此有效，并且看到当必要的教育外部的作用符合了生命自然的规定性就将起到正面作用，就更加相信，依靠生命自身进行生命的提升，依靠学生的自主学习进行教育，这样一种改革是有出路的、有前景的。上述学习的绩效和人的积极性显然不是源于分数，它是生命的活动，是生命的呼唤，而当我们不断地亮分时，这种美景就消失了，就没有了人的生命方式投入的积极性了。

二、深入挖掘惯习性教育评价的根源

惯习性评价及其带来的教育的可视性亚文化，其根源是对教育中儿童——生命的忽视。它如此根深蒂固，对人的独立、自主、向上的能力视而不见，其原因值得审视。对儿童的忽视，对人的忽视，这同传统师道尊严的影响有关，但不能简单归咎于历史。事实上，科举时期的重要评价只有两种：产生举人和进士的乡试和会试，此外并无像今天这样的日清月结式的严格细密的评价，现今的惯习性评价实际上是工业和科学发达、物质发展和教育展示的功利等因素共同作用的结果。工业社会带来的机器生产和物质研究，出

现了经典科学的兴盛和工业生产的分工，这时候，人的生活被瓦解为机械联结的部分，不是生命的联结，而是物性的联结。在工业社会中，物质成果十分“抢眼”，我们总是看到产品、分数、眼前的作业，但就是看不到这些产品后面的人。而对物研究的经典科学方法的辉煌成就和崇高地位，使得人们误以为可以把它用于剖析人的精神生命活动，于是把基础知识学习过程分析化、描述化和系统化，但就是不按人的成长规律去进行教育教学。

惯习性评价及其带来的教育的可视性亚文化的另一根源，是以人类知识的极大丰富来否定儿童的自主学习的可能性。事实上，人类科学的发展，越来越宽广和深刻地刻画了宇宙的和谐，它也就回馈了人类百万年来就感受和铭刻在生命深处的和谐的悟感。换句话说，人类生命的精美和神奇，还表现在人类把知识宽广化、复杂化和深刻化的同时，也就有一个相反相成的机制，使之集合化、简单化和朴素化。儿童可以不假手于既有的科学语言和规则，而用他们的悟感去领略内心和周围世界的和谐的一致性，使知识融会于生活，从而高效地处理信息。例如，他们会把电路图和水路图、人体的血液循环路图等联系起来，会把烟花和航天飞船联系起来，把攀登滑梯下滑的体验和能量守恒、苦乐守恒联系起来，等等。他们会从自己的不和谐感中提出最微细的问题，一个人提的问题可能是很有限的，但是当整个班级的头脑都开动的时候，就会成为“一本大书”，就会成为激荡情怀的“文化盛宴”。比如，他们会从 0.523 000 的右边的那些零常常可以舍弃想到，0.523 的小数点以前的零能不能舍弃呢？从而引起激烈的有益的讨论，等等，都会有助于他们把握本质。可以说，世界知识的爆炸性发展，更需要我们依靠生命自身的丰富性和和谐感来进行教育。

三、正确看待教育干预和教育的非外视性的关系

教育的内部过程的非外视性并不排除我们在人的精神活动的外

部施加影响。这里所指的“影响”，是指对于人的精神活动的推动、引导、启迪和激励，它不是对人的精神活动的细节进行命名及定义，借以改变人的精神活动的进程的那样一种外科手术式的干预。比如说，“老师领进门，修行在个人”，“道而弗牵，强而弗抑，开而弗达”就是这样。例如，我们可以对学生的活动做组织工作，形成班级的教育文化，等等。在我们的生本教育实验学校中形成了强大的班级文化和课堂文化，不是使人受到束缚，而是使人受到激励；不是使人感到渺小，而是使人认识自身生命的伟岸；不是使人郁闷地积累，而是使人把大千世界纳入胸襟成为油然而生的智慧。对于儿童个体精神生命的自主活动，教者是无为的，这种无为换取了儿童的有为；然而对于儿童的精神活动的情感和材料的环境，教者又是可以大有作为的，界限就在于明确地了解儿童自主领域的神圣和独立。

四、以创造的文化的力量去调动学生的学习积极性

比分数刺激更强有力的推动力来自生命内部，来自人的文化的、创造的追求所激起的人的情感和悟感。学生的注意力和情感应该集中在学习的内容和过程中，而不是“分数”上，使学习中的创造性因素和文化提升的因素转化为儿童的积极性，去获得人的最大限度的充分自由的发展。这是最强大的动力。这一点在阿莫纳什维利对在学习和生活中有困难的儿童的特殊帮助上尤其得到体现。他主张用燃烧的“篝火”把分数消灭掉，认为分数是对教学教育的最大障碍，孩子们对这个大“权威”又恐惧又憎恨。分数毁坏着教师对孩子们的善意和关怀，尤其导致了面临困难的学生们可怕的自卑和绝望。他认为，没有分数，就没有所谓的“差生”。

五、严格区分两类不同评价，深入思考两类评价的连接方式

采用惯习性评价的最常用的理由是日常教育必须模拟社会性的中考和高考。但从我们的生本教育实践来看，两类评价的模拟性的技术传承，没有决定性意义和必然意义。我们的实验研究表明，中

考和高考的存在不应该成为教育内部惯习性评价泛滥的理由，相反，一个被长年捆住手脚来学习的人，是不可能在尽其所能的活动中提高素质并取得优异的考试成绩的。恰好是因为存在中考和高考，我们更应在日常教学中放弃惯习性的教育内部评价，从而解放学生，释放人的能量，这既是素质教育之道，同时也是成功应试之道。这就如植物为了最终结果，就不应当在每个小阶段都开花，在那些小阶段中，需要的是长叶子，长茎干，大量吸收阳光、空气和水，这才能最终使花开得灿烂，果实更加丰硕。至于平时在“去控制性”的情况下，适当进行练习，临近高考的年段，让学生“生本地应试”，都是整个基础教育阶段中“放飞儿童，发展素质”的有效补充。我们许多实验学校以这样的策略在中考和高考中取得了优异的成绩，生动地证明了“素质好，何愁考”。

六、把评价改为“评研”以适应教育生命机制

要改变惯习性教育评价的客体化、控制化、外视化取向，并非不再对学生的学习进行审视。我们所说的生本意义上的教育教学，实质上是在观念、课程、管理、教材教法等全方位地作出努力，激起、优化和强化学生的自主学习，如果审视有利于此，就可以进行审视。由于评价本身就含有赋予“价位”加以比较的意思，为了削弱其比较功能，而保留其诊断和练习的功能，我们在生本教育研究中进行了把评价改为“评研”的实验：在考查中，让学生小组互评试卷，评后进行讨论，接着，由学生自己再出一套题目进行测试，再“评研”一次。通过这样“两评两研”，学生对知识的把握和积累更为充分，但其最终结果是柔性的，不会产生控制效应，却使他们在创造和文化的氛围中得到激扬，并在相当程度上解决了家长和老师不放心的问题和学生需要练习的问题等。通过“评研”，评价的主体变了，不是外部而是内部了；评价的方式变了，不是可比的而是可研究的了；评价的功能变了，不是控制，而是激励他们更多地创造。我们在“生本教育”的实验中，不断地向教育行政部门、

校长、教师和家长宣传新的教育理念，使他们认识到，我们对儿童业已形成的自主学习采取放手的态度，柔化和减少外部评价，让学生积极欢乐地自主学习，可以取得前所未有的高质。而且，对于一个区域来说，追求基础教育的低龄、中龄段的小分数优势，因而遗弃人的大素质提高，是对当地教育质量追求的一大失策，反之，改革评价，放飞儿童，将会带来区域教育质量的巨大提高。“评研”活动表现了“一切为了学生，高度尊重学生，全面依靠学生”的生本精神，特别是表现了对儿童学习人格的尊重。大部分实验学校在实验一段时间后没有了传统意义上的“差生”，有的只是正常的差异了。学生积极向上，热烈、欢乐、高质地学习，成效喜人。可以说，十几年来在两百多所学校的生本教育实验的情况，实际上也是我们进行评价改革和体系性的教育的生本化改革，把控制生命转向激扬生命的令人鼓舞的探索记录。下面是广州市天河区华阳小学的评研活动体会。

自己考自己

——生本理念下的期末评研总结

生本理念下的考试是学习的升华与提升，学生并不害怕考试，因为考试让他们在更深一步的学习中得到更多实践与表现自我的机会。学生兴趣盎然，快乐地自我复习，愉悦地自我测试，欣喜地看到自己的进步，进一步激发了学习的兴趣，以高涨的热情投入到下一阶段的学习。

一、自己评价自己

接到期末评研卷后，我们组织学生进行了自我测试。测试后，我们引导学生以四人小组为单位进行评改，互相评议掌握知识的情况。在评议阶段，根据不同年级的实际情况，我们采取了灵活的评议方法：低年级，以口头评议为主；中高年级则在口头评议的基础上写一份试卷分析，分析自己掌握知识的情况，并提出改进意见。学生完成试卷分析后，再在小组里反馈。反馈后，在小组长的组织下，各小组设计自己喜欢的复习形式开展活动。

二、自己组织复习

复习阶段，学生按照自己设计的复习形式开展了形式多样的活动。

在复习成语时，三年级的同学开展了讲成语故事及成语接龙活动。学生争先恐后地看成语，背成语，既了解了成语的意思，又熟记了成语，有学生一口气能背八十多个成语。四年级的同学则进行了按要求写成语的活动，如写带有动物名称的成语，带“一”字的成语，等等。

在复习古诗词时，六年级的同学开展了“你读我背古诗文”活动，学生不仅将《小学生必背古诗文》烂熟于心，而且能默写出来。

在进行阅读训练时，四年级的同学开展了“阅读乐园”活动，既阅读，又点评，每天都坚持写阅读感受，提高了阅读理解能力及分析能力。

在复习期间，学生以活动代替大量的试题练习，而且没有放弃生本所倡导的大量阅读，轻松活泼，效果良好。

三、自己考自己

在复习活动结束后，学生根据自己的知识掌握情况，每人都出了一份期末评研卷。教师在综合评价学生所出试卷的基础上，组合了一份期末评研卷，统一组织学生进行测试。

总之，学生在整个评研阶段都感到轻松愉快，并且在原有基础上得到提高，是一件皆大欢喜的事。

十一、根源观：经典科学的影响与教育的生命机制之冲突

探讨经典科学对教育的影响及其与教育的生命机制的冲突，对于解释教育中存在的问题同样有着基础性的意义。在本文中，首先要说明两个相关概念的问题：一是存在教育科学，二是学校教育课程中必须学习科学。笔者认为这两个提法都是正确的。前者是因为教育呈现出规律性，教育研究是探求规律，因而带有和经典科学类似的性质，所以，人们把经典科学的概念拓展了，成为今天包含教育科学和社会科学在内的科学，或者说，社会科学和教育科学是对经典科学的超越；后者不言自明。本文提到的教育的经典科学化，同教育科学是不同的概念。它指的不是教育本身的性质，而是教育受经典科学方式的影响，改变了它本来应该依照生命活动运行的轨迹的事实。下面我们从几个方面来探讨它。

旧话重提：教育依靠生命机制

教育必须诉诸生命活动，它的含义是，教育是依靠人的特殊的精神生命活动的过程，它最终或基本上是由一个带有整体性、活动性和生长（创新）性的生命自己实现的。无论我们是对儿童进行和缓的引导，还是严厉的催逼，最终都要依靠儿童整体地投入才能产生教育效果，这就同有意栽花或无心插柳，植物最终按照其生命的规律来发展一样。

但在教育中，由于外部材料和行为的可展示性与头脑内部发生变化的潜隐性的强烈反差，我们很容易漠视事情是在儿童身上完成

的事实，而把儿童在教育中的整体生命活动置于视野之外。于是，在我们的教育教学设计中，充满着好心的以及似乎是科学的假设，即所谓学科体系，或者是用“设计灵魂”的方式预定教育结果的人为体系。

比如，我们认为儿童作文和阅读，先要解决字（在认字和写字的层次上这是对的）、词、句，然后才是篇；我们认为，学生对于数学的认识，是从简单到复杂的公式法则堆垒而成，堆垒的方式就是推理链；我们认为，外语就是单词、句型、语法的组合；等等。总之，我们认为学习语文知识系统、外语语法系统、数学符号系统这些就是学会了语文、外语、数学。然而，儿童的学习并不是这样简单组合起来的，而是以体悟的方式在儿童自身生长发展的，那种学习就是外部建构的见解，失于简单。在儿童入学之前，尽管他们还不懂得字、词、句，但在他们头脑中却有了整体式的结构，一旦他们认识了字，可以用某种方式输出，例如用电脑，用已经学过的少量的字加图画、加拼音符号、加错别字等，就可以成文成篇。上面我们已经有大量事实说明了这一点。

研究还表明，儿童能够理解和真正获得知识，能够进行作文、完成任务、考好试卷、做好题目，甚至成长之后能够发现、有所成就，所依靠的核心的因素，并不仅仅在于我们可以传达的这些条文，而在于我们的言词难以抵达之处。比如，本书多次强调的人的情感与悟感的底蕴，将使人保持高于任何分析认识的对事物本体的体悟，防止前者对人的实质性认识和人的精神享受的破坏，从而提升人的精神享受的程度和领域。再如，有一个研究，说是“落霞与孤鹜齐飞，秋水共长天一色”的“落霞”乃是一种鸟，这种分析解读当然不会受到欢迎，人们的体悟同它对立，即使真的有这么一种鸟，也不能代替我们心中的落霞，就像说有一座山叫乌啼山，永不能代替“月落乌啼”一样。

情感和悟感形成的底蕴，不是靠教，而只能靠儿童自己体验获得。这种情况，我们可以称之为“铁笊篱”现象。喝汤的时候，我们可以把肉骨头等汤料用铁笊篱捞起来，但是，美味的汤是捞不起来的。类似地，我们的“教”就像铁笊篱，能够给儿童呈现可以言传的东西，却无法教到（就像捞起）如情感或悟感那样的真正在人的思维中起关键和核心作用的因素，我们也许应当无奈地但心胸宽广地说，孩子们，我们不能帮你捞起“汤”，你们还是自己“喝汤”吧。

就这一意思来说，“教是为了不教”这句话，除了在教的过程中“教”的分量多寡之外，更重要的是质的变化，通过教，引起儿童的主动的活动，去促使人的生命底蕴——例如情感与悟感的改变，而后者，是教所不能达到的部分，或者说，在某种条件下，是不教而达的部分。我们的教育，要使人持续地得到发展，必须依靠生命自身去形成涵养他们的情感和悟感的底蕴，依靠生命活动去发展自身的素质。这是教育的核心和根本的部分，可以说是基础教育之基础。我们今天的教育改革，之所以应把为教师好教而设计的师本教育转变为为学生好学而设计的生本教育，促使学生成为真正意义上的主体，其重要原因之一，正是为了通过儿童自身的精神生命活动，用生长的方式填补这样的基础的缺失。

精神生命的若干特点

首先，精神生命存在的依据，是其自身的主宰性。生命的哲学似乎以保证自身的这一质为前提，它总是把最终解决问题的机制或因素隐藏着——尽管我们大家都努力地揭示它，然而外界研究者可以粗略地感知它，却不可描述和模拟它。人们对生命的克隆，也只是物质生命的联系，而不可能是精神生命的联系，精神无法克隆——从而保证了自身存在的依据。教育是对人的生命活动的一种干预，但是，干预不应以否认人的主宰性为特征，而应有助于人更好地主宰自己。例如，我们应当让儿童更好地认识世界，不仅仅是用我们的认识代替他们的认识，而应当用我们的认识作为范例或引子，去开启他们的深层认识机制。事实上，凡是企图以自己的认识取代儿童的认识的教学，都会破坏儿童自主发展的和谐性。强加的知识不仅难以成为学生自身的知识，还可能成为偏见。正如叔本华所说："我们必须致力于使具体观察先于一般概念而不是相反，但是，常令人叹息的是，事实却并不如此，这就像婴儿以双脚先出母体、诗行韵律先行。普通的方法是，当儿童还很少对世界作具体观察前，就先在他们的脑海中印下概念和观点，严格说来，这就是偏见。"在儿童还缺少感受的情况下，我们在数学教学中极度强调某种题型，例如"两步应用题"，在语文课中极为强调某种句式，例如"假如你是……那么我是……"我们似乎尽了责任，却为学生解决应用问题、撰写文章制造了偏见，久之，我们就会失去学生在解决问题时的宽阔的思考和敏锐的灵气，就只能看到那些并非发自内心的刻板的文章。

其次，精神生命活动还表现为整体性。如同物质生命采取胚胎式发展一样，人的精神生命的拓展也是胚胎式的，而非层积式的。胚胎式的最重要的特征就是尽管不完善、不丰满，但它同样具有意义生命，从而具有整体性。比如，在儿童的头脑中任何时候都不仅仅存在一个词或一个句子，而是同他自己相联系的，对他有个人意义的一段相对完整的精神活动。不只是一只茶杯，或一个"茶"字，而是关于茶的一种想法、一段故事，比如他去尝尝茶，很苦，哭了，等等。这是外部世界的整体性所决定的，也是内部思维活动的联系性所决定的。英国哲学家埃尔文说："当你出去散步时，大自然不会在前一个四十五分钟里只把鲜花展现在你的面前，而下一个四十五分钟只显现动物。"波伊尔说："大自然的各部分都是以一种庄严的、激动人心的方式交融在一起的，一个好的课程也是如此。"他又说："一个缺乏整体感的教学方法无法触及孩子们的内心深处，也无法培养和提高每个学生对世界的奥秘和神奇的欣赏能力。”

儿童头脑中的知识，决不仅仅是更基础知识的建构或搭建，而是一种被整体理解和内化了的事物。我们可能在具体的教育教学设计中，只注意学科的知识体系，但是儿童在学习中，却需要调动整个身心来获得它，这种调动的程度，常常又对学习成效有决定作用。此外，儿童在学习中具有极强的自身调节性，会进行补偿或者代偿。比如，我们语言最终不能反映概念间的联系或飞跃，只能在其中留有空间，儿童在这个时候就会进行补偿，否则我们难以解释，婴幼儿睡眠时间很长，但在有限的时间里，他们不仅学会了母语，还可以通过察言观色来更深地解释母语，而且任何一位母亲都会感到，他们有着不可估量的理解力。

必须强调的是，整体是不可拆解的。庖丁解牛解出来的尽管是牛身上的部分，但失去了整体生命，因而它同全牛的相应部分已经有了本质的不同。类似地，我们展示着这样那样的知识条文，往往只是知识的枝蔓，而知识同样有着“生命的灵根”：就外部而言，是指知识赖以生成的生活和外部世界；就学生头脑内部而言，是学生的悟感和既有的知识储备。教育者的神圣使命，在于把不得不以形式化的方式展现的外部知识，重新赋予整体生命，使它与儿童的生命活动对接。

再次，精神生命具有活动性。没有静止的生命。活动不仅仅是在一般地有所动作，更是在按照生命自身的规律运行着。儿童正是在他自己的活动中才能认识世界的。儿童需要学习间接的知识，尽管在学习知识的过程中不可能事事亲历，但是无论是间接知识还是直接知识，对它的学习总是儿童自己完成的。儿童要进行类比、探索、联想的活动，要把活动定位到他最喜欢、最熟悉的上面。当然，儿童自发的喜欢，不一定是我们期望于他的，但基础知识和基础教育无论从何处切入，最终使人获得的，都是颠扑不破的和能把人引向深处的东西。具体的知识结论是重要的，但不是根本的，正因为如此，我们就可以允许儿童的各种各样的活动，并把它视作或引导为学习活动，这样，就能使学习活动变得无处不在而且非常欢乐高效。这在我们多年的生本教育教学实验中已经得到验证。

此外，精神生命还具有创新性，也就是生长性。生命拒绝重复，生生不息。我们有一种愉悦的机制来对是否创新进行选择，比如，我们都不喜欢重复旧话，而当我们用某些话语来表述一个新的意思的时候，就会感到一种别样的欢畅。创新使我们感受生命的意义。迎接创新，每日每时地经历创新并从中得到快乐，“学而时习之，不亦说乎”，是人生命的本能。教育中的生命活动的最大特点，就是存在这种可能性，使生命调动起自身的一切，去不断地创造自我，改善和发展生命，生命并会从中受到鼓舞，从而收获我们丰美和充实的人生。这里，生命活动就是我们所说的生活。它不仅仅是那种“过日子”意义上的生活，而是人的生命整体的一种存在、作用和发展的方式。我们的教育必须创造这样一种人的整体生命投入的生态。两百多所学校的生本教育实验表明，我们完全可以实现这样一种生态：在生命活动下的人热烈、和谐、高质量地学习。

教育缺失的认识根源——传统师道和科学万能论

师本教育以传承授受之法为主线。除了“师道尊严”的传统之外，还有一个更加隐蔽、更加重要的原因是，我们受到了经典科学的影响，而教育本身却并非可以完全经典科学化的。我们这里要探讨的问题是，教育的方法应当区别于经典科学的方法。

近两个世纪以来，科学给这个世界带来了辉煌的进步。如同埃德加·莫兰指出的：“科学认识显然造成了前所未有的技术进步，诸如驾驭原子能和开创遗传工程。因此科学是释疑的（它解释疑团，驱除神秘）、致富的（它能够使社会需要得到满足，从而导致文明的高度发展），并且事实上是征服性的和获得辉煌的成就的。”科学的方法和科学的成果被大量应用到各个领域，其中也包括了教育领域，同样地给了我们许多方便。就教育而言，科学被列为学校课程的基本内容，教育投影到原有经典科学领域以及新兴的心理学领域而可以被研究，教育采用某些科学方法，例如对于教育的整体统计可以提供教育发展或教育过程的某些规律的认识，而且教育的微观行为统计可以窥见教育的某些浅层次的规律等，对于教育教学的科学管理、评价的丰富的研究成果和实践绩效，都使得我们认为，教育必须采取（经典）科学的方法。

但是，莫兰又说：“科学不能控制它自己的思想结构，因此科学认识是不能进行自我认识的认识”，“科学认识的自我认识的必要性在今天比任何时候都来得迫切”。德国哲学家阿尔多诺和哈贝马斯一再提醒我们：“量化的和可在技术上应用的知识的巨大堆积，如果缺乏反思的解救的力量，那将只是毒物而已。”“盲目的科学只是人类的毁灭。”他们认为，科学带来了知识的分割和隔离，带来了关于自然的科学和对人类精神与文化的研究的巨大分离，带来了科学的非人化的倾向。科学研究活动创造的力量完全摆脱了科学家们本身的控制。

辉煌的带有征服性的经典科学同样给教育带来问题。我们崇拜科学，热切地移植科学到教育教学的管理和评价以至教学方法之中，却很少去审视经典科学有什么不足和缺陷，是否完全适用于教育。其实，只要反思教育传承关系形成的过程，我们会发现，教育的授受传承的系统和规范化，同科学的泛化过程是一致的。古代教育并非单纯传承的，无论是柏拉图、孔子，还是朱熹，都并非采取传承方式，而是一种讨论式的集体教学方式，教师鼓励学生自学，通过讨论和检查笔记去进行教学。而认为教育必须规范到不由学生实践和体悟，而由教师把学习知识的过程标准化、理想化、分析化和系统化去进行传授，这种状态是在世界科学兴盛的时代发展起来的。科学方法对我们的吸引力是那样的强大和深刻，导致过去因师道尊严带来的对学生地位的藐视，在适应科学化需求的背景下极大地加强了：我们自觉或不自觉地把教育对象视作物，就满足了科学以物为对象（即使对人进行研究也是对人的物质自然方面进行研究），和可以以理想化的方法加以处理的要求。这是两种思潮汇合的结果：一种是忽视学生的地位和潜能的师道，另一种是科学万能。它们交织在一起，前者把教育对象物（容器）化，后者则将经典科学对物进行研究的优势作了淋漓尽致的发挥。教育走上了经典科学化的道路，我们承接了科学的赐予，却在科学的恩光下迷失了。

现在的矛盾在于，现实中教育受到经典科学化的影响，而教育却是主要在人自身的精神生命活动——精神生活中才能实现的。教育受到经典科学化影响的表现是怎样的呢？从根本上来说，它是对于对象的物化、主客体分离和方法上的理想化，以及目的的传递性。

首先，经典科学要解决的问题，是自然的问题（虽然社会科学包括教育科学也提到科学，但那是经典科学的引申义，而不是原义），不是人与人的问题。后者有精神领域的问题、价值观的问题，而这些都不是经典科学的方法能够解决的。在大自然的范围内，经典科学的征服性由于受到自然的报复已经引起了反思。然而，为科学所影响的教育，仍然挟着用经典科学来改造一切的余勇，还远远没有意识到人的自然对既有教育的报复，诸如厌学情绪严重、高分低能者的成批出现、人的锐敏随着教育的加增而钝化等，更没有认识到利用人的自然的重要意义。

其次，科学的方法是建立在主体和对象分离的基础上的。科学必须摆脱价值观的影响，必须在非常“客观”的状态下进行研究，才能得到确定性、真理性的认识。这一点，对教育方法的形成具有很大的诱惑力。人们把教育外部的社会功利（如中考、高考等选择性的招生考试，家长的传统要求等）的客观性要求泛化到教育内部，把教育的要求也完全客观化。人们想到教师是主体而学生是客体是最适宜的客观化的安排。教育纯粹依靠虚体的设计，成为十分客观和理性的充满计划精神的行为。

但是，对于教育来说，在大多数情形下，主体和对象不是分离的而是一致的：儿童既是教育过程的客体又是主体。儿童依靠自身，在外界帮助下获得发展，从而使教育的目标得以实现。这种自为主客体的状况使得科学方法在大多数情况下无法完全使用。例如，儿童不是依靠诉诸某种所谓客观指标来得知自己的发展——当事情可以真切体认的时候，不需要借助于其他手段去检测，就像爱情、母爱，不需要也不可能用某个指标来衡量一样。与此相联系，儿童的学习动力从根本上来说不是靠考试分数，尽管今天的表象是“考考考，老师的法宝；分分分，学生的命根”，事实上，我们的生本教育实验表明，儿童一旦获得真正意义上的自主，他们的热情，就不是分数刺激可以比拟的。此外，所有的指标包括对知识点的规划都仅仅能够说明教育的一部分而不是全部。再有，一个粗略的判断是，如果教育适合于儿童，就会出现如奥修所说的“当鞋合脚时，脚就被忘记了”的状态，儿童甚至许多时候忘记了他处在教育过程中，忘我地以生命投入方式进行最有效的和欢乐的学习；反之，经典科学化的教育却不断地强调教育外部力量的存在，把儿童的注意力引到非学习因素上去。这种离开儿童本体的经典科学化的教育，尽管没有把对儿童的生命自然的征服作为初衷，但它却导致了这样的后果。它直接对立于生命活动的自我主宰性。

科学方法的另一个特点是理想化和分析性。理想化实际上就是抽象，它把事物从非研究焦点的因素中剥离出来。诚然，抽象是人的骄傲。恩斯特·卡西尔在他的《人论》中把人定义为“符号的动物”。他认为，人类语言的命题性语言，亦即对于一个客体的命名，是人类所独有的，构成了人类世界与动物世界的真正分界线。借助于命题性语言，人类开始与一个全新的独立于人类自身的世界打交道，赋予它名称，并对其进行分类，就构成了人类全部心智活动的起点。科学研究就是这样产生的。据此，我们很自然地把人类的符号体系作为教学课程的主要部分，我们让学生学习词汇语言、数学语言、艺术语言，当然，还可以分出各种各样的学科语言。

但是，符号体系牵涉一个问题，这就是卡西尔提到的，严格地说，对于一个客体的命名，只限于强调事物与人的主观兴趣密切相关的某一特定方面，并不意味着就是反映了该事物的本质，但这正是人类创造力的生动表现。也就是说，一个更具深远意义的结论应该是，没有一个纯粹的抽象世界，所谓的抽象的客观世界，只能是人类智力活动参与后的一种建设性结果。这同老子所说的“道可道，非常道。名可名，非常名”异曲同工。事实上，只要我们对事物命名，我们对事物的已名的认识就是个性化的，并且是不断发展的。这是因为，就事物的本体而言，当认识者处在不同的时间、情势、认识角度、习惯等的时候，会产生不同的倾向。如果他不转化为符号的思维或表述，就没有离开本体，而当他进行符号体系下的思维或表述的时候，就必须同被认识的本体分离开来，陈述认识的结果，就总有见地，同时也有缺陷和偏颇。问题就产生在这里：科学的方法要求我们同事物的本体剥离，才能形成相关的教条——知识和生活的原则。然而，一离开本体，远离事物的生命，就会弱化或窒息我们的情感和缩小视野。所以，我们必须审视给予儿童的教条是不是必要的和适时的。教育必须慎言，或者需要更多的缄默，需要“惜墨如金”。我们在给儿童必要的人类符号约定的前后，要更多地让他们进行内部的、未曾离开事物本体的、非科学符号的思维活动，从而保持最大限度的认识活力。正像爱因斯坦所说，在他进行创造的时候，眼前出现的是一堆图像或者符号，语言是最后才费劲地找出来的。而这，正需要儿童的主体自己去获得，需要以学生为本的教育教学。

更重要的是，经典科学的影响使我们在教育中只注意符号世界，认为显现于我们面前的符号体系就是人类文化的一切，而所有可展示的活动，诸如以做作业为目的的上课，以检查符号体系为目标的考试，都容易引起“符号无根”的误解。而如前所述，外部的客观世界和儿童的感受世界是形成符号的根。当我们只流连于符号世界，并为符号世界如此方便地使用经典科学的方法而欣喜的时候，却正在陷入误区。事实上，经典科学方法要求在纯粹的符号状态下运作，而每一个符号的“根”都是模糊的、靠认识的主体的活动形成的。离开“根”，仅仅进行符号的运作，所得到的理性的简单明快和系统性，会掩盖这样的教育带给人的认识混乱和偏见。于是我们看到了学生越学越不会写文章、越不能从实际问题出发去解题的情况。反之，我们应当强调符号的认识之“根”。如同人们赞扬哲学家佩索阿说，在佩索阿笔下，形而下的风景其实就是佩索阿形而上的心灵的栖居之所。就像一棵树，枝叶梳理着理想的光芒，根须却摸索进世俗的土壤；为了枝叶更多地拥抱阳光，根须只得更深地扎入泥土。

从教学实践来说，儿童所学习的任何符号体系，都能在儿童在此之前的生活中找到丰富的原型。在滑梯上玩耍的孩子无数次地经历着势能和动能的转换。而在上高中数学中的周期概念时，尽管我们在课堂上看到的“周期”寥寥可数，学生同样在此前的生活中已经千百次地接触和体验过周期，日出日落，四季更替，上课下课，月圆月缺，星期课程，日食三餐，等等。高中化学中的“摩尔”，在生活中可以找到“12 个馒头规定为一打”，“365 天规定为一年”，“5 个人规定为一个小组”的一类原型，这样，理解 6.02×10^{23} 个粒子是 1 摩尔粒子就不难了。只有通过这样的联结和抽象，儿童所学的符号体系，才是并不仅仅具有科学意义，也具有生命意义，而更具有教育意义的符号体系。

在科学抽象和分析方法下，任何（物质地存在的）事物和进程都是可以抽象为符号的，而符号体系具有可教、易于操作、易于考查的性质，它同师本教育的需求相一致，也就助长了“尽量扩大可教范围”的专业自然取向。于是，依靠对事物与进程的客观描述、分析描述、系统描述和抽象描述成为既有教材教法的主流，同时也充斥了课程内容。许多原本不需要教的，必须而且能够依靠学生自身的体悟或活动去获得的东西，也转为描述性的材料；仅仅作为教师或编者的经验性的材料，如如何阅读、如何写作之类，被列入教学内容的主体，于是课程庞大，而且教学被分割成知识点，失去了与其他知识的联系和与学习主体经验的联系。

教学上的这种过度分析，同人的生命活动的整体性发生了尖锐的矛盾。它不仅扼杀了知识的意义生命，同时也扼杀了学习者的精神生命。这就构成了经典科学化的教育和强调生命活动的教育的根本区别之一。

此外，我们还可以指出，尽管科学强调主客体分离，远离价值观，但它的潜在的价值是研究成果可以传递，即从 A 到 B。科学家发现了事物的本质和规律，比如说发现了原子及其能量，发现的潜在目的是通过思维的加工，把发现的规律集束打包，成为可传递的东西，为了让别人去利用这一发明，或者更深入地研究，或者投向生产，制造出原子弹一类的成果出来。所以，科学从混沌中发现并用最简练的方式，比如原则化或公式化所呈现和表达的规律，是为了传递，由 A 传到 B。这一目的和相应的运作方式，当然也深刻地影响到教育，成为一种基本的设计思路。

然而，就教育活动而言，尽管也有从人到人的传递、传授，由 A 到 B 的这种传递还是必要的，但它不是最终解决问题的机制。最终解决问题的、占统治地位的、最重要的机制，是人自身对自身的改造，即教育的主要过程是从 B 到 B 的。儿童通过自己的领会，通过自己的生活（当然，这里提到的生活是包含了自己的学习在内的，学习生活是儿童生活的重要组成部分）才能改变自己。而生活是别人不能代替的。人的精神生活更是这样，别人不能代替我们想，不能代替我们欢乐或忧愁，所以，尽管教育中也需要传递，但最终和基本上不是依靠传递来完成的。严重的问题在于，由于教育中充斥着由A到B的传递精神，最重要的由B到B的自体活动被取消了，外部世界的无用功甚至是有害功增加，学生先天的学习天性、潜能和框架、此前经验等人改造自体的巨大储备和巨大能量等原本是教育最重要的资源被抹杀了，这是流俗教育的最重大的失误之一。

从计划教育回归生命自调节的教育

教育的宏观过程、教育的发展战略需要计划。但是，教育的微观过程，由于涉及生命体、价值观以及精神的因素，情况就复杂得多。此处所论及的计划教育，指的是对教育的微观过程作出细致计划的那种教育。如上所述，教育受到经典科学化的影响，使我们对儿童发展持先前决定、外部决定和分析决定的观点，导致教育追求完美、确定和条理、系统，成为计划教育。我们在课程、教材、教法、评价等方面不自觉地进行计划教育，它同教育的生命机制发生了极大的冲突。比如用目标分类的方法，去把一个整体目标分解为十分细密的目标评价体系或课程方案，然后在课堂上实施；课程的符号化，例如语言转化为语言知识研究，而不是语言学习，数学及理科转化为缺少感受部分的符号领域学习；学科知识依据符号体系的分类和层次展开，而不依据人的感受认识规律展开；教学方法是单向的传输并服从严格的规定性，以保证依严格的计划完成符号体系的教学任务；等等。

实践证明，除了适当的管理性的评价之外，过量的计划性的层层评价越多越硬性，把儿童置于数字的网中，对儿童的生命活动的压抑就越大，儿童的发展就越遇到障碍，长远的学习绩效就越差。

我们正在教育中花费许多心机为教育本身增加极其大量的困难因素，这真是一种憾事。又比如，在教育教学实践中，我们要求学生非常严格，不可稍有错误。我们要学生在正确中前进，而不是让他们在克服错误中前进。教师的眼睛里揉不进沙子，学生必须做得非常完美，而琐碎的完美，却使整体的美被丢弃了，就像把学生引向考察维纳斯塑像的碎片，而不是去欣赏整体的维纳斯那样。我们的实验学校广州市华阳小学的三年级学生，能在25分钟内写出很流畅的三四百字的文章来，但其中错别字平均有四个左右。依照完美主义，我们可能会不喜欢学生这样的写作，我们看不到因为对一点错别字的让步，带来儿童的智慧的施展和情感的兴奋，犹如看到了海水的盐分，却看不到大海——人的思想和情感就像大海那样。

总之，为了在社会性考试中可以得到卓越的成绩，就要在教育计划和要求上作适当的让步，让儿童以最高度的热情和最积极的智慧活动去投入学习，即在平时“放飞儿童”。我们要把按照我们绘制的蓝图来设计教育结果的“计划教育”，转变为在一定的教育宗旨和教育制度下的可以让儿童自己调节的“自调节教育”。

为此，我们要把“要做就做得完美”改为“值得做的事情，即使不那么完美也要做”，把“今天的事情今天做”改为“值得做的事情先做”。要在教育制度框架下，尽可能依据学生自主发展的需要去决定教育的进程和要求。要使教育评价成为促使学生主动发展的环节而不是破坏性因素。

在这样的设计中，对象的主动发展始终作为设计思考的中心。它必须考虑对象的生命活动规律、认知规律、情感、意志、态度等等。然而为了真正与之适应，最好的办法就是留有空间和时间让学生活动。也就是说，我们需要有一张活性的蓝图，这是一张关于人的教育的独特的蓝图，它同任何物质世界的建设蓝图都是有区别的，区别就在于它是活性的，而后者是固定的。

于是，我们将有活性的教材。其中的课文，可以是已经编定的，也可以是由师生共同设计的。只要保存最基本的知识，达到最基本的要求，学生也可以把自己编选的东西插进教材的空页。我们可以设计含有课本内容的活动，在活动中，把课本作为研究的第一参考书。我们将有活性的教案。在这样的教案指导的课堂上，学生有许多活动的空间。我们将有活性的评价和管理。总之，固定的设计变成了活性的设计，师本变成了生本，虚体的专家设计路线，变成了实体的依据学生认识和生活规律的路线。

所谓活性，就是自调节。在教师的指导下，依照教师提供的框架，学生可以自己调节自己的学习进度，可以依据自己的喜爱调节学习的顺序，可以选择自己熟悉的问题，可以进行合适的活动。既有学生发展的框架的设计，又始终依靠学生去实现他们自身的发展，教师就不仅仅是进行固定的设计，而是进行活性的设计，这才真正能同人的灵魂的提升相吻合，这样的“人类灵魂工程师”，也就真正是以人为服务对象的，就可以走向真实和完美了。

深圳市罗芳中学参加生本教育实验的语文教师黄婉雅有一段朴素的心得文字，可供我们参考。她说：

> 传统的课堂，每一节的上课内容是不预先告诉学生的。因为传统的观点认为，如果学生都知道了上课的内容，这节课就没有了吸引力，学生就会觉得不“新鲜”了。但在“生本”教学中，我发现，开放性的课堂，预先让学生知道上课的内容，让学生做好充分的准备，会使学生在课堂上能够更加深入地探讨上课的内容，更广泛地进行知识交流。
>
> 首先，让学生进行充分的预学，先就课文的内容提出问题并自己寻找答案。有相当一部分学生这样做以后，对课文已经很熟悉，这样学生还学什么？还需要老师讲解吗？这时，老师上课要做的工作不是讲解课文，而是组织学生交流他们的预学所得。在寻找答案的过程中，学生的思辨力、口头表达能力、

与人合作的能力都得到有效的培养和训练。许多原来不敢开口说话的学生，现在都可以说得头头是道。

其次，让学生广泛地查找资料，了解与课文相关的更多的内容，在有效地扩大学生知识面的同时，培养了学生自觉学习、自主解决问题的习惯和能力。学生所找的资料，内容之丰富和详尽大大出乎我的意料，这不是我在教学生，简直是学生在教我了！这一节课的作用，老师注重的不是知识的传授，而是给学生一个交流的机会，把他们所知所感与同学分享，并在交流的过程中了解别人的看法，从中受到有益的启发。

再次，开放性的学习不局限在课堂上，更重要的是把学生引向课外更广阔的学习，从而关注社会、关注人生。生本教育，走出了传统课堂单纯的“传道、授业、解惑”，知识性课堂已经满足不了学生的需求。在科技日益发达的今天，学生获得知识的途径有很多，以前许多由老师来做的工作，学生通过先进的科技手段已经可以轻易做到，如果我们老师还停留在传授知识的层面上，老师就显得落后了。不要把课堂变成单纯是传授知识的基地，把课堂变成学生知识的融会点，让学生在这里进行交流和讨论，进行更进一步的能力培养、观念的改变和更新，这是我们老师在今后的工作中要努力达到的目标。

综上所述，从科学世界走向生活世界的教育，从主要用科学方式转向主要用生活方式进行的教育，从师本教育到生本教育，我们有许多新的问题要处理，而这也是对我们教育工作者的最激动人心的挑战。

附录：课例

一堂课展现的教学新视野

广东佛山市南海区大沥许海中学　张翔

同其他五所学校一样，广州市天河区华阳小学从一年级起进行生本教育的实验一班，已经实验了六年，行将毕业了。这是一个在入学时没有经过遴选的班级。实验的第一年，一部分同学认识了近两千个汉字，另一部分同学认字却很少，这使执教的何建芬老师十分着急。尽管如此，第二年，孩子们还是或迟或早地开始大量阅读了，不少人还开始写自己想写的东西——当然错别字不少，多做多错嘛。但是，到了三年级，生本的大阅读产生作用了，他们的语文知识和能力迅速地增长，暑假前，全班同学居然在规定时间内完成了以当年升高中考试的作文题目《阅读人生》为题的作文，并且文章颇为可读。一位读了其中六篇的初中语文教学专家说，根据他几十年的经验，“百分之八十的初中毕业生写不到这样的水平”！四年级，他们的自主阅读量达到人均一千三百多万字，相当于课标规定高中生阅读量的三倍。五、六年级，他们发展得更好了，在课堂上，不断地展现着许多令人惊喜的东西。国家教育发展研究中心原主任、美国哥伦比亚大学教育与人类进步奖获得者郝克明教授多次到这个班听课，十分肯定学生的表现。中央教育科学研究所所长、俄罗斯教育科学院院士朱小蔓教授听了这个班的课，给了热烈的赞扬。她兴奋地说，这样的课堂使人们得到极大的情感的享受。一位专家听完课说，一堂课就像是一首诗，像是一席文化的盛宴，我们看到了这个班在课堂上表现出生命的欢欣，他们思维活跃，积极自信，忘我地探讨学问，体现了未来一代应有的人格风采和精神面貌。

我们任何时候都强调，分数并不是最重要的，重要的是人的素质的提高。但这也是可以理解的：人们担心，像这样的放飞心灵的生本教育，可以提高人的素质，但考试行吗？实验一班同样给了我们精彩的回答。六年级上半年华阳区抽考，这个班语文平均达到95分多，在全区遥遥领先；下半年广州市抽考，平均分93分，比全年级5个班的平均分高出5.2分，比有的平行班高出7分，有的同学得到满分（考试依据的是其余4个班所采用的通用教材），同样在全区遥遥领先。实验班学生文章优美，文字通达，卷面美观，思想深邃，思路广阔，得到评卷老师的好评。

对于生本教育来说，儿童出现这种状况，是令人感到十分欣喜的，但并不完全出乎意料。我们通过生本的改革，依靠儿童自身的解放，培养的正是这样的人，他们有着良好的素质，品格高尚，行为高雅，喜爱学习，自信大方，合作友爱，等等。华阳小学的六年实验充分证明，我们完全有可能通过依靠学生，达到“素质好，何愁考”的境界。华阳的同学们在五年级、四年级数学生本实验的抽考结果，以及我们一百多个实验学校的成效，都一再地证明这一点，而这一证据将会有多大的作用，我们大家都想象得到。一位博士生在听了华阳小学的课之后，写信给课题组说：“生本教育是孩子们的福音，它有着崇高的、人性的价值追求。我衷心地希望，生本教育理念能遍地开花，使越来越多的孩子拥有快乐、健全的童年与青少年生活，不要再有我们这一代人的考试噩梦。这绝对是一项激动人心的，同时又是艰巨的、长期的工程，既要有睿智的领路人，也需要一批信念坚定的实践者与推动者。”

我们激动和欣喜，为我们广东省内，以及香港和澳门地区进行的生本教育实验所呈现的可喜景象。这时候，我们除了想到继续实验之外，还要做的一件事情，就是让大家更好地了解生本教育，让它迅速地起作用，为下一代提供更好的教育。为此我们要举办各种类型的学习班，要用书籍、光盘等等来反映，恰好我们手头有一篇许海中学语文教师张翔老师对华阳小学实验一班在五年级时一堂语文课《兵马俑的个性》的记录和评述。难得张老师在取得课堂的录像之后，怀着激情把它详细记录下来，非常真实地再现了这个课堂。我们把它作为小册子印发，由此一斑，可窥全豹。

当然，在一堂课中最重要的也许不是儿童说出了多少，做出了多少，对我们来说，课堂所反映的人之提升，才是我们的金色的理想和希望，而这也正是生本教育的生命力所在。

五年级语文《兵马俑的个性》
课堂实录及教学评议

执教老师　广州市天河区华阳小学　何建芬

全面提高学生的语文素养是语文新课程标准的核心理念。那么，语文素养是什么？如何全面提高学生的语文素养？一堂生本理念下的语文课，为我们提供了新的视角。

听课地点：广州市天河区华阳小学

授课者：何建芬

一、课前活动：背古诗（语文课代表组织背诵）

师：刚才背了几首诗了？

生：四首。

师：只知道四首吗？还有没有更多的？

生1：《前出塞》，杜甫。挽弓当挽强，用箭当用长。射人先射马，擒贼先擒王。杀人亦有限，列国自有疆。苟能制侵陵，岂在多杀伤！

生2:《凉州词》,王翰。葡萄美酒夜光杯,欲饮琵琶马上催。醉卧沙场君莫笑,古来征战几人回。

生3:《塞下曲》,卢纶。野幕敞琼筵,羌戎贺劳旋。醉和金甲舞,雷鼓动山川。

生4:《塞下曲》,卢纶。林暗草惊风,将军夜引弓。平明寻白羽,没在石棱中。

师:看来你们背得真不少。好,我们上课。

二、进行新课

师:我们的历史源远流长,当我们人类的目光开始关注生命时,文学以她独特的魅力解读着历史,传诵着文明。今天,让我们一起走近兵马俑,追寻历史,感悟人生,更去感悟我们的生命,好吗?

生:好。

师:下面先请大家来看一段录像,用我们的眼睛去感受兵马俑。(录像出现兵马俑的画面,还有古战场的喊杀声)请用一个词语来描绘你眼中的兵马俑。

生1:我眼中的兵马俑是有鲜明个性的。

生2:我眼中的兵马俑是大同小异的。

师:"大同小异"用得真好。请把它写到黑板上。

生3:我眼中的兵马俑是内涵丰富、充满无穷奥秘的。

生4:我眼中的兵马俑是平淡的。

师:你能看出他们的平淡,真好。请你把它写到黑板上。

生5:我眼中的兵马俑是气魄极大的。

生6:我眼中的兵马俑军队是整齐划一的。

生7:我眼中的兵马俑是宽严得中的。

师:宽严得中,你把它同课文联系起来了。

生8:我眼中的兵马俑是坚毅威武的。

师:好样的。

生 9：我眼中的兵马俑是十分严谨的。

生 10：我眼中的兵马俑是时代的一个壮举。

师：“壮举”，好样的。

生 11：我眼中的兵马俑是浩浩荡荡的。

师：“浩浩荡荡”，真好。看来我们同学眼中的兵马俑很丰富，而且我们每个人的感觉都不一样。今天，我们就一起到汪曾祺这位当代作家的作品《兵马俑的个性》中，一起品读，一起去欣赏兵马俑，看它给我们带来什么样的个性，又带来什么样的思考。请大家翻开教材。

生 1：我觉得文章虽然只写几个俑，但作者观察很仔细，表现方法又很特别，所以我觉得这篇文章写得惟妙惟肖。比如……

生 2：请同学们看第 30 页。“是惊叹于它的气魄之大？还是对它的愚蠢的壮举加以嘲笑？”我觉得这一句中的“愚蠢的壮举”最引人深思。很明显作者是认为他没有考虑过百姓的看法，不知道百姓是会为其宏伟而自豪，还是在暗暗叫苦。据我所知，百姓的墓是要称为坟，并限制在三尺以下，否则会触犯法律。可是这一举虽然是愚蠢的壮举，却给我们留下探索历史的空间。

（掌声）

师：谢谢同学们。她一下子就抓到这一句来品味，这是文章中最令大家有所感触的。还有其他见解吗？请大家读一读，有看法的就举手。

生 3：我也很欣赏这一句。一个人有好的一面，也有不好的一面，我们不能光凭兵马俑就判定秦始皇他是为了炫耀自己还是为了怎么样，也许我两个方面都有吧。

师：你这个观点还比较模糊。这样吧，我们先看看他的个性，然后再来说你的看法，这样我们的理解可能深刻一点。现在我们从课文中找找令你能体味到兵马俑个性的地方去欣赏一下，我们再回来说，你对这个兵马俑是自豪呢，还是嘲笑，还是另外有看法，行不行？

（学生读书、议论）

生4：请大家看这里，这里写得十分传神，而且令人遐想万千："搞了整整一师人，都与真人等大，密匝匝地排成四个方阵。这样的事，只有完成了'六王毕，四海一'的大业的始皇帝才干得出来。"请大家看"六王毕，四海一"这一句，虽然第一个搞兵马俑的人不是秦始皇，但秦始皇所塑造的兵马俑是历史上最壮观的，而且秦始皇自公元前230年到前221年，先后灭了韩、魏、蜀、燕、赵、齐六国。

生5：也请同学们看"六王毕，四海一"这一句，这个句子可以反映出秦始皇的势力是非常大的。从这个句子可以看出，要建造这个兵马俑需要很多的精力和金钱。但我又觉得，秦始皇花那么多的精力和金钱建造的兵马俑最后成为他的陪葬品有点可惜。

生6：我知道秦始皇用了七十多万人历经37年时间才建成这些兵马俑，我认为他用的人力和物力都太多，所以我对他的愚蠢的壮举加以嘲笑。

师：嘲笑？但你有没有想过，这是空前绝后的东西，是没有第二个人能造出来的。

生7：我想回答周霞同学的那个问题。我觉得兵马俑活活地埋了下去并不可惜。

师：打断一下，兵马俑是活活地埋了下去的吗？"俑"是什么东西？

生8：俑是死的，是泥塑出来的。

生7：（接着说）我认为兵马俑埋了下去并不可惜，如果放在地上早被人偷了，我们根本看不到了。

生 9：我认为兵马俑埋下去是一个很好的保存办法，因为放在地上并不代表兵马俑不会遭到另一种灾难性的破坏，或许就不能保存到今天了。埋下去其实还有它的价值，等它被人发现的时候，就会发现它是值得探究的，是陪葬品。

生 10：看这一段“密匝匝”这个词，我就联想到兵马俑的气魄之大，如果不是它气魄之大，又哪来的世界第八大奇迹呢？如果不是它气魄之大的话，就不会有这句话：“不看兵马俑，就不算到过中国。”

师：真棒。是啊，它能被称为世界奇迹，肯定有它的理由，不然怎么能称为世界奇迹呢？

生 11：我反驳赵达的意见。我认为当时兵马俑放在地上，还没有历史价值，人家不会去偷的。

（众笑）

生 12：我再次反驳孙思雨的意见。即使没有人去偷，想想，假如下雨，然后刮风，还有闪电，年代久远，肯定会腐烂掉的。现在放在地下，还被保存下来，如果放在地上，我们看到的就是一堆泥土。

生 13：我了解过一段历史背景，虽然说兵马俑不是活活地埋下去的，但造兵马俑的人却被活活地埋了下去。秦始皇为了保密，保护他的秦陵，所以为他造陵墓和为他造兵马俑的人一个不落，全都活埋了。

师：刘小路的发言有点让人震撼。

生 13：我知道秦始皇为了造这个兵马俑是寻集了全国的能工巧匠，而且还是百里挑一的，如果哪个做得不合意还会被杀掉。

师：啊，原来是这样。看来从这个“密匝匝”里还看出很多很多。还有哪些地方让你们看到汪曾祺这位作家的人性化的语言以及他朴实的意蕴呢？

生14：请大家看第30页这里："当初造俑的人，原来就没有把它当作艺术品，目的不在使人感动。"不错，兵马俑虽然艺术价值不高，但它可以代表古代战争的壮举，让人遐想飞扬。飞沙扬土的战场，战死沙场的士兵，在这些兵马俑的眼神里，虽然看不出什么东西来，可是谁能理解，等待这些士兵的，可能是死亡。他们又能怎样？他们的无奈和悲伤，变成了无情的面孔。难道不是真正的艺术吗？

生15：我觉得我要反驳一下汪曾祺的意见。他说造俑的人都是能工巧匠，怎么又说它没有艺术价值呢？

生16：我认为作者并没有说这兵马俑没有艺术价值，只是说兵马俑的历史价值和文物价值要比艺术价值高得多。因为兵马俑是秦代建筑，代表了我国秦代泥塑建筑的光辉的一页，所以说历史价值和文物价值当然要高了。

生17：我认为兵马俑一个师的人，要把他们细致地雕刻好，30年，50、60年都不行。我认为当时的人把它雕刻出来，就是为了增加它陪葬的气势，而不是在于它的艺术价值。

生18：我认为从造兵马俑的艺术家来看，他完成的作品应有很高的艺术价值；但从兵马俑来看，历史价值和文物价值要比艺术价值高。

师：说说理由，或者从文中找答案。

生18：我想贪婪的秦始皇会不惜一切地在地下建筑自己的国家，这阵容强大的军队就是一个缩影。

生19：我认为兵马俑的历史价值比艺术价值高，因为这些兵马俑大多都是大同小异的，只有一小部分是区别于其他大部分的兵马俑，其刻画的性格主要是在脸上或者是眼神里，而它的历史价值要高一些，它是我们探索秦代文化的实物资料。

师：你能举个例子吗？就在课文中。

生19：请同学们关注一下第31页这里："但是细看一下，

就可以发现他们并不完全一样。”如果粗看，他们都是一样的，如果细看就不一样了，说明他们艺术之间的差别是非常小的。

师：好，叶嘉茜，她有了与别人不一般的见解，你们听到了吗？

生20：我觉得历史价值、文物价值和艺术价值应该是并存的。我看过兵马俑，他们的表情一刀刀刻得比较细，我觉得它的艺术价值是比较高的。

生21：我认为作者并没有说这兵马俑没有艺术价值，其实兵马俑的艺术价值很高，只不过兵马俑的历史价值和文物价值要高得多。而且我还从书上了解到，当时秦始皇造这个兵马俑有两个目的：一是他想利用这兵马俑保护自己的陵墓，二是因为当时十分迷信，他希望这些兵马俑在自己死后能辅佐自己做地下的王。

师：谢谢小金哥给我们带来这些信息。其实我觉得，不管是它的历史价值还是艺术价值，在现代社会里，都是值得研究的。你们有没有人知道，其实这些兵马俑还没有完全被挖掘？

生22：我知道秦始皇的陵墓很深，当时因为有泉水渗进坟墓里，为了阻止泉水，就用了铜汁浇铸，还用珠宝镶嵌，周围还用水银灌注，做成江河的样子。这些水银是有毒的，渗进泥土里，如果人进去的话，就会中毒。

生23：因为秦始皇的陵墓周围有水银，所以科学家预测，假如挖掘出来的话，水银会污染方圆几百里的土地，方圆几百里的树木都要死亡，而且水质受到污染，人喝了也会死的。

师：所以我们现在还没有成熟的技术把他们挖掘出来，也许等待着你们，希望在你们身上。好，无论是历史还是艺术，无论你是惊叹还是嘲笑，它都成了与金字塔媲美的世界奇迹，这是不可否认的。它堪称世界奇迹，我想不光是在刚才同学们的争论中，我们还可以从作者的文笔中发现它还有更值得我们深思的东西。

生 24：我认为兵马俑的气魄在这里，兵马俑的壮观也在这里，兵马俑的英名也在这里，请同学们看第 31 页的最后一段。我认为这一段耐人寻味，因为兵马俑是没有生命的东西，可是作者让它在文字踊跃的纸上复活了，而且在“宽严得中”这个词中可以看出兵马俑的个性。但是个性也是没有生命的，而作者通过联想，从自身的条件出发，却悟出了它的性格和情况。而且我也知道从秦俑坑里挖掘出不少的兵器、箭头等，经过化验得知，这些兵器都是经过特殊处理的。这些兵器虽然在地下埋藏了两千多年，但是刀刃还是非常锐利，这说明当时的冶金技术是非常的强大（先进）的。但是我们又可以看出，经过战争的沧桑，这些兵马俑的眼神和自身的情况似乎都有了很大的改变。

师：是啊，我听说在挖俑的时候，刚挖出来时是有颜色的，但经过空气的氧化，都褪了色。

生 25：现在找到的兵马俑中，还有几个有颜色的，我见过。请同学们看我的资料。（学生上台展示图片）

生 26：我也同汪乐英雄所见略同，我也欣赏这个片段。我还知道兵马俑的一个趣闻。以前有一种胡子叫冉丹胡，人们原认为是中国人模仿德国威廉皇帝的胡子留的，但现在从兵马俑看，这冉丹胡是中国原来就有的。是鲁迅看唐列图唐太宗的胡子才恍然大悟，专写了一篇文章说冉丹胡是中国原来就有的，而不是从德国进口的。

（众笑）

师：谢谢你给大家带来一条这么好的信息。还有其他地方需要品吗？

生 27：我觉得这个地方表现了兵马俑的谨慎。请同学们看第 31 页这里：“乍一看，这些脑袋大体相似，脸以长圆形的居多……”因为以前打仗的时候，那些士兵不许有痛苦和哀愁，也不能高兴，除打完胜仗后的那一会，不然退兵的时候是很容易让人攻击到尾部的。

师：他是说当时的士兵不能有喜——

生：喜怒哀乐。

师：为什么？

生 29：因为当时有很多间谍，还有刺客。

（众笑）

生 30：我认为他们并不是不能有什么表情，而是经过连年征战，他们变得冷酷了。

生 31：我认为他们不是冷酷而是严肃。

生 32：我觉得他们的心中有数，他们已意料到他们以后的处境了。

师：他们以后的处境怎么样？

生 32：他们想到随时都可能牺牲。

生 33：大家都知道打仗是残酷的，而且刀剑都不留情，他们经过许多战争的折磨，高兴都高兴不起来，悲伤也不能悲伤了。

（众笑）

师：这是由什么造成的？

生 34：我从“六王毕，四海一”这里想到，秦始皇当年为了征服其他国家，他不怕人们的牺牲，征用了很多的军队打仗，从这里可以看出秦始皇是多么的残忍。

师：到这里，我想同学们已经在用心去品味兵马俑的个性了，有的是淡漠，有的是平静，有的在深思着什么，还有的是什么？

生 35：文章说兵马俑的形象很多就是塑造者同伴的形象。

生 36：我认为兵马俑就是塑造者本身的写照。

生 37：我认为因为当时连年征战，那些造俑者非常悲伤，然后他们就把这些形象塑造成了平淡的兵马俑。

师：这就是生活的写照。当然是作者的联想，但联想是需要基础的，塑造也是要有根据的，是吗？所有这些，让你想到了什么？

生 38：我刚才听同学们说，因为造俑者造好俑后会被活埋，然后我想，他们把自己的模样和同伴的模样塑造成俑，是让现在的人见证当时的残酷。

生 39：我反对作者的一个观点。他说兵马俑的形象很多就是塑造者的形象，不是说造俑者都是一些精工巧匠，怎么会是自己的形象呢？我是说精工巧匠也应该有自己的喜怒哀乐的，为什么塑造者的形象没有喜怒哀乐呢？

生 40：我想这些精工巧匠在造俑时肯定已经考虑到他们造好俑后会被活埋，就同秦始皇的将士一样。所以他们将自己的感情和士兵们的感情融入到兵马俑中，诉说着他们已经对生活失去希望了。

师：所有你们的发言，所有你们的见解，我觉得你们都在用心灵去感受这兵马俑。所以我觉得，现在的兵马俑，已经不再是泥塑的像，不是历史的见证，不是一个个骡子站在那里，而是一个个有生命的人了，而且这些兵马俑原来也的的确确是有生命的人。现在，你们还想说什么来结束这一课书？

（学生讨论）

生 1：刚才我们这一组讨论，赵达突发奇想，同我说，这些兵马俑是不是将那些工匠涂上一层泥，然后就埋了呢？我说我不敢说。

生 2：兵马俑具有鲜明的个性和强烈的时代特征，是一座泥塑艺术的顶峰，为中华民族灿烂的古老文化增添光彩，为世界泥塑艺术补充了光辉的一页。

生 3：我认为秦陵兵马俑的发掘不仅让世人触摸到了昔日秦国的强盛，也让人感受到了当年秦始皇的残酷。

生 4：我觉得兵马俑不仅让我们重新认识了远古的知识，而且还让我们了解到秦代社会的特点。我觉得兵马俑不仅形象生动，而且规模庞大，气势磅礴，再现了当年秦始皇塑兵马俑时的兵强马壮、气吞山河的风貌。（看照片）

生 5：我认为兵马俑不仅仅是一群俑，它是秦始皇军队的缩影，是“六王毕，四海一”的见证，它是跨越时空的连线。我还想反驳课文中所说的，请同学们看第 30 页的这里：“……俑之上，原来据说是有建筑的，被项羽的兵烧掉了。很自然的，人们会慨叹：‘楚人一炬，可怜焦土。’”我找到《水经注》里也写了这个。但是现代人分析，“楚人一炬”这个理由欠充分，最恰当的判断是地下气燃烧。因为俑坑里有机物分解，使温度升高，促进氧化，产生了沼气。项羽部队到达秦陵墓时，恰好一个牧羊人为了找羊，亮起火把，进入时把沼气点燃了，才有“楚人一炬”这个说法。

生 6：读完这篇文章我明白了艺术之生命贵在不断创造，永不停顿。

生 7：读完这篇文章我明白了兵马俑不仅很大很多，而且还很精美。

生 8：读完这篇文章，加上我查到的资料了解，我想到了两千年前秦始皇横扫六国的威风凛凛的形象。我还带了一点兵马俑过来，请大家欣赏。

师：你去过西安是吧？

生 8：我妈去过。（众笑）（边展示边说）这些是兵马俑的模型。

生 9：读完这篇文章，我知道了秦始皇兵马俑以它的大、多、精美征服了现代人。

生10：在我心中，兵马俑是我国历史文化的代表，也是秦始皇迷信、虚荣、愚蠢的代表。

生11：读完这篇文章，我似乎看到了那将军俑巍然直立、凝神沉思而又坚毅威武的神情。

生12：读完这篇文章，我知道了兵马俑是历史的见证。

师：好，知道是历史的见证就够了。威虹，你是个历史迷，今天这节课就交给你来总结。

生13：读完这篇文章，我看到了秦始皇借兵马俑来显示自己的才能，显自己的威风，显示自己的与众不同。

从传统的语文教学的角度看，这也许算不得是一节好课，因为它没有内容的分析，也没有中心思想的归纳等。但仔细一算，这节课学生所表现出来的素质，却不能不令我们瞩目。

一、丰富的词汇量

一节课师生表达总长度约6 200字，据不完全统计，学生发言涉及典型词汇近百个，其中双音节词如：平淡、壮观、腐烂、辅佐、镶嵌、浇铸、预测、复活、踊跃、锐利、贪婪、冷酷、趣闻、残忍、写照、见证、融入、迷信、虚荣、愚蠢、触摸、缩影；四字短语如：坚毅威武、鲜明个性、大同小异、内涵丰富、无穷奥秘、气魄极大、整齐划一、十分严谨、浩浩荡荡、惟妙惟肖、引人深思、暗暗叫苦、触犯法律、十分传神、遐想万千、年代久远、一个不落、能工巧匠、百里挑一、艺术价值、历史价值、水质污染、耐人寻味、冶金技术、形象生动、规模庞大、气势磅礴、兵强马壮、气吞山河、连年征战、心中有数、威风凛凛、巍然直立、凝神沉思、时代特征、阵容强大、实物资料、据我所知；其他短语如：陪葬品、无奈和悲伤、无情的面孔、灾难性的破坏、战争的沧桑、痛苦和哀愁、刀剑不留情、势力非常大、战争的折磨、喜怒哀乐、艺术的顶峰、灿烂的古老文化、光辉的一页、跨越时空的连线、灾难性的破坏、英雄所见略同；等等。

二、准确而流利的表达

学生语言流畅，不乏精彩的句子。如：

1. 这一举虽然是愚蠢的壮举，却给我们留下探索历史的空间。

2. 艺术之生命贵在不断创造，永不停顿。

3. 如果不是它气魄之大，又哪来的世界第八大奇迹呢？如果不是它气魄之大的话，就不会有这句话："不看兵马俑，就不算到过中国。"

4. 在这些兵马俑的眼神里，虽然看不出什么东西来，可是谁能理解，等待这些士兵的，可能是死亡。他们又能怎样？他们的无奈和悲伤，变成了无情的面孔。难道不是真正的艺术吗？

5. 兵马俑是没有生命的东西，可是作者让它在文字踊跃的纸上复活了。

6. 他们经过许多战争的折磨，高兴都高兴不起来，悲伤也不能悲伤了。

7. 他们将自己的感情和士兵们的感情融入到兵马俑中，诉说着他们已经对生活失去希望了。

8. 兵马俑具有鲜明的个性和强烈的时代特征，是一座泥塑艺术的顶峰，为中华民族灿烂的古老文化增添光彩，为世界泥塑艺术补充了光辉的一页。

9. 我认为秦陵兵马俑的发掘不仅让世人触摸到了昔日秦国的强盛，也让人感受到了当年秦始皇的残酷。

三、宽广的知识面

短短 40 分钟，学生回答问题时涉及的知识有：古诗八首，秦始皇灭六国及时间，秦始皇建造兵马俑所用的时间和人力，兵马俑是世界第八大奇迹，"不看兵马俑，就不算到过中国"的说法，雕刻艺术，历史价值、文物价值与艺术价值，秦始皇造这个兵马俑的目的，秦陵的秘密，水银污染，冉丹胡趣闻，《水经注》及"楚人一炬”的典故，沼气的产生与燃烧，等等。

四、丰富的情感

这节课中，学生对课文的感悟不能不说是深入的，学生的体味不能不说是丰富的。其中有对世界第八大奇迹的自豪，也有对造俑者遭遇的同情；有对兵马俑雕刻艺术的感叹，也有对秦王残暴和愚蠢的嘲笑；有对文章优美语言的赞美，也有对自己研究成果的自信；有对作者思想的认同，也有对生活的联系与反思。可以说，学生的情感、态度和价值观无不在这一节课中得到了较为全面的陶冶和提升。

我想，这些应该就是我们所期待的语文素养吧？

那么，生本教育如何培养了良好的语文素养？

首先来自学生自主的广泛的阅读。

传统的语文教学有个不成文的约定，即语文教学就是教好课文，讲完课文就是完成了语文教学；当前的语文教学研究也大多把目光和精力集中在课文的研究与课堂的技巧上。而语文学习真正的源头应当是广泛的阅读积累。语言问题无非就是阅读问题，刘勰认为“操千曲而后晓声，观千剑而后识器”是不无道理的，阅读量不够，感性认识不足，肯定不会有质的飞跃。所以，增加阅读量，扩大阅读面才应当是提高语文教学质量的关键所在，语文教学的重点应该是激发学生学习语文的兴趣，引导学生大量读书。有了大量的语言材料的积累，学生的语感能力自然就会提高，理解和驾驭语言的水平也就自然提高，从而收到不教而教的效果。华阳小学五年级学生词汇的丰富、表达的流畅应当就是一个很好的例子。

其次应当来自学生充分的表达历练。

生本教育更多地让学生接触语言、感悟语言和运用语言。本节课40分钟，师生交流表达总长度约6 200字，其中学生表达约5 000字。充足的表达空间为学生发展和整理思维、表达思想、锤炼语言提供了大量的机会。有人说，学生的语文能力不是老师教出来的，这是不无道理的。试想，如果老师整天在分析课文、讲语法，哪来诸如“如果不是它气魄之大，又哪来的世界第八大奇迹呢？如果不是它气魄之大的话，就不会有这句话：‘不看兵马俑，就不算到过中国。’”“在这些兵马俑的眼神里，虽然看不出什么东西来，可是谁能理解，等待这些士兵的，可能是死亡。他们又能怎样？他们的无奈和悲伤，变成了无情的面孔。难道不是真正的艺术吗?”“他们经过许多战争的折磨，高兴都高兴不起来，悲伤也不能悲伤了。”

此外还有来自教师的正确引导。

学生是学习的本体，是感悟语言和运用语言的本体，这已是无可争辩的事实。那么在教学过程中，教师该起什么样的作用呢？我想，最重要的是要当好引导者的角色。

引导学生读书。茫茫书海，学生读什么，怎么读？生本教育主张教师帮助学生构建大阅读的网络，以课文为点，向同题作品、同类作品、同一作家的其他作品辐射。如学习《兵马俑的个性》，引导学生把目光投向与“兵马俑”相关的作品，投向“秦始皇”的相关史料，投向汪曾祺的其他作品等。通过这些放射性阅读，学生视野的开阔度、认识的深刻度、思维的敏锐度等，都是其他无序阅读所无法比的，更是狭义的语文教学所无法比的。这也是《兵马俑的个性》令人感叹的原因所在。

引导学生正确表达。作为一个学习者，学生的表达自然还离不开教师的正确引导：引导学生多用词语，如何建芬老师一些话：“‘大同小异’用得真好”、“‘壮举’，好样的”、“‘浩浩荡荡’，真好”等，通过这些话学生就会很自觉地多用词、用好词；引导学生准确用词，又如何建芬老师不经意的“兵马俑是活活地埋了下去的吗”，就引起了学生对“活活地”的思考。有教师这样的长期的有意识的引导，学生遣词造句、锤炼语言的能力肯定会很快地提高。

引导学生欣赏。新课标认为，阅读是搜集处理信息、认识世界、发展思维、获得审美体验的重要途径，阅读教学的重点是培养学生具有感受、理解、欣赏和评价的能力。而语文教材选文，无不语言优美，意境悠远，表达生动，蕴含着丰富的情感。语文教师应当引导学生学会发现这种美，品味这种美，欣赏这种美，然后去运用和创造这种美。何建芬老师就是让学生去品味语言，才有从“密密匝匝”这一词语联想到兵马俑的气魄之大，联想到世界第八大奇迹，才有“不看兵马俑，就不算到过中国”的自豪。

走进生本，就会走进语文教学的新世界。

六年级语文《人类的语言》课堂实录及教学评议

执教老师　广州市天河区华阳小学　何建芬

师：看我们今天的标题仍然是什么？

生：人类的语言。

师：上节课我们都初读了课文，大家进行了主题的探索与研究，并且即兴做了预习，那么今天我们仍然走进课文去寻找文章当中最能够引起大家思考、深思或者是联想的一点，我们叫它亮点。把这个亮点找到了，我们再进一步评估。打开书，第几页？

生：第 48 页。

师：快速浏览，找到这篇文章当中能够引起你思考、联想的一个地方，可以同桌交流一下，看看有没有共鸣，或者是不一样的。

（同学们交流两分钟后）

师：发表朗诵的同学可以举手了，下面是亮点展现。谁来朗诵？

生 1：这个地方最能引起我的思考，请同学们看第 48 页这一句：“语言好像是说话，好像是极其稀松平常的事儿。可是仔细想想，实在是一件了不起的大事。”

生 2：总之，正是由于采用了嘴里的声音作为手段，人类语言才得到前程万里的发展。

生 3：刚才两位同学的朗诵，已经在我平静的心湖里投下了一个石块，激起了小小的浪花，所以我把目光转移到第 49 页的这里：“一句话，人类语言的特点就在于能用变化无穷的语音，表达变化无穷的意义。”

生 4：听完前面同学的感情朗诵，我也跃跃欲试，请同学们看第 48 页的这一句：“别的动物走路都是让身体跟地面平行，有几条腿使几条腿，只有人类直起身子来用两条腿走路，把上肢解放出来干别的、更重要的活儿。”

生 5：我也跃跃欲试，请大家看第 48 页第二段的这里：“记得在小学里读书，班上有一位‘能文’的大师兄，在一篇作文的开头写下这么两句：‘鹦鹉能言，不离禽；猩猩能言，不离兽。’”

生 6：听了刚才几位同学的朗读，个个都有自己的优点，我想我也许能超越他们。“只有人们的说话是从具体情况（包括外界情况和本形象图）出发，情况一变，话也跟着变。”

生 7：刚才听了几位同学的发言，我也跃跃欲试。“打手势或者画画儿要用手，它就不能同时做别的事；说话用嘴，可以一边儿说话，一边儿劳动。”

师：看谁的亮点更亮，燃起同学的学习热情。下面继续。

生 8：前一位同学的朗诵给了我一丝灵感，请同学们把目光集中到第 49 页的这里：“一句话，人类语言的特点就在于能用变化无穷的语音，表达变化无穷的意义。”

生 9：如果说生 8 同学所喜欢的那一句亮点像是一串珍珠项链，那么我喜欢的这一句就更能为这条项链增添光彩。“另一方面，人们又能分析外界事物及其变化，形成无数的‘意念’，一一配以语音，然后综合运用，表达各种复杂的意思。”

师：生 9 同学非常独特，她用打比方的修辞手法，再引起自己的朗诵，真棒。你的语言真好。同学们，这些亮点都可以燃起大家的学习热情，下面让我们进一步去紧扣你们所找到的课文亮点，由此想开去，干什么呢？再仔细地品，慢慢地读，看看这个点引起了什么样的思考，你会想到些什么，感悟到些什么？给两分钟时间进行小组交流或自己沉思。

（两分钟后）

师：同学们已经跃跃欲试了，那么我请生 1 同学来说，看看你思考的深度如何？

生 1：请同学们看这一句：“总之，正是由于采用了嘴里的声音作为手段，人类语言才得到前程万里的发展。”这一句让我想到了一句俗话“人有人言，兽有兽语”，那么动物真的能说话吗？我觉得是可以的，但是动物用来交流的语言不如人类那样自然，所以人类的话是比较具体、完整的。

师：谢谢生 1 同学给我们抛砖引玉，你们对她的观点有思考吗？生 2 同学你对她的发言有何见解？

生 2：刚刚听到生 1 同学的发言，她说动物已有交流，我认为动物因为头脑简单，生活简单，所说语言简单，所以不能和人类的语言作交流。我联系到第 48 页第一段最后那一句：“那样，别的动物的嘴只会吃东西，人类的嘴除了吃东西还会说话。”对这句我有点质疑，作者说动物的嘴只会吃东西，我认为动物的嘴还会说话。根据西班牙某研究所日前的发现：老鼠会根据人类的语音结构辨别出荷兰语和日语，特别是哺乳动物具备一些使用和发展语言的技巧，所以说动物虽然不能像人类那样滔滔不绝，但它们也是有语言的。

师：噢！原来嘴不是光吃东西的，谢谢生 2 同学对生 1 同学的进一步引申，而且有根有据，我们的动物也向人类学习，它不光吃，还会表达语言。生2同学掀起我们学习的热情，还有想说的吗？

生10：刚才几位同学的发言引起我的许多联想，那么我想请同学们注意第48页这里："鹦鹉能学人说话，可只是作为现成的公式来说，不会加以变化（所以管人云亦云的说话叫'鹦鹉学舌'），只有人们说话是从具体情况（包括外界情况和本形象图）出发，情况一变，话也跟着变。"我觉得作者运用了对比的手法。我想到一个美国的动物学家，他在一批鹦鹉中经过层层筛选，选出一只最聪明的，它可以在一个小时内说出三句话五个单词，但如果它的训练员换另一种方式问它或把顺序打乱，鹦鹉只能按顺序说出，说明动物的语言不能超越人类说话的内蕴。

师：真棒！动物也有语言，但它与人类有根本的区别，区别在哪呢？那么这个"不能超越"可以进一步地思考，它表现在哪里，为什么说动物的语言与人类不一样，我们同学思考一下，有请生1同学。

生1：请同学们看第49页这里："一句话，人类语言的特点就在于能用变化无穷的语音，表达变化无穷的意义。"我知道《红楼梦》中林黛玉有一只鹦鹉，每当有客人来的时候它就会说："小姐，客人到。"但是我觉得这不算是一种语言，动物和人类的不同在于它们的语言不会随机应变，不会见机行事。

师：你说的"随机应变"这个词语非常到位。人类的语言可以用得"随机应变"，请生1同学把这个词语用你隽美的字体写在黑板上。下一个同学。

生11：我和生1同学欣赏的地方一样，也是这一句："一句话，人类语言的特点就在于能用变化无穷的语音，表达变化无穷的意义。"我认为不同的语言是展开在不同的语境当中的，一旦语境发生了改变，那么说的话一定要改变的，主要强调在沟通中要迂回、婉转地达到目的。

师：你这个问题很深奥，一会儿迂回，一会儿婉转，哪位同学还有更深的理解？可以进一步发言。谢谢生11同学。

生12：同学们把目光从第49页转移到第48页："动物走路都是让身体跟地面平行，有几条腿使几条腿，只有人类直起身子来用两条腿走路，把上肢解放出来干别的、更重要的活儿。"我和前面一位同学一样也有质疑。我知道袋鼠也是用两条腿走路的，上肢不是用来走路的。

师：这个问题同学们听懂了没有？那么这篇文章不是有些不对？袋鼠是怎么走路的？

生13：它是靠跳着前进的。

师：跳着前进？怎么跳？（笑）你跳给我看看。

生13：（腼腆地跳了跳）（笑声）

生14：我发现刚才几位同学说的都是抓住动物和人类区别这个问题不放，刚才生13同学也找出这个课文中不太合理的地方。

师：我想打断一下，吕叔湘是什么人？

生14：据我所知吕叔湘是语言文字的大专家。

师：吕叔湘是一代宗师呀，他写出的文章怎么会有问题？

生14：因为我觉得吕叔湘是专攻语言这一门，给我感觉他除此之外的知识了解不是很多。比如说"别的动物走路都是让身体跟地面平行，有几条腿使几条腿"，据我所知所有的鸟类、袋鼠及树袋熊不是有几条腿使几条腿的，而且走路也不是和地面平行的。树袋熊是抱住树来走的，怎么能说和地面平行呢？袋鼠是用粗壮的后腿进行跳跃的。我们还是回到人类语言这个方面来，请大家把目光转到前几位同学发现的这里："一句话，人类语言的特点就在于能用变化无穷的语音，表达变化无穷的意义。"不知老师和同学们发现没有，这里用了两个

“变化无穷”，修饰的东西是不同的，第一个修饰的是语音，而第二个修饰的却是意义，从语音和意义来看人类语言真是博大精深。刚才的同学都是拿动物来作例子，现在我拿人说的一句话来作例子，我想把它写在黑板上，老师可以利用这段时间请别的同学发言。

师：好吧，你到黑板上写。哎，还有帮手啊！（生 14 和另一同学在黑板上书写）

生 15：刚才很多同学都选了这一句，我对这一句话也比较欣赏。我在想，人类的语言是怎样产生的？我想说一个合理的答案，人类是为了表达他们丰富的内心世界和情感才产生如此变化多姿的语言，正如课文所说“用变化无穷的语音，表达变化无穷的意义”。这两个“变化无穷”都显示出人类与动物的不同，这就是人类的智慧，能够把自己内心所想用语言表达出来。

生 16：我看到黑板上写的四个字“随机应变”，我在课文中也找到了这四个字，“人类语言之所以能够随机应变，在于一方面能够把语音分析成若干音素（当然是不自觉地），又把这些音素合成音节，再把音节连缀起来。音素数目有限，各种语言一般都只有几十个音素，可是组成音节就可以成百上千，再组成双音节、三音节。”我觉得语言体现了人类的智慧，是人类智慧的结晶，单单只是几十个音素，就可以形成这么多语言，就可以产生这么多变化。人类语言是很多的，都是很有魅力的，同时也证明了人类语言的博大精深，而且值得我们去探索。

师：谢谢你，分析得这么有条理，我认为你的语言也有非常高的水平。

生 17：刚才几位同学都把思路放在“语言”这两个字上，我想评论一下作者的写作手法。请同学们继续注意生 13 同学的那一句，它用了几个对比的手法，虽然对比句很多，却都是很严谨的，不会给我们造成一种概念的混乱，这就是作者的精妙之处。看第 49 页第二自然段这里，作者也从四个方面将声音与手势、图画进行了对比，在这些对比中显示出了声音的一个缺点，这个缺点不仅不会给读者一种遗憾，反而会令内容更加全面，更加科学。

师：你又进一步论证了课文。其实它是浅显易懂的，谢谢生 17 同学。生 14 同学好像已经迫不及待了，你要分析你的例子，现在说吧。

生 14：我考虑到后面有些老师坐得太远，看不到黑板上写的这行字，现在我给大家朗读一下："我没有说他拿了我的笔。"不要看这么短短一句话，如果通过语气、神态、着重字的不同，可以表达不同的七种意思，希望不要感到惊讶，我给大家解说。假设着重"我"字，等于说我的确是没这样说，可有人是这样说的，这就表达一种意思。下面着重"说"字，这说明虽然是没说，可暗示他拿了我的笔。我们继续，"他拿了我的笔"也许他不是拿了，是借了。还有"我的笔"，未必是拿了我的笔，还拿了其他人的笔。现在我说最后一个，着重"笔"这个字，不同语气、神态和不同人来说是不一样的，也许他拿的不是我的笔，也许拿了我的橡皮、尺子之类的。这就说明人类语言多么博大精深，这么短短的一句话有七种意思的理解，何况汉语中像这样的话不下几百万、几千万。我们不光说汉语，还有法语、英语、日语等，从而也说明了作者吕叔湘对人类语言了解得多么透彻。

师：刚才生 14 同学所说的几种意思，就是说明语言的着重点、落脚点不同，它所表达的意思也不同，这就验证了课文里面那句话，什么话？请大家大声读一读。

生 14："一句话，人类语言的特点就在于能用变化无穷的语音，表达变化无穷的意义。”

师：刚才生14同学说的七种意思说得比较急，我认为语音重音还可以更加强调一些，让同学们听得更清楚，你们回去后还可以推敲一下，生14同学的意思你们完全清楚了没有？还有人想说的吗？

生18：刚刚同学们都是近水楼台先得月，我坐得比较后，大家没有关注到我。

师：但我关注到你了。（笑声）

生18：人类语言这么博大精深，一种话百种说，它们的效果不一样，表达的意思也不一样。大家都说了人类语言的优点，我想说一个小小的美中不足，请大家看第49页的这里：“唯一不如形象的地方在于缺乏稳定性和持久性，但在原始社会的交际情况下，这方面的要求是次要的，是可以用图形来补充的。”我想问一下大家，有没有统计过自己一天要说多少句话呢？可能大家也记不清了，语言方便、快捷，你说来快，但忘得也快，这样语言就失去了持久性。何老师常常在语文课上告诉我们：语文这东西很灵活，只要你能自圆其说就已经能证明你这个观点是对的。我联想得比较远。在法庭上大家都为自己的话自圆其说，而且是钻着空子自圆其说，那法官该怎样判案呢？这就是由于语言缺乏稳定性，没有一个很具体的规则条文告诉你应该怎么说，不像“1＋1”就是“2”，你不能说“1＋1”就是“3”，这可能就是吕叔湘想指出的语言缺乏的稳定性。我想人类语言是不断进化的，就像人类科学也在进步一样，我希望人类语言在进化过程中能弥补自己的不足，才能有前程万里的发展。

（掌声）

生19：“不如形象的地方在于缺乏稳定性和持久性”，这句话我和生18同学评析的是不同的角度。比如拿一个“日”

来说，我们古象形文字是一个圆加一点，但经过一代代的文字变革，现在是一马平川了，一个框加一横，所以这就不能体现它的持久性。虽然人们可以用雕刻或者是灌铅来使它永远留在石头上，但它这一种变革是阻挡不了时代变化和进步的。请大家看上面这一句：“论快慢，打手势赶不上说话，画画儿更赶不上。”也许高科技使我们联系没有阻碍，但我想举一个最普通的例子：两家公司搞开发，如果是一纸合同就能弄好的话，那就不用双方面对面的谈判了，所以说文字不如语言富有代表性。

生 20：刚才有些同学对语言或文章的一些缺点耿耿于怀，他们都是把目光集中在一个地方。初读文章后，我发现了一个很巧妙的写作方法，贯穿全文都用了对比的写作方法。先看第一段，“别的动物都吃生的，只有人类会烧熟了吃”，把动物和人类吃东西作了对比。再看下面一段，“不会加以变化（所以我管人云亦云的说话叫‘鹦鹉学舌’）”和“人类语言之所以能够‘随机应变’”这两句中“随机应变”与“人云亦云”作了一个对比。再看第三段，“手势之类，距离大了看不清，声音的有效距离大得多”，这一段把声音与手势作了对比。三种对比都表达了同一个意思，就如吕叔湘所说：“语言之妙，妙不可言。”

（掌声）

师：谢谢！同学们对整篇文章由始至终都抓住了主旋律，这就是读书的一大技巧。同学们刚才都已各抒己见，我认为这篇文章读来的确令人回味无穷。大家谈论最多就是人类语言的精妙，这也是你们将来要肩负的重任。大家学语言学了六年，你们能不能谈一谈通过学语言，对语言的精妙之处有什么体会？用一句话概括。

生 21：我想请大家看些文学的语言，文学语言的精妙之处在于用不同的修辞手法和优美的词语配成一句优美的话，我觉得这就是语言的精妙之处。

生 22：我认为充满想象和激励的语言能让每个人的生活充满快乐与希望。

生 23：有这么一句“沉默是金”，但语言是人类文明的巨大进步，人不可能永远沉默的，所以我记起卡西尔一句非常精彩的话：“人从自身的存在中织出了语言，又将自己置于语言的陷阱之中。”这么说语言就像一个陷阱，我们把它发明出来，再去探索这个无比深奥的洞的时候往往就会陷进去，我想这是语言的魅力所在吧。

师：你这个“语言陷阱”好像挺复杂，语言是人发明的，像发明活字印刷、指南针一样，是不是这样？它应该有一个历史的背景或历史的进程，我突然觉得这点很奇怪，这位同学说一下吧。

生 24：现在让同学跟我一起回顾一下历史，最近科学家研究发现人类语言演进起始于大范围突发天灾事件。

师：演进过程，表演的演，进步的进。到底语言是怎样来的，与生俱来？一生下来就会叫妈妈吗？（笑声）

生 25：其实有些语言是由于习惯而产生的，比如我们搬东西的时候就会喊“嘿哟！嘿哟！”可能以前不是这样的，只是一种习惯，加上“嘿哟！嘿哟！”感觉上搬的东西就会轻了很多，所以我觉得语言有时是习惯而产生的。

师：语言是一种约定俗成，这也是它的精妙之处，语言的历史也让我耿耿于怀，到底语言是不是与生俱来的呢？

生 26：我知道语言是由于人类需要交流而发展来的。

生 27：我觉得创造语言是因为一种需要，最近我看到一个报道说科学家们一直很奇怪，有一种古猿人叫尼安德特人，他们是没有声带的，是从古人演变到现代人的过渡期，前面有一段时间和现代人一起生存的，但尼安德特人一到现在这种社会就生存不了，可见语言是人类的需要。

师：是因为人类需要、文明需要、社会发展的需要，所以不断进行演变。

生 28：我看过一个报道：语言是在 35 万年前发明的，这是因为早期人类因天灾、战争逃跑后，不经意中形成了条件反射，让语言发明出来了。但丁曾经说："语言作为工具对我们十分重要，这是骏马对于骑士的重要，最好的骏马适合于最好的骑士，最好的语言适合于最好的思想。"（掌声）

师：语言也是为了思想而产生，同学们讲来讲去我有点明白了。谢谢大家给我的启发，那么这个语言精妙光是说还是比较空洞，有具体事实吗？能用具体事例来加以说明吗？四个人组成一个小组交流，等一会儿把你们最好的论证汇报一下。

（3 分钟后）

生 29：不知道我们这堂课是不是一个有魅力的课堂，但是我知道有魅力的课堂语言不是刻意追求的，而是自然流露的。我知道这样一个故事：宋代词人苏东坡来到海南，看见一个正在卖油饼的老婆婆，他提笔在纸上写道："纤手搓来玉色匀，碧油煎出嫩黄深。夜来春睡知轻重，压扁佳人缠臂金。"通过形象的比喻，让人听后垂涎欲滴争相购买，事实就证明了无论是什么广告，语言的生动和构思的巧妙都给消费者留下深刻的印象，这就是语言的魅力所在。

生 30：语言有着博大精深的艺术魅力。我曾经看过一个故事：三个人在砌墙，一个过路人问他们在干什么，第一个人回答：我在砌墙；第二个人回答：我在盖一幢高楼；第三个人回答：我正在建设一座美丽的城市。几年后，第一个人还是在砌墙，第二个人成了一位工程师，第三个人就成了前面两个人的经理，这一点就可以看出语言是妙不可言的。

生 31：想必大家都听过“望梅止渴”的故事吧！三国时期曹操率兵经过缺水的地区，士兵们都口渴难忍，曹操突然灵机一动，说前面有梅树，可以吃梅子止渴，士兵们听见有梅子可以吃便精神起来，大步向前走去，很快就到达了目的地。可见语言与任何东西都是紧密联系的。

生 34：我知道《红楼梦》是四大名著之一，王熙凤出场时有这么一段话：“快，快，快张罗。”只听见后院有笑声说：“我来迟，不曾迎接远客！”只见一群媳妇丫环拥着一个人从后房进来。我认为这里是未见其人先闻其声，虽然没有见到她，但体现她在贾府的地位不一般，所以我们的语言是十分精妙的，一定要好好去探索才会发现更多的奥秘。

师：这个王熙凤，“未见其人，先闻其声”，曹雪芹就是用语言的魅力来刻画人物的形象的。（向一位学生）你打算找谁？找宫小艳？你跟她是好朋友？好，宫小艳小组说吧。

生 33：我认为语言文字巧妙表达是非常有趣的。据说苏东坡的好友是佛印，一天佛印来他家做客，苏东坡的妹妹苏小妹想和佛印开个玩笑，就出了一个上联“人曾是僧，人弗能成佛”，佛印立即对出了下联“女卑为婢，女又可为奴”，对方都知道互相是在开玩笑，所以都没有生气。而我仔细研究这副对联，发现它的对仗是非常工整的，而且趣味性也很强，从中可以发现隐藏的四个字谜：僧、佛、婢、奴。从这副对联我们可以看出中国语言文字的妙趣横生。（掌声）

生 34：同学们都知道语言具有它的独特魅力，从而体现了它的博大精深。我想到了一件事，就是在巴黎大街上有一个双目失明的乞丐，他在一块木板上写着“我什么也看不见”，意思是说让别人接济他，法国的一位著名诗人彼得·浩勒看见后非常同情他，帮他把木板上的字改为“春天到了，我什么也看不见”。正是这句话感动了路人，触动了他们的心灵，乞丐也因此得到了很大的帮助。

生35：我知道在1982年的秋天，中美作家在美国洛杉矶聚会的宴席上，美国一位著名的诗人金斯·博格请我国作家蒋子龙猜谜语，他说把5斤重的鸡装进只能装1斤重的瓶子里，你用什么方法把它拿出来？“您怎样放进去的，我就怎样拿出来。”显然蒋子龙这么贫嘴一说，把鸡放进瓶子里，又用语言这个工具把鸡拿出来了。（掌声）

生14：各位，现在又轮到我发言。（掌声）大家都知道这样一副对联：“莲子心中苦，梨儿腹内酸”。对联是一个含冤入狱的举人在刑场离别之前对着他的夫人及孩子所作的，其中“莲”等同于“怜”，“梨”等同于“离”，意思就是可怜儿子心中很苦，离开儿子又感到腹内酸，都说鼻头一酸泪水就流了下来，可见他是非常疼爱自己的孩子。阿凡提是大家都知道的，有一次，财主把他带到家中对着一个棋盘说：“你能用四个字猜到我和我妻子等一会儿下的三盘棋谁赢谁输，我就给你五十个金元宝。”阿凡提马上就写出了四个字“你赢她输”。第一盘财主赢了，阿凡提在“你赢”后面点了个逗号，就是“你赢，她输”。第二盘财主故意输给了他的妻子，阿凡提在“她”字后面点了个问号，就是“你赢她？输”。这说明还是给他说中了。第三盘，财主专门下了一个平局，心里想这下阿凡提没有办法了，谁知他在“赢”字和“输”字后面各点了个问号，就是“你赢？她输？”，根本不知道结果。刚才有同学用了三个工人的例子，现在我用三个人做例子。在墙边长着一株玫瑰，第一个人走过来说：“天啊！一根刺上长着花！”第二个人走过来说：“天啊！这朵花上长着刺！”第三个人走过来想了想说：“刺中可以长花，真了不起！”之后，第一个人成了比较乐观的人，第二个人成了比较悲观的人，而第三个人有了大出息，为什么呢？因为他想连花都可以在刺中生长，人为什么不能在困难和压迫中生长，获得成功呢？语言诉诸魅力要用多个事例才能证明，也许以上的例子还不足以表达语言多么精深和绝妙。

师：天啊，你真是口若悬河，滔滔不绝，把别人要说的都说了！把你们还有的事例放在课后交流，现在距离大家离别的时间不多了。我们现在做一个实验。我记得有位同学曾改编一首诗："手势诚可贵，绘画价更高，若为（与）语言试（比），两者皆可抛。"我们的同学再过二十天就要毕业了，当你告别华阳，告别培育你六年的老师的时候，你会留下些什么？我给你们每人半张白纸，利用两分钟时间把你要留给华阳、留给老师的东西画出来，让它尽在不言中，两分钟后我再告诉你们下一个实验步骤是什么。

（两分钟后）

生37：画了一棵小草。

师：用简单明了的语言描述一下。

生37：给华阳留下一棵草，因为有这样一首诗："离离原上草，一岁一枯荣。野火烧不尽，春风吹又生。（全班不由自主地轻声齐读，离情别意，如轻雷滚过人们的心扉）远芳侵古道，晴翠接荒城。又送王孙去，萋萋满别情。"

师：谁上来把你所画的意思先让大家猜猜，然后用你的语言表达你所寄托的情意。

生38：请同学猜一猜我画的东西。

生39：他画的是一个满分。

生38：是这样，如果我们是祖国的花朵，老师就是辛勤的园丁；如果我们是小鸟，老师就是湛蓝的天空。在最后的几十天里，我想用100分来换取老师甜美的微笑。

师：很像啊，哎，我很感动。那个微笑的肯定是我啦！

生39：如果渴了的话，水就是天堂；饿了的话，食物就是天堂。如果是这样的话，我愿把所有的老师当作天堂，给予

他们幸运。我希望给老师留下999颗幸运星，999代表的是永远，但愿我的祝福永远伴随着您一生不变。（笑声）

生40：我感受过语文老师无微不至的关怀，感受过数学老师孜孜不倦的教导，更感受过英语老师苦口婆心的循循善诱，但我没想过要回报，我画的这颗心代表我无限的感激永远飞在华阳的天空。

师：由于时间不多了，我请后面的老师帮我听吧。两分钟内请同学们到后面的老师那里说。

（同学去到后面的老师处）

师：一张小卡片将是华阳和我们老师的最珍贵的礼物，你们毕业时交上来，我想我们的校长、我们华阳的每一位老师一定会非常感动的。最后，我感谢同学们真情地表白，让我明白你们对华阳、对我们老师一份份真挚深沉的爱，我告诉大家我对你们的爱也是永远不变的。我很希望大家记住这一句话：以后要多用、善用语言，让爱你的人更爱你，让你爱的人更懂你。下课。

生（全体）：谢谢老师。（师生离场）

听课主持者李巧萍副教授：现在我们请生本教育体系研究的主持人、广东省教育科学研究所所长、华南师范大学博士生导师郭思乐教授讲话。

郭思乐教授：有一篇文章说，总有一件事情让我们泪流满面，那么，我们今天的确是找到了这件事情。男儿有泪不轻弹，我们让它流在心里，我们心里都有很多激动，没有什么怨恨，因为我们的世界总是光明的，这片光明今天我们也看到了。我想说的一句话就是，我们再一次认识了儿童，同时也认识了我们自己：我们的儿童可以达到这样的地步——无论是语文、数学还是英语，无论是这两个班还是别的班；我们的工作，我们的思想的改变，可以使我们看到这种现实。所以我最感动的就是，我们又一次认识到儿童，同时也让我们再一次认识到我们自己，认识到我们的使命。我们的使命，因为“做得到”而变得更加沉重：如果做不到，那也就罢了！做得到，就会使我们耿耿于心，夜不能寐。我的话到此，谢谢！（热烈鼓掌）今天还有三十多位香港教统局、中小学的专家和校长参加这个会，我们表示热烈的欢迎！

主持者：我们对华阳小学为我们作出这样的精心安排表示衷心感谢。现在我们请周玉娥校长讲话。

周玉娥校长：千言万语，但又不能占用大家太多时间，只能汇成一句话：六年来，我们用真心、真情，也用我们作为教育工作者的执着，做了生本，生本让我们的孩子变成这样，由咿呀学语变成这样，像家长们所说的，生本教育让学校有了前景，发展如此之快。我衷心感谢省教科所的专家，也感谢今天来我们学校听课的校长们，尤其是感谢香港的同仁们。（热烈鼓掌）